처음
시작
하는
철학

UNE BRÈVE HISTOIRE DE LA PHILOSOPHIE
by Roger-Pol DROIT

처음 시작하는 철학

로제 폴 드르와 지음
박언주 옮김

시공사

태어나서 한 번도 철학을 해보지 않은 사람,
삶에서 중요한 것이 도대체 무엇인지 알고 싶은 사람,
모험이란 걸 감행하고 싶은 사람,
자신의 미래가 전혀 짐작이 안 되는 사람,
이해 못할까 봐 걱정이 되면서도
뭔가 중요한 것이 분명 존재하고
그것이 본인의 관심사임을 직감하는 사람,
철학을 어디서 시작해서
어디를 지나 어디로 나아가야 할지 모르는 사람…

요컨대, 과거의 모든 철학자들이 그러했듯
현재 출발을 앞둔 여행객의 처지에 놓인 모든 이들에게 이 책을 바친다.

철학에서 얻을 수 있는 이점이 무엇인지를 묻는 이들에게 그가 답했다.
"다른 방법이 없는 상황에서, 적어도 모든 돌발 상황에 대처할 수 있다는 점이지."

– 디오게네스 라에르티오스 *Diogenes Laertios*,
《유명 철학자들의 생애와 가르침》 중에서

일러두기

본문 중 각 장 마지막 'OOO에 대해서 좀 더 깊이 알고 싶다면?'(추천 도서) 부분은 원문을 참조하여 옮긴이가 새로 정리하였다.

들어가는 말

진리는 왜
숱한 모험을 거쳐야 하는가

이 책은 나이에 상관없이 철학에 입문하는 사람이라면 누구나 읽을 수 있는 책이다. 위대한 철학서들로 이루어진 거대하고 울창한 숲, 때로는 감동을 불러일으키기도 하는 그 거대한 숲에 좀 더 쉽게 다가갈 수 있도록 돕는 것이 이 책의 목적이다. 이러한 목적을 달성하기 위해서는 두세 가지 규칙이 필요하다.

우선, 쓸데없이 복잡한 용어들을 모조리 삭제하는 것이다. 우리는 복잡한 문제도 얼마든지 쉬운 말로 풀어낼 수 있다. 철학자라는 이들도 분명, 우리와 같은 땅에 발을 딛고 살면서 같은 감정과 같은 고통을 느끼고 경험하는 사람들이다. 따라서 사상 혹은 사유라는 것이 듣도 보도 못한 별천지를 만들어낸다는 생각은 접어야 한다. 오히려 사유란 숱한 무관심과 모략, 어리석음에 맞서 싸워야 했던 특정 시대, 특정 지역 사람들의 삶으로 엮어낸 옷감 같은 것임을 유념해야 한다. 그래서 그 옷감에는 그들의 피와 살이 그대로 남아 있는 경우도 있다.

그러니 이제부터는 철학자들을 지금까지와는 조금 다른 방식으로 바라보아야 한다. 이들은 결코 차가운 이론가들이 아니며, 우리 현실과 동떨어진 근엄한 성인군자들도 아니다. 물론 철학자를 정의하고 그들의 세계로 들어가는 방법에는 여러 가지가 있겠지만, 이 책이 추구하는 방식은 그들이 살았던 시대, 그들 자신의 감정, 그들이 쓴 글을 통해 이 철학자들을 바라보는 것이다. 따라서 우리를 화들짝 놀라게 하거나 혹은 열광하게 하는 것, 분노케 하는 것들까지 거침없이 들추어내게 될 것이다. 지루한 건 참을 수 없다. 이제 출발에 앞서 몇 가지 유념할 점들을 지적하고자 한다.

철학자란 도대체 무슨 일을 하는 사람일까?

우선 '철학'이라는 것이 무엇인지 정확히 해둘 필요가 있다. 철학에 종사하는 사람들이 보통 사람들과 다를 바가 없다면, 철학적 작업의 특수성이란 과연 또 무엇인가? 이들은 사람들이 생각하는 바가 진실인지 아닌지 알기 위해 전력투구하는 사람들이라고 할 수 있다. 이들이 하는 일은 흔히 '진리'라고 일컬어지는 것들이 과연 무엇인지 찾아내고, 그 '진리'를 어떻게 규정할 것인지 알아내는 것이다. 이러한 작업에 요구되는 것이 바로 의혹에 대한 설명 혹은 해명이다.

사실 사람들은 누구나 생각이라는 것을 갖고 있고, 또 생각이란 걸 하게 마련이다. 인간이라면 누구나 신념이나 확신 따위를 가지고 있다. 저마다 나름의 논리를 세우고, 자신의 운명을 고민하며, 인간의 조건에 대해 의문을 가지는 것이다. 그렇다면 이 세상 사람 모두가 철학자라고 해야 할까? 모든 사람들이 자기도 모르는 사이에 철학을 하고 있다는 말인가?

그렇다면 수많은 인간들의 지적 활동 속에서 철학자들 특유의 사유 방식을 어떻게 구분해내야 할까? 그들에게는 좀 더 특별한 사유 방식이 있는 것일까? 그렇다. 누구나 생각을 하는 것은 분명하지만, 철학자들은 자신의 생각을 꼼꼼하게 따져보고 검토하는 이들이기 때문이다. 보통 사람들도 생각을 하지만, 철학자란 자기가 생각하는 바를 선별, 분리하고 시험해보기 위해 면밀히 검토하고 또 검토하는 사람이다. 다시 말해, 철학자의 특징은 바로 자신의 생각에 대해 생각한다는 것이다.

이러한 생각의 움직임을 바로 철학의 '(자기)반성성réflexivité'이라고 한다. 이 용어는 단순히 '자신으로 돌아가기' '믿고 생각하는 바에 대해 검토 혹은 검증하기'를 의미하기도 한다. 이 자기반성성이야말로 철학적 행보의 가장 핵심이라고 할 수 있다. 그렇다면 여기서 검토 혹은 검증이란 무엇일까? 이것의 의미를 정확히 알 수 있다면 우리의 시야는 훨씬 밝아질 것이다.

소크라테스는 자신의 철학 행위를, 산파였던 자기 어머니의 행위에 비유한 바 있다. 어머니가 여인의 뱃속에서 아이를 받아내듯, 자기도 인간의 지적 사유를 세상 밖으로 끌어낸다는 뜻이다. 대부분의 사람들은 이 비유를, 만삭의 임산부의 배에서 아이를 받아내듯 소크라테스도 상대방의 머릿속에 들어 있는 생각을 밖으로 끌어낸다는 의미로 이해한다. 하지만 소크라테스의 비유에는 그 이상의 뜻이 있다. 사실 소크라테스 당시의 산파들은 방금 엄마 뱃속에서 나온 아기들을 시험해보는 사람들이었는데, 문제는 우리가 그 점을 너무 쉽게 간과해버린다는 것이다. 그 시험이라는 것이 무엇인가 하면, 신생아를 아주 차가운 냉수에 담그는 것이다. 이것은 허약한 아이든 건강한 아이든 상관없이, 반드시 거쳐야 하는 과정이었다. 건강한 아이들만 살려두겠다는 것이었다. 이는 현재 우리의 사고방식이나 행동방식과는 커다란 차이가 있다.

이러한 구체적인 사실 덕분에 우리는 소크라테스를 제대로 이해할 수 있다. 즉 소크라테스에게 있어 중요한 것은, 단순히 남의 머릿속에 들어 있는 생각을 '끄집어내는' 것이 아니라, 일단 밖으로 나온 생각을 '테스트'하는 것이다. 이들 생각이 지속 가능한 것인지 일관성은 있는지, 또는 그냥 스쳐가는 바람 같은 것이나 삶에 대한 어떤 환상은 아닌지, 그도 아니면 약간의 반론에도 맥없이 무너지는 허황된 생각은 아닌지를 밝혀내는 것이다.

'생각을 갖고 있다'는 것과 '그 생각을 검증한다'는 것 사이에는 근본적인 차이가 존재한다. 철학자들은 바로 이 생각들을 시험하여 이 생각들이 일관성과 지속성을 갖고 있는지, 또는 그 속에 포함된 형식적 결함이나 오류 때문에 이 생각들이 지속되기 힘든 것은 아닌지를 알아내려 한다.

데카르트는 우리의 생각들을 선별하고 분류하는 작업을 바구니 속의 사과에 비유했다. 싱싱한 사과만 남기고 흠집이 있거나 무르기 시작한 사과들을 분리해내기 위해서는 바구니의 사과를 모두 꺼내 테이블 위에 놓고 하나씩 살펴보아야 한다. 이것이 바로 철학자가 할 일이다. 그런데 이 작업은 본능적으로 혹은 무의식적으로 이루어질 수 없다. 자기 머릿속 생각을 완전히 비워내어 그것을 테이블 위에 놓고 하나하나 검사하여 버릴 것을 버리고 취할 것은 취해야 하는 작업이기 때문이다.

다시 한 번 기억할 점. 철학이란 생각을 한다는 그 자체가 아니라 '어떻게 생각하는지'를 검토하는 것이며, 생각을 갖는 것이 아니라 그 생각들을 체에 걸러 꼼꼼히 검토하여 지속 가능한 견고함을 지니고 있는지 알아보는 것이다. 자기반성 훈련을 실천하는 이들과 그저 당장의 자연 발생적이고 무반성적인 생각 속에 머무는 이들과의 차이는 바로 여기에서 생겨난다. 그렇다면 이 경계는 어떻게 뛰어넘을 수 있을까? 자연 발생적인 것에서 반성적인 것으로, 순간적인 사고에서 스스로를 되돌아보는 사고로의 전환은 어떻게 가능할까? 달리 말하면 우리는 어떻게 철학 속으로 들어갈 수 있을까?

이는 점진적인 과정을 통해 이루어지는 것일까? 한 발 한 발 조금씩 다가가면 언젠가 평범한 세계와 습관적인 오류를 벗어나 올바른 분별력과 진리, 명료한 논리의 왕국으로 진입할 수 있을까? 오히려 이는 단숨에 특별하고도 완벽한 탈바꿈이 요구되는 급진적 변화일까? 또 다른 전형적인 예를 상상할 수 있다. 예를 들어보자. 철학적 시선과 철학적 판단력의 세계가 우리 안에 항상 완벽하게 자리하고 있고 우리는 언제든 그 능력을 써먹을 수 있는데, 우리 자신이 그것을 미처 깨닫지 못한다고 해보자. 이때 철학으로의 접근은 어려울 수밖에 없고, 우리가 이미 가지고 있는 재능은 제대로 발견할 수도 없을 것이다.

이러한 문제의식은 일찍이 고대 그리스와 로마에도 있었다. 철학으로의 전환에 필요한 전제는 자기 두 눈을 다른 사람의 눈으로 바꾸는 것이 아니라, 자기 시선의 방향을 바꾸는 것이다. 그렇게만 한다면 진리에 접근할 수 있는 능력이 우리의 지성 속에 자연스럽게 생겨날 것이다. 우리가 길을 잃고 방황한다면 그것은 제대로 조준을 하지 못하고 엉뚱한 곳을 바라보기 때문이다. 철학이란 진리를 우리 마음속에 들어오게 하는 것이 아니라, 우리의 마음을 진리 쪽으로 돌려놓는 것이다.

철학과 특정 시기와의 관계

철학으로의 입문은 하나의 수수께끼와 같다. 늘 새로운 모습으로 끊임없이 다시 시작되는 영원한 수수께끼다. 이것이 바로 철학적 문제의 속성이다. 물론 소수의 예외가 있기는 하지만, 철학 문제란 시각이 변했다고 해서 사라지는 것이 아니며, 확실한 해답을 통해 단순하게 해결되는 것도 아니다. 오히려 시대를 거듭할수록 끊임없는 복원과 계속적인 자기 변형을 통해 생명을 유지해나간다. 바로 철학의 이러한 속성 때문에 철학과 특정 시기와의 관계를 고려하지 않을 수 없는 것이다. 앞서 나는 2,500년 전 아테네에 살았던 소크라테스와 450년 전 네덜란드에 살았던 데카르트를 인용하면서 이들이 마치 오늘 아침에 그렇게 말한 것처럼 이야기했다.

이런 관점에서 보면 과학 문제와 철학 문제 사이에는 근본적인 차이가 존재한다. 과학사가들을 제외하고는, 기원전 5세기의 물리학자들이나 중세의 천문학자, 18세기의 수학자들에게 관심을 갖는 이는 아무도 없다. 반면 2,500년 전에 공식화된 윤리학이나 논리학, 인식론, 정치학, 미학에 관련된 질문들은 아직도 타당성과 현재성 그리고 활발한 생명력을 유지하고 있다.

철학의 시간성이란 끊임없이 새롭게 탄생하는 이러한 현재성을 그 특징으로 한다. 시대가 변하면 관점도 변하게 마련이고 여러 문제들이 그 영향을 받게 되지만, 철학적 의문에 있어서만큼은 경우가 다르다. 이런 점에서 철학자는 과학자나 기술자보다는 오히려 작가나 예술가 혹은 음악가에 더 가깝다. 우리는 에우리피데스, 소포클레스, 셰익스피어, 단테를 통해 끊임없이 감동과 충격을 경험하고, 몇백 년 전의 음악을 들을 때에도 현대 음악을 접할 때와 별반 다르지 않은 감정을 느낀다. 철학자도 마찬가지다.

만인을 위한 철학

계속해서 새롭게 되풀이되는 문제들 중에서 꼭 언급해야 할 것은 바로 철학의 대중성 문제다. 철학을 소수의 엘리트 계층에 한정시키는, 엘리트적 철학 개념과, 보다 많은 사람들에게 철학을 이야기하는, 즉 대중적 철학 개념 간의 논쟁은 해묵은 주제다. 《메논Ménon》이라는 플라톤의 책을 보면, 소크라테스는 더벅머리의 한 미천한 노예 소년에게 아무 거리낌 없이 기하학에 관한 질문을 던진다. 예상대로 소년은 제대로 된 답을 내놓지 못한다. 하지만 정답을 설명해주자 소년은 자기가 왜 틀렸는지 이해할 뿐만 아니라, 그 증명을 분명하게 인정한다. 만약 이 소년이 진리와 거짓을 구분할 능력이 없다면, 그는 자기가 어디서 틀렸는지조차 알지 못할 것이고, 제대로 된 증명의 정확성을 인정하지도 못할 것이다.

데카르트는 《방법서설》에서 '양식이나 이성, 즉 진리와 허위를 구분할 수 있는 능력은 이 세상에서 가장 보편적인 것이다'라고 강조했다. 이것은 자기 안에 이미 내재되어 있는 이 분별력을 활용할 수만 있다면 누구나 철학자가 될 수 있다는 뜻이다. 철학자이기 위해서 꼭 천재일 필요도 없고, 획기적인 무언가를 새롭게 깨달을 필요도 없으며 일찍이 누구도 만들어내지 못한 체계를 고안해낼 필요도 없다.

수학과 음악, 스포츠의 경우를 생각해보자. '음악을 하는 사람'이란 천재 작곡가를 의미할 수도 있고 이제 막 피아노를 배우기 시작한 아이를 의미할 수도 있다. '스포츠를 하는 사람'은 올림픽 경기에서 메달을 딴 선수일 수도 있지만 단지 규칙적으로 운동을 하는 사람을 뜻할 수도 있다. '수학을 하는 사람' 역시 노벨상에 버금가는 필즈상Fields Medal을 수상한 사람과 학교에서 기초적인 수학 문제를 풀 줄 아는 학생을 모두 의미할 수 있다. 마찬가지로 '철학을 하는 사람'은 아리스토텔레스, 스피노자, 칸트, 헤겔, 니체 같은 이들도 해당되지만, 자기만의 생각과 사상을 일관성 있게 검토해보려고 하는 사람도 해당될 수 있다.

그런데 정말 이렇게 간단한 문제일까? 철학은 철학사 속에서 점점 더 복잡하게 진화했다는 사실 역시 염두에 두어야 하지 않을까? 유난히 전문적이고 치밀하며 각양각색인 철학책들은 바로 그 때문에 전문가들만의 울타리 속에 격리되어 있는 것이 사실이다. 오늘날 대부분의 철학자들이 하는 일은 수학자나 물리학자, 화학자의 작업과 유사하다. 지나친 전문성 때문에 문외한인 대중들의 접근이 불가능하기 때문이다. 이것은 부정할 수 없는 사실이다. 하지만 누가 뭐라고 해도, 철학과 과학 사이에는 중요한 차이가 존재한다.

철학자이자 수학자인 장 투생 드장티는 그 차이를 잘 알고 있었다. 《철학과 권력》에서 그는 철학자와 물리학자와의 근본적 차이를 잘 설명하고 있다. 만약 내가 어떤 물리학자의 이론을 제대로 이해하지 못한다면, 그 물리학자가 내게 이렇게 말해도 전혀 문제될 것이 없다. "가서 수업을 듣고, 도서관에 가서 공부를 하게. 그렇게 원리를 배우게나. 10년이나 15년쯤 후에 다시 이야기해보자고." 하지만 철학자의 경우 그의 논리가 너무 어려워 대중의 이해가 어렵다면, 해당 철학자는 대중의 요구를 피해갈 수 없다. 즉 '먼저 공부하고, 나중에 다시 이야기하자'라고 말할 수 없다는 것이다.

왜냐하면 철학자는 타인의 질문권을 박탈할 수 없고, 침묵으로써 그 사람을 실망시켜서도 안 되기 때문이다. 오히려 철학자는 겉만 번드르르하고 난해한 전문용어들을 피해 자기 이론을 설명하려고 노력해야 한다. 자기 철학에 대해 아는 게 아무것도 없는 이들에게 철학자는 '제가 고민하고 연구하는 바는 바로 이것입니다'라고 언제 어디서든 이야기해줄 수 있어야 한다. 모든 것을 다 쉽게 풀어낼 수는 없다 하더라고,

가장 핵심적인 것만은 모든 사람들이 이해할 수 있는 언어로 표현해야 한다. 그렇지 않으면 그 철학의 가장 중요한 핵심이 어디론가 사라져 버릴지도 모른다.

진리의 모험사

앞으로 우리는 진리가 거쳐 온 숱한 우여곡절의 역사를 나름의 방식으로 되짚어보고자 한다. 하지만 그 범위는 서구 사상사에서 가장 핵심적인 내용에 한정된다. 어떤 식으로든 선별할 수밖에 없기 때문에, 이 간략한 철학사는 그 외의 막대한 자료와 정보를 의도적으로 배제하고 유럽 사상에 한정된 몇 가지 관점을 임의로 선택했다. 따라서 중국이나 인도, 티베트, 히브리, 아랍, 페르시아의 훌륭한 저서들은 이 책에서 잠시 제외시켰다. 당연히 포함시켜야 옳겠지만, 그렇게 되면 풀어야 할 의문들이 너무 방대하고 까다로워지기 때문이다. 이는 이 책의 능력을 벗어나는 일이다.

따라서 나는 진리의 핵심 문제와 관련된 상이한 관점들을 살펴보는 것을 이 책의 가장 주된 흐름으로 채택했다. 철학자가 진리를 추구하고, 진정한 사고를 고민하며 그릇된 생각과 오류의 근원을 추적하는 것을 업으로 하는 사람이라면, 이러한 핵심적 흐름을 지침으로 삼는 것은 당연한 일이다. 진리 추구의 방법과 목적이 어떻게 진화되어왔는지를 알게 된다면, 고대 그리스부터 오늘날에 이르기까지 철학을 움직이게 한 추진력이 무엇인지 좀 더 제대로 파악할 수 있을 것이다.

실제로 진리 추구는 항상 철학자의 몫이 될 수밖에 없었다. 철학자란 자기 생각이 어떤 방식으로 조합되고 배열되는지, 자기의 말이 어떻게 체계적으로 조직화되는지를 이해하려고 애쓰는 사람이기 때문이다. 하지만 그뿐만이 아니다. 권력이 어디로 뻗어 있는지 탐색할 때 또는 폭력이란 무엇인지를 고민할 때에도 철학자는 여전히 진리를 추구하고 있다. 공포와 폭압은 어디서 비롯하는지, 사랑의 기능은 무엇이며, 행복이나 평화의 의미는 무엇인지 고민할 때도 마찬가지다.

지금까지의 진리의 모험사 가운데서 몇 가지만 예로 들어보자. 인간은 진리가 하늘에 있는지 이 땅에 있는지 늘 궁금해했다. 진리란 인간에게 전해지는 신의 메시지를 통해 그 모습을 드러내는 것일까? 반대로 인간의 지성이 하나씩 쌓아올려 만들어낸 지극히 인간적인 현실일 뿐인가? 우리와는 별개로 존재하는 객관적인 것인가 아니면 우리의 지적 도구나 정신력과 상관관계를 갖는 것인까?

도대체 진리는 어디에 존재하는 걸까? 우리 안에? 우리 바깥에? 신神 속에? 세상만사 한가운데? 누구나 아는 자명한 이치 속에 있을까 아니면 아주 복잡한 이론 속에 있을까? 이성 속에 있을까 감정 속에 있을까? 불멸성 속에 있을까 역사 속에 있을까? 개인 속에 있을까 집단 속에 있을까? 이 모든 의문들을 둘러싼 다양하고 세분화된 성찰과 견해들이 거미줄처럼 복잡한 그물망을 구축하고 있다. 여기에 한 가지 더, 사유를 추가해야 한다. 바로 진리에 대한 생각 그 자체를 문제 삼는 사유 말이다.

진리란 그저 환상에 불과한 것은 아닐까? 인간들끼리 주고받는 하나의 이야기, 일종의 판타지는 아닐까? 세계가 우리 지배하에 있다는 것을 스스로 믿고 싶은 마음에, 우리가 이 세상에 뒤집어 씌워놓은 베일 같은 것은 아닐까? 진리란 의혹이나 비난의 대상이 되면 안 되는 걸까? 단지 객관적인 '인식 혹은 앎'을 추구할 뿐이라는 미명하에 지배 야욕을 숨기고 있다고 의심할 수는 없을까?

이러한 의문들까지 면밀히 추적하는 작업은 철학자들이 남겨놓은 또 다른 모험의 과업이다. 자, 이제 모험을 떠나야 할 시간이 되었다.

제4부 **계몽주의의 진리, 만인을 위한 진리**

제5부 **현대의 진리, 불안정한 진리**

제1부

삶 자체로서의 진리

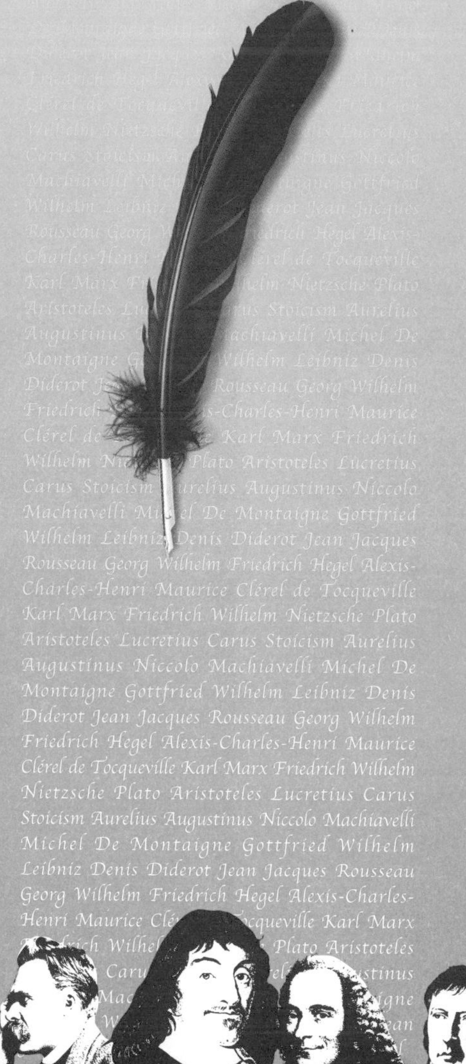

고대 철학자들에게 있어 진리란 인식의 대상이면서 동시에 삶의 지침이었다

고대 그리스와 로마는 실제로 1,200년 동안 지속되었다. 신화와 믿음에서 독립하여 이성만으로 자연을 설명하기 시작한 최초의 철학자-물리학자들, 가령 탈레스나 아낙시만드로스 등이 기원전 600년 지금의 터키 해안 지방인 이오니아에 출현했다. 페르시아 호스로 왕의 궁전으로 피신한 고대 최후의 철학자들이 글을 남긴 것은 서기 600년경이다. 그렇게 해서 총 1,200년이다. 그렇게 장구한 세월 속에서 수많은 철학 유파와 철학 시대와 철학의 진화가 존재했다. 이에 대한 연구는 반드시 필요한 작업이다.

최초의 철학 행위는 일정한 체계에 따른 진리 추구였다. 철학은 시적 언어, 즉 잠언이나 직관적 방식의 대화를 통해 드러나는 진리를 파기함으로써 이루어졌다. 파르메니데스나 헤라클레이토스, 엠페도클레스 같은 소크라테스 이전의 사상가들은 사람들로 하여금 꿈을 꾸게 만드는 소중한 존재들이었다. 이 진리의 스승들은 지혜의 스승이기도 했으며, 이들의 영감은 어떻게 보면 영적 선지자의 역할을 연상시킨다.

하지만 소크라테스와 그 이후 플라톤이 등장하면서 철학의 언어는 변화를 맞이한다. 신화의 언어가 증명과 논거, 개념의 분류와 논리적 절차를 통해서만 가늠되는 진리 추구에 그 자리를 내어주기 때문이다. 그렇지만 이때의 진리 추구는 육체를 벗어난 오로지 순수한 정신과학은 아니었다. 그리스 로마 철학자들에게 진리란 인식의 대상일 뿐 아니라, 삶 그 자체였기 때문이다.

고대 철학자들의 공통분모는 바로 이것이다.

고대 그리스에는 '지혜'와 '학자'를 동시에 뜻하는 '소포스sophos'라는 단어만 존재했다. 즉 당시에는 알기만 하는 사람과 그 앎을 통해 자신을 변화시키는 사람을 구분하는 것은, 엄밀한 언어학적 관점을 동원한다 해도 불가능한 일이었다.

따라서 '정신이 살짝 이상한 천재 과학자' 같은 존재는 SF영화에 익숙한 현대인들은 공감할 수 있을지 몰라도, 고대의 사고 지평에서는 있을 수 없다. 앎을 소유한 자는 그 앎을 통해 정신적·윤리적으로도 변화를 겪어야 한다는 것이다. 즉 앎, 인식이란 도덕적으로 결코 중립일 수 없었고, 오히려 실존의 지평과 밀착되어 있었다.

모든 인식은 삶의 방식이자 처세술이었다. 철학적 의도를 통해 변화를 겪은 모든 존재 형태는, 알고 있다는 사실뿐만 아니라 그 실천을 내포하고 있는 것이었다. 가장 유념해야 할 점은 바로 이것이다.

이름 플라톤 Plato

사실 플라톤이라는 이름은 '넓다'라는 뜻의 가명이다. 본명은 아리스토클레스였지만 이 이름을 기억하는 사람은 아무도 없다.

활동 지역 및 출신 배경 주로 아테네에서 귀족 계층과 함께 생활했다. 소크라테스와의 만남으로 인해 그의 인생은 일대 전환기를 맞는다.

연대기

기원전 427년 부유한 가정 출생.

기원전 399년 스승 소크라테스가 사형 선고를 받고 죽음.
플라톤은 첫 대화편 집필.

기원전 387년 시칠리아 여행에서 돌아온 후 아카데미 세움.
《향연》《페드르》《국가론》 집필.

기원전 367년 시라쿠사 여행. 정치활동 시도.

기원전 347년 《법률》을 집필하던 중 80세로 사망.

진리 개념 인간 이성이라는 유일한 수단을 통해 발견해야 하는 것, 인간의 지성 바깥에 영원히 존재하는 것, '이데아 세계'에 존재하며 절대 불변인 것.

명언 "기하학을 모르는 자, 이 문을 들어올 수 없다."

철학사적 위상 철학의 규칙, 관례를 만들어낸 철학자이다. 따라서 강도의 차이는 있지만 고대에서 현재에 이르는 철학사 전반에 끊임없이 영향을 미치고 있다.

philosopher
plato

|1|

플라톤
세계를 두 개의 차원으로 나누다

애초에 플라톤이라는 이름은 아리스토클레스라는 젊은 아테네 청년의 별명이었다. 이 말은 고대 그리스어로 '넓다'라는 뜻이었다. 이런 별명이 붙은 것은 아마도 그의 넓다란 어깨와 가슴팍 때문이었을 것이다. 실제로 플라톤은 키가 크고 건장했으며, 다부진 체격에 싸움도 곧잘 했다. 하지만 다르게 해석하는 사람들도 옛날부터 있었다. 본명이 아닌 플라톤이라는 이름이 후대에 굳어진 것은 그의 폭넓은 인식과 광범위한 시야, 개방적 사고 때문이라는 것이다.

플라톤의 저서는 굉장히 독특하다. 읽다 보면 철학책이면서 동시에 문학 작품 같기도 하고, 이론서이면서 한편으로는 연극을 보는 느낌까지 들기 때문이다. 플라톤의 대화편들은 한결같이 그의 사고의 움직임을 그대로 따라가고 있는 듯하다. 예측 불가의 다양한 생각들이 일순간 튀어 올랐다가 다시 그전으로 되돌아가기도 하고, 걸림돌을 만나면 교묘히 우회하기도 하며, 그러다 막다른 골목을 만나기도 하는 역동성이

고스란히 느껴지기 때문이다. 이러한 텍스트를 읽는다는 것은, 한 척의 배에 올라타 굽이굽이 펼쳐지는 예측 불가의 대화와 문답놀이에 기꺼이 몸을 맡기는 것과 비슷하다.

플라톤의 천재성은 이뿐만이 아니다. 그는 사고의 순서와 단절된 어조들을 절묘하게 조합함으로써 예측 불가능한 것들 속에 일관성을 부여한다. 따라서 독자는 철학론을 읽는다기보다 고상한 취향의 친구들과 함께 한판 잔치를 벌이는 기분이 들기도 하고, 현자가 자신을 고발한 모략가들 앞에서 목숨을 건 한판 승부를 벌이는 재판정에 와 있는 기분에 빠져들기도 한다.

이처럼 《향연》을 읽다 보면 어느새 지적이면서 동시에 몽롱한 취기까지 감도는 에로틱한 축제 한복판에 놓여 있는 우리 자신을 발견하게 된다. 우리는 남성들 간의 동성애와 지적 교류라는 바탕 위에서 인식과 애정이 깊숙이 연결되어 있음을 알 수 있다. 철학은 다른 먼 곳에 있는 것이 아니라, 이러한 욕망과 사고의 유희 속에 있다. 이것이 바로 첫 번째 가르침으로서, 미美에 대한 사고가 아름다운 육체에 대한 사랑을 어떤 식으로 인도하여 그 사랑을 발견하도록 이끄는지 알려준다.

그렇다고 해서 플라톤의 대화편들이 기존의 진리를 전달하는 교육용 연극 공연이라고 생각한다면 오산이다. 이때의 진리는 계속해서 추구해야 할 어떤 것이다. 물론 헛수고만 하고 발견하지 못할 때가 많다. 이러한 상대적 불확실성은 하나의 독특한 특징이었다. 특히 초기 철학에서는 이러한 진리 추구 탐험들의 상당수가 현실적 성과를 거두지 못했다. 하나의 의문이 제기되고, 그 해답의 추구가 시작되어도 아무런 결론에 이르지 못한 채 논쟁이 흐지부지 끝나버리는 것이다. 설사 문답의 주역들이 하나의 진리를 취한다 하더라도 그것이 꼭 플라톤이 원하는 해답이라고 단정할 수 없다. 사실 플라톤은 그 정확한 교리가 무엇인지 알 수 없는 유일한 철학자이다. 그는 언제 어디서고 분명하고 완전한 '자기' 방식, 단정적이고 논거가 확실한 '자기만의' 철학을 표명한 적이 없다. 논문이나 개론서도 쓴 적이 없다.

꽤나 낯선, 굳이 말하자면 '철학 없는 철학자'라고 할 수 있다. 플라톤은 마르지 않는 사고의 향연을 창조해냈지만, 늘 한 발 물러서 있는, 한 마디로 규정이 불가능한 철학자이다. 그렇다고 플라톤을 절대 정의할 수 없는 것은 아니다. 세기를 거듭하면서 사람들은 끊임없이 '플라톤주의'라는 것을 만들어내거나 이를 공격했다. 그런데 이 플라토니즘은 플라톤이 만들어낸 것이 아니다. 플라톤 이후의 사람들, 즉 다른 사람들이 만들어낸 것이지 결코 플라톤 자신이 만들어낸 것이 아니다.

그렇지만 플라톤에 관해 확실한 것은 아무것도 없다고 생각해서는 안 된다. 그는 철학적 언쟁도 했고, 적수들도 있었다. 자신이 내세우는 방침과 전략도 있었다. 몸싸움에 능했던 플라톤은 논쟁에도 뛰어났다. 상대를 잡아채거나 공격을 살짝 피하는 기술, 단 한 방에 상대의 기를 죽여버리는 논쟁의 기술을 그에게 가르친 이는 바로 소크라테스였다. 이 두 사람의 만남은 결정적 사건이었다. 소크라테스가 없었다면, 청년 아리스토클레스는 플라톤의 대화편 《고르기아스》에 등장하는 칼리클레스 같은 사람이 되었을지도 모른다. 똑똑하고 영리하지만 신중함이라고는 없고, 다른 사람이나 정의 따위엔 조금도 관심 없이, 권력과 쾌락에 열광했던 소피스트 고르기아스는 철학사 최고의 위험인물로 꼽힌다. 이 가공할 만한 젊은이를 염두에 두었던 플라톤은 분명 자기 자신을 절제하고 가다듬었을 것이다. 다시 말하지만 소크라테스를 만나지 못했다면 지금의 플라톤은 결코 존재하지 못했을 것이다.

진리에 대한 욕구

스승 소크라테스는 플라톤에게 또 다른 길을 가르쳐주었다. 우리가 견고하다고 믿는 수많은 견해들이 한낱 스쳐가는 바람에 불과할 수도 있다는 것과, 아름다움과 용기와 미덕이 무엇인지 안다는 믿음이 얼마나 헤어나오기 힘든 착각인지를 알게 해준 것이다. 또 우리가 아무것도 아는 게 없을지도 모른다는 것 역시 막연하게나마 느끼게 해주었다. 앞뒤가 맞게 제대로 표현된 몇몇 질문들은 사실 확실성을 가장한 거짓 확신이며 금방이라도 공중분해될 수 있다. 우리가 자명하다고 믿는 것들은 모순투성이고, 우리의 견해라는 것도 허약하기 짝이 없다. 지표를 상실한 우리는 항로도 정박지도 잃은 배처럼 막다른 골목에서 옴짝달싹할 수 없다는 것이다.

소크라테스는 제자를 보다 근원적인 가르침으로 한 번 더 이끌고 간다. 거짓 확신들이라는 위기 속에서 스승은 진리에 대한 욕구, 엄밀하고 정확한 사고, 가치의 힘을 보여주었다. 혈기 왕성한 귀족 청년, 플라톤은 진리를 부르는 외침을 들을 수 있었다. 휘황찬란한 겉모습과 시시각각 변하는 감정, 불평등하고 불안정한 권력과 지배 관계들의 이면에서, 플라톤은 또 다른 질서의 존재를 어렴풋이 느끼게 된다. 그것은 취향이나 욕망, 권력 관계로부터 독립된, 그 자체로 단단하게 고정된 것이었다.

따라서 플라톤의 진리 탐험의 출발점에는 두 가지 측면이 있다. 우선 소크라테스의 가르침에 따라 자명한 것으로 믿어온 기존의 이치들, 즉 진정으로 고민해보지도 않고 진리라 믿어온 모든 것들에 대해 의문을 제기해야 한다. 우리가 왜 그런 확신을 가지고 있었는지 우리에게 묻지 않은 채, 지금까지 진리로 믿어온 것들을 이런 식으로 문제 삼는 것은 당황스러운 일이 아닐 수 없다. 확신을 상실한다는 것은 결코 유쾌한 일이 아니다. 비빌 언덕이 사라진 것처럼 불안하기까지 하다.

그다음 이 아찔하고 불안한, 가끔은 화가 나고 두려운 순간 뒤에는 마음을 놓을 수 있는 안정된 풍경이 펼쳐진다. 자연 발생적인 생각에서 비롯하는 혼돈, 처음의 오류, 무늬만 앎인 거짓 인식 뒤에서 드디어 또 다른 세계가 모습을 드러내는 것이다. 이 세계야말로 흔들리지 않는 '진짜' 세계다. 소크라테스는 사유를 통해 이 진리의 세계에 다다를 수 있다고 생각했고, 그 길을 보여주었다. 플라톤은 스승의 가르침을 받아들였고, 관념concepts을 통해 진리로 나아가는 그 길을 발전시켜나가게 된다.

'관념'이란 용어가 너무 일상화되어 가끔은 그 뜻이 변질되는 바람에, 우리는 플라톤이 요구하는 태도의 변화가 무엇인지 망각하기도 한다. 사실 그가 요구하는 것은 올바르고 진정한 시선으로의 전환이다. 예를 들면 우리는, 어떤 대상이 아름다운 이유는 그 속에 아름다움의 특별한 자질이 존재하기 때문이라고 생각하는 경향이 있다. 혹은 어떤 행위가 용감하거나, 어떤 결정이 정당한 것은 그 속에 용기나 정당성의 요인들이 있기 때문이라고 믿는다는 것이다. 하지만 이것이야말로 순진함을 넘어서 잘못된 생각이다.

어떤 사물이나 행위들 속에서 아름답고 용감하고 정당한 것들을 쉽게 구분해낼 수 있으려면 우리는 아름다움이나 용기, 정당함이 무엇인지 '사전에' 미리 알고 있어야 하기 때문이다. 우리 머릿속에 그러한 자질들의 표본과 형상-관념이 들어 있어야 하고, 구체적인 사물들이나 실제 행위들 속에서 그 관념에 부합하는 것을 찾아내야 한다는 뜻이다. 아름다움이나 정당함의 사례들을 모두 수집하기 위해서는 '아름다움, 용기, 정당함이란 무엇인가?'라는 질문에 먼저 대답해야 하고, 옳든 그르든 이러한 것들이 '무엇인지' 머릿속에 그릴 수 있어야 하는 것이다.

달리 말하면, 관념이란 '서로 다른 경우들을 하나로 모아주는 그 공통점이 무엇인가?'라는 질문에 대한 답을 그 속에 포함하고 있다. 예를 들면, '모든 미덕의 공통점은 무엇인가?' '사람들이 미덕이라고 믿는 것은 도대체 무엇인가?' '미덕을 말하는 사람들은 그렇게 말하면서 뭔가 정확하고 확실한 무언가를 생각하고 있는가?' 등의 질문에 대한 답이다. 기하학에서 말하는 원, 삼각형, 사각형은 누구나 똑같이 생각하는 원과 삼각형과 사각형이고, 각각의 형상은 명확하게 정의된다. 용기나 정당함의 경우에도 이와 유사한 확실한 정의가 요구된다.

우리가 이런 구분을 할 수 있다면 이는 소크라테스 덕분이다. 플라톤은 두 가지 주요 방식을 통해 소크라테스를 원용했는데 무엇보다 여러 증언의 형태로 나타나는 초기 대화편에서 플라톤은 자기의 정확한 의

도보다는 소크라테스의 영향을 받은 화법을 재구성하려고 노력한다. 그는 소크라테스를 교활한 소피스트들이나 자아도취에 빠진 군인들을 상대로 선보였다. 또 끊임없이 질문을 던진다는 점에서 아테네인들을 물어뜯고 귀찮게 하는 등에를 자처한 소크라테스, 잡으려 하면 전기충격을 주는 '전기가오리'라는 별명에 걸맞는 스승 소크라테스의 면모를 보여주었다. 이 대화편들은 주로 도덕의 문제들을 다루고 있고, 미덕만으로 충분히 행복할 수 있다는 사실을 강조하고 있다.

이데아의 세계

그 후에도 플라톤은 소크라테스의 이름과 입을 빌어 자신의 사유를 피력했지만, 현실의 스승 소크라테스와는 점점 멀어진다. 관념에 대한 플라톤의 초기 시각은 변화를 겪었고, 그는 현실 세계의 표본이자 규범인 '이데아의 세계'가 존재한다고 확신하기에 이른다. 플라톤에게 있어 이데아의 세계는 우리가 흔히 '현실'이라고 부르는 세계보다 더 참된 것이다. 말하자면 이데아의 세계는 유일한 실재實在 세계다.

보통 사람들의 자연스러운 관념과 크게 대립되는 이러한 시각을 이해할 수 있는 가장 간단한 방법은 기하학과의 비교이다. 기하학은 플라톤에게 가장 기본적이고 근본적인 기준의 틀을 제공해주었다. "기하학을 모르는 자 이 문을 들어올 수 없다." 자신이 세운 아카데미의 건물 박공에 플라톤이 새겨놓은 말이다. 그렇다면 '기하학을 안다'는 것은 무슨 뜻일까? 그 의미를 정확히 밝히는 것이야말로 플라톤의 철학적 여정의 주요 특징을 이해하는 길이다.

정사각형을 예로 들어보자. 기하학자라면 이 정사각형의 재질이 천인지 나무인지, 쇠인지 가죽인지, 파란색인지 빨간색인지, 모래 위에 그린 것인지 밀랍 위에 그린 것인지, 제대로 그렸는지 아닌지 신경 쓸 필요가 없을 것이다. 플라톤의 주장에 따르면, 중요한 것은 단 한 가지, 정사각형의 '이데아'이다. 이 이데아는 지각되는 것이 아니라 이해되는 것이며, 느껴지는 것이 아니라 사고되는 것이다. 완벽하고 확실하게 규정(네 변의 길이가 같고, 네 각이 직각이다)되는 정사각형의 이 이데아는 우리 눈에 보이지 않는다. 우리가 어떤 사물들을 정사각형이라고 지각한다면, 그것은 곧 그 사물들의 생김새가 우리가 알고 있는 그 '형상'에 부합한다고 판단하기 때문이다(고대 그리스어에서 '형상'을 가리키는 에이도스eidos에서 이데아idée라는 말이 생겨났다).

정사각형의 이 이데아-형상은 개인에 따라 달라질 수 없고 변하지도 않는다. 현대적 용어로 말하자면, '주관적 변이형'이 전혀 없다. 유일하고 객관적인 이 이데아-형상은 누구에게나 동일하다. 정사각형의 수많은 사물들—지금 존재하는 것일 수도 있고, 없어졌거나 앞으로 생겨날 수도 있는 것들—에게는 단 하나의 정사각형 이데아-형상이 존재할 뿐이다. 이 이데아는 절대 사라지지 않으며 변하지도 않는다. 구체적 사물들은 닳아 없어지고, 녹이 슬고, 무뎌지고, 부서지고, 변하기도 하지만 이데아-형상은 영원히 불변이다. 플라톤은 이 불변성에 매료되었다. 절대로 변하지 않는 것, 모든 훼손과 변형으로부터 안전한 이 이데아는 그에게 가장 완벽한 것으로 보였다.

이렇게 보면, 기하학적 진리들은 영구적이다. 정사각형의 네 각의 합은 인간의 지성을 통해 만들어지는 것이 아니라 그 자체로 존재한다. 우리가 그것을 계산하고 발견하고 관조한다는 사실과는 전혀 상관없이 독립적, 절대적으로 존재한다. 플라톤은 이 이데아-형상이 우리의 마음(정신)과는 아무 관련이 없다고 생각했을 것이다. 하지만 사실은 정반대다. 즉 이데아-형상들은 그 자체로 영원히 존재하고, 우리의 영혼은 상황에 따라 이 이데아-형상들을 바라보는 경지에 이를 수 있다.

이 바라봄, 응시contemplation라는 말은 고대 그리스어로 테오리아 théôria, 즉 '보는 것' '관상'이다. 플라톤에게 '테오리아'란 결코 이데아의 산물이 아니라, 있는 그대로를 '영혼의 눈'을 통해 바라보는 것이었다. 일상생활에서 우리의 시선은 본질을 보지 못하고 그 그림자들 가령, 정사각형 형태의 사물들만 본다. 즉 그 모든 사물들이 비롯되는 정사각형의 이데아-형상은 보지 못하는 것이다. 정사각형의 형상이란 말하자면 정사각형 형태의 모든 사물들이 태어나는 자궁 같은 것으로, 이 형상이 없으면 이들 정사각형의 사물 자체가 존재할 수 없다. 이 형상-근원을 이해하고, 그 모사(수많은 정사각형들)에서 그 근원(정사각형의 이데아)으로 나아가기 위해서는 우리의 시선을 사물이 아닌 이데아로 돌려놓아야 한다. 이러한 시선의 전환은 《국가론》 제7권의 그 유명한 동굴의 비유를 통해 소개되고 있다.

사회의 재구축

:

이 동굴의 비유는 인식의 영역과 행동의 영역에서 플라톤이 보여준 특별한 여정의 본질을 잘 보여준다. 소크라테스는 '우리와 비슷한' '기이한 죄수들'에 대해 설명한 바 있다. 이 죄수들은 어릴 때부터 어두운 동굴 속에 갇혀서 고개를 돌릴 수도 없이 똑바로 앞만 바라보고 있어야 했다. 눈에 보이는 것은 정면의 동굴 벽 위에 비치는 그림자뿐이다. 오늘날 극장의 영사기를 생각하면 이해가 쉽다. 죄수들은 영화를 보는 관객들이고, 이 영화를 현실로 믿는다. 이들은 영사실의 존재뿐만 아니라, 진정한 만물이 존재하는 바깥세상의 존재도 알지 못한다. 이들 죄수-관객 중 한 사람을 따로 떼어놓으면, 그는 이 상황을 견디지 못한다. 그를 밖으로 데리고 나오기 위해서는 억지로 끌어내야 한다. 밖으로 나온 그는 눈이 부셔 앞을 제대로 보지 못한다. 두 눈이 빛에 익숙해질 즈음, 그는 바깥의 현실을 바라볼 수 있게 된다. 현실의 그림자가 아닌, 이제 모든 것의 실체를 똑똑히 보게 해주는 태양을 발견한 것이다.

플라톤은 우리가 살고 있는 이 세계가 보다 참된 또 다른 세계의 그림자라는 사실을 이해시키려 했다. 동굴에서 빠져나온 죄수인 철학자는 이 이해의 대상인 관념 세계에 다가갈 수 있다. 그는 그곳에서, 세상 만물을 비추는 태양과 같은 존재, 즉 다른 사람들을 무지에서 일깨워줄 선Bien의 이데아('진-선-미')를 발견한다. 철학자가 이 이데아의 세계로 도피해서는 안 된다. 플라톤은 인간 세계로부터 단절되기를 거부했다. 철학자란 동굴로 다시 내려가 무지한 옛 동료들을 밖으로 데리고 나오려고 애써야 한다. 물론 고난을 감수할 각오를 해야 한다.

말년의 소크라테스가 바로 이런 경우이다. 소크라테스는 그를 미워한 젊은이들로부터 혹세무민과 신성모독의 죄목으로 고발당했을 때 스스로를 변호해야 했다. 기원전 399년, 아테네의 시민 법정에서는 한 노인이 단도직입적으로 중상모략가들의 고발에 맞서 자신을 변호했다. 하지만 사형선고를 피할 수 없었다. 플라톤은 끊임없이 위대한 스승의 유덕을 기렸으며, 이후로는 어떻게 하면 그러한 살인을 방지할 수 있을지 고민했다. 간결하면서도 자신감에 넘치는 문체로 그 철학자를 옹호한 작품 《소크라테스의 변론》은 아마 서구 사상이 낳은 가장 감동적인 텍스트일 것이다.

무지하고 맹목적인 사람들에 의한 소크라테스의 죽음은 플라톤에게 있어 가장 치욕적이고 부당한 사건이었다. 누구보다 신중하고 현명하며 누구보다 도덕적이며 법을 존중했던 사람의 죽음을 목격해야 한다는 것은, 모든 것이 처음부터 다시 만들어져야 한다는 뜻이었다. 즉 소크라테스 같은 사람이 죽지 않아도 되는 그런 정의로운 도시국가를 만들어내야 했다. 그는 《국가론》을 통해, 말년에는 《법률》을 통해 유토피아와 정치철학, 상당수의 법률적·행정적 방편들을 한꺼번에 고안해냈다. 무결점의 완벽한 국가를 건설하기 위해서는 현실 생활의 세부 사항들, 즉 토지 분배에서부터 결혼 적령기까지, 체육과 축제 또는 가을의 추수에서부터 재산의 규모에 이르는 모든 것들을 처음부터 재검토해야 한다.

의도하는 바는 단 한 가지, 즉 이데아의 세계에 부합할 수 있도록 사회를 재구축하는 것, 진리와 선이 정치의 핵심 지위에 자리할 수 있도록 만드는 것, '지배자가 철학자이고 철학자가 지배자가 되는' 사회를 실현하는 것이다. 권력을 향한 철학자들의 기나긴 구애의 역사, 철학자들과 통치자들 간의 애매한 관계들은 분명 플라톤에 그 뿌리를 두고 있다. 무엇보다 그의 책 속에는 오늘날까지 서구 사회를 사로잡고 있는 중대한 확신이 자리하고 있다. 사회를 조직하는 데에는 앎이 필요하고, 진리를 알면 인간의 역사에 결정적인 영향을 미칠 수 있다는 확신이 그것이다. '마르크스의 이론은 전지전능하다. 왜냐하면 진리이기 때문에'라고 말한 레닌 역시 플라톤의 후손이다.

따라서 플라톤은 철학의 창시자라고 할 수 있다. 철학의 테마들과 철학의 규범, 논증의 도구들을 대부분 만들어냈고, 이상 세계의 존재를 제기한 최초의 철학자이기도 하다. 진리에 복종하는 사회를 꿈꾸었던 그는 어떻게 보면 전체주의를 최초로 발의한 사람이기도 하다. 하지만 가장 중요한 것은 그가 끊임없는 진리 추구를 최초로 시작했다는 것이다. 당연히 정답이라 여겨지던 것들이 플라톤 덕분에, 대화를 통해 열린 언어와 성찰의 장 속에서 끊임없이 의혹의 대상이 될 수 있었다. 그 후 철학은 이 열린 공간 속에 자리를 잡았고, 이 공간은 결코 닫힐 수 없는 것이 되었다. 철학은 그 속에서 수없이 다양한 방식으로 존재하고 있다. 그중에는 공공연히 플라톤을 적대시하는 방식들도 있다. 하지만 그 적수들조차 플라톤을 벗어나지 못한다는 것을 깨닫는 데에는 그리 오랜 시간이 걸리지 않았다.

플라톤에 관해서 제일 먼저 읽어야 할 것은?

제일 먼저 《소크라테스의 변론》. 용기에 관해서는 초기 대화편 중 하나인 《라케스》, 미美에 관해서는 《대大 히피아스》가 좋다.
그다음에는 《향연》이나 《고르기아스》 《국가론》을 읽고, 제일 나중에는 가장 어려운 《파르메니데스》나 《소피스트》를 추천한다.

플라톤에 대해서 좀 더 깊이 알고 싶다면?

플라톤 저, 천병희 역, 《소크라테스의 변론, 크리톤, 파이돈, 향연》, 숲, 2012
박규철 저, 《수사학과 도덕성: 플라톤 고르기아스 읽기》, 한국학술정보, 2012

p r e v i o u s

플라톤에게 진리란, 늘 변화무쌍하고 개인마다 다른 감각 세계 속에 존재하는 것이 아니다. 영원불변의 진리는 이데아의 세계 속에 존재하며, 그 속에서 철학자는 참된 형상을 바라볼 수 있다. 따라서 철학자의 임무는 사회가 이 이상적 모델과 일치할 수 있도록 사회를 변화시키는 데 있다.

플라톤의 제자인 아리스토텔레스의 진리 개념은 거의 모든 면에서 스승 플라톤과 대립한다. 그는 이데아의 세계를 부정하고, 우리 눈앞에 펼쳐진 현실을 관찰함으로써 진정한 인식을 추구하며, 경험에서 비롯하는 교훈을 통합하고, 특히 그중에서도 자연과학을 창조한다.

n e x t

이름	아리스토텔레스Aristoteles
활동 지역 및 출신 배경	마케도니아 왕의 주치의였던 아버지에게서 태어나 플라톤 밑에서 20년 동안 수학했다. 이후 '리케이온'이라는 학당을 세운다.
연대기	기원전384년 마케도니아 스타게이라 출생. 기원전367-347년 아테네의 플라톤 밑에서 수학. 기원전347-342년 아소스에 학교 건립. 이때 《니코마코스 윤리학》을 집필한 것으로 추정됨. 기원전342-336년 마케도니아의 필리포스 왕의 부탁으로 아들 알렉산더(기원전 336년 왕위에 오름)의 교육 담당. 기원전336년 아테네로 돌아와 리케이온 학당을 세우고, 대부분의 걸작을 이 시기에 집필. 기원전323년 알렉산더 대왕 사망 후 아테네를 떠나 칼키스로 피신. 몇 달 후 이곳에서 60대의 나이로 사망.
진리 개념	추론과 관찰을 결합함으로써 발견할 수 있는 것. 관찰 가능한 현실과 구체적인 재료들로부터 이끌어내야 하는 것. 경우에 따라서는 상대적이고 접근 가능한 것.
명언	"존재는 다양한 의미로 표현된다."
철학사적 위상	물리학에서 정치학으로, 형이상학에서 생물학에 이르는 다양한 영역을 아우르는 그의 저작은 철학사 전반에 걸친 끊임없는 연구 대상이다. 아랍어로 번역된 그의 저서를 아랍 철학자 아비센나(이븐 시나)와 아베로에스(이븐 루슈드)가 논평하기도 했고, 유럽에서는 이들 철학자의 분석을 통해 더욱 내용이 풍부해졌다. 중세에는 가톨릭 교회의 공식 기준으로 변모했던 그의 사상은 근대에 와서 상대적으로 침체기를 맞지만 이후 역사가들에게는 다시 한 번 특별한 연구의 장을 제공해주고 있다.

philosopher—
Aristoteles

|2|

아리스토텔레스
현실에서 인식의 열쇠를 찾다

아리스토텔레스는 서양 철학의 제2의 아버지다. 첫 번째 아버지인 플라톤은 철학을 이 세상에 태어나게 했고, 철학의 공간과 스타일을 만들어냄으로써 철학의 눈을 뜨게 해주었다. 아리스토텔레스는 태어난 지 얼마 안 된 어린 철학을 교육하고 훈련시켰다. 그는 철학의 규율을 잡았고, 철학을 체계적이면서도 매우 다양한 면모를 지닌 하나의 추구 과정으로 변모시켰다. 그의 폭넓은 범위와 지식의 전 영역을 아우르는 방식, 철학사에 미친 전무후무한 영향력 등을 고려할 때, 아리스토텔레스의 업적은 가늠이 불가능할 정도로 광범위하다.

따라서, 아리스토텔레스를 간략히 소개한다는 것은 거의 불가능해 보인다. 자신의 사상을 당대의 모든 지식에 연관시킨 철학자의 특징을 무엇이라 규정할 수 있을까? 또 논리학과 형이상학, 물리학과 자연과학, 윤리학과 정치학이 끝도 없이 이어지며 서로에게 묻고 답하는 10여 편의 저작에 어떻게 다가갈 수 있을까? 아리스토텔레스가 이 책 저책을 넘나들며 신의 본질, 설득력 있는 추론과 변변찮은 논증의 차이, 또 물고기의 소화 메커니즘, 돌멩이는 아래로 떨어지는 반면 연기는 위로 올라가는 이유, 남성 생식기의 발기 방식 따위를 장황하게 설명하는 걸 보고 있자면 적잖이 당황할지도 모른다. 하지만 이 산만하기 짝이 없는 설명들은 하나의 총체성 속에 자리하고 있다. 이 상이한 지식 영역들이 결코 별개의 것이 아니라는 뜻이다. 이들은 전체적인 일관성을 보장해주는 조직적 구성에 따라 서로 연결되어 있다.

이러한 특성을 조금이라도 이해해야만 아리스토텔레스의 업적이 시간과 언어와 문화를 초월하여 어떤 영향을 미쳐왔는지 알 수 있다. 아리스토텔레스는 타의 추종을 불허하는 역사의 한 중심에 자리 잡고 있다. 그 역사는 물론 고대에서 시작된다. 알렉산더 대왕의 가정교사로, 또 플라톤의 아카데미 학당과 쌍벽을 이룬 리케이온의 창립자로서 그 학원 안을 거닐며 토론을 하던(아리스토텔레스학파를 가리키는 소요학파逍遙學派라는 말은 이러한 산책의 관례에서 비롯했다) 아리스토텔레스는 로마제국이 멸망할 당시에도 여전히 연구되고 출판되었으며 학자들의 논평 대상이 되었다. 그 후 아비센나와 아베로에스 같은 아랍 철학자들의 저서 속에 다시 등장한 그는 이들의 저작을 통해 서구로 복귀했고, 급기야 토마스 아퀴나스에 의해 중세 기독교의 공식 철학으로, 또한 단테의 말처럼 '학자들의 스승'으로 자리매김하기에 이른다.

이상주의자 혹은 현실주의자

:

아리스토텔레스의 본질을 포착하기 위해서 르네상스기의 이탈리아로 잠시 되돌아가, 라파엘로가 그린 〈아테네 학당〉이라는 그림을 들여다보자. 1510년에 완성된 유명한 이 프레스코 벽화는 그리스 사상의 주요 입장들과, 초기 그리스 철학의 비약적 발전을 이끈 두 주요 학당을 그대로 재현한 작품으로 평가받는다. 친구이자 라이벌인 두 거장, 플라톤과 아리스토텔레스는 당연히 그림 한가운데 어깨를 나란히 하고 있다.

아리스토텔레스가 플라톤의 아카데미 학당에서 수학했던 적어도 20년 동안은 실제로 이런 풍경을 자주 볼 수 있었다. 아리스토텔레스는 아카데미에서도 가장 재능이 뛰어나고 전도유망한 학생이었으며, 아카데미에서 강의를 할 수 있도록 플라톤이 허락한 유일한 제자였다. 하지만 이는 그가 스승의 이론에 대한 가장 급진적 비판자가 되기 전의 일이다. 플라톤은 자기 학당에 유학 온 마케도니아 출신의 이 젊은이가 보여준 놀라운 학습 능력과 탁월한 분석력을 일찍부터 눈여겨보았다. 늘 손에서 글을 놓지 않던 이 제자에게 플라톤은 '독서광'이라는 별명을 붙여주기도 했다.

라파엘로의 그림에서 놓쳐서는 안 될 가장 중요한 핵심은 플라톤과 아리스토텔레스가 취하고 있는 제스처이다. 그림 속의 플라톤은 오른손을 위로 든 채 검지로 하늘을 가리키고 있다. 반면 아리스토텔레스의 오른팔은 거의 수평으로 뻗어 있고 다섯 손가락을 쫙 편 채 손바닥은 아래를 향하고 있다. 이것이 바로 출발점이다. 이 자세의 차이가 서양 철학의 두 창시자 간의 본질적 차이를 의미하기 때문이다. 진정한 인식 추구에 있어 플라톤에게 중요한 것은 무엇일까? 감각에 따라 시시각각 변하는 영롱한 빛깔, 즉 끊임없이 변하는 외형 뒤에 존재하는 불변의 형상을 찾는 것이다. 하지만 아리스토텔레스가 볼 때, 이러한 전제는 아무 소용이 없다. 그에게 이데아 따위는 없다. 인식의 열쇠는 우리 눈에 보이고 우리가 성찰할 수 있는 대상인 이 세상 속에 있기 때문이다. 현실로부터 등을 돌리거나 현실의 그 잡다함과 다양함을 회피하는 대신, 현실을 검토하고 분류하고 비교하고 따져보아야 한다.

영국의 낭만주의 시인이자 철학자인 코울리지(1772~1834)는 모든 인간은 플라톤 아니면 아리스토텔레스라고 생각했다. 이 두 철학자가 인간의 대립적인 두 기질을 확실히 구현하고 있음을 잘 알았기 때문이다. 즉 이상주의자와 현실주의자, 이론가와 관찰자, 이 세계를 벗어나려 하는 자와 이 세계를 체계적으로 탐색하고자 하는 자 간의 차이가 그것이다. 플라톤은 저 높은 곳에서 '선善'을 찾으려 했고, 아리스토텔레스는 인간의 미덕을 분석하면서도 그것이 갖는 불확실하고 우연적인 측면을 인정했다. 정치학에서도 플라톤은 현실에는 없는 정의로운 국가를 설계하려고 고민했지만, 아리스토텔레스는 실재하는 것들의 구성 원리를 추적하여 그로부터 장단점을 이끌어내려고 했다. 플라톤은 관찰 자체가 교육이 될 수 있다고는 거의 생각하지 않았지만, 아리스토텔레스는 몸소 어부의 그물을 놓아 희귀 물고기들을 잡고 해부하기도 했다.

플라톤은 저 하늘 위를 정복하기 위해 떠나는 영웅이나 모험가의 면모를 보이지만, 아리스토텔레스는 말하자면 교사이자 연구원을 연상시킨다. 드러내 보여주고, 설명하고, 타당성을 증명한다. 그는 하나의 논리적 질서에 따라 모든 지식을 아우르는 하나의 원칙으로서의 철학을 최초로 기획한 철학자이며, 지식의 전체적 체계를 생각해내고 구축한 최초의 철학자이다. 또 플라톤은 천재적 영감으로 번뜩이는 문학가이자 극작가, 산문가였던 반면, 아리스토텔레스는 우아하거나 고상하기는커녕 답답해 보일 때가 더 많은 전형적인 선생이었다.

물론 우리가 플라톤 작품 중에서도 일반에게 알려진 부분과, 널리 유포시키기 위해 공들여 집필한 대화편들을 주로 읽기 때문에 이러한 비교가 더욱 두드러져 보이는 것은 사실이다. 우리는 플라톤이 아카데미 학당에서 펼친 구두 강연의 세세한 부분까지는 알지 못한다. 하지만 아리스토텔레스의 상황은 정반대다. 그가 남긴 최고의 저작들은 대부분 소실되었다. 즉 키케로가 '황금이 흐르는 강'이라고 칭송해 마지않았던 아리스토텔레스의 글들은 남아 있지 않다. 강의 노트들이 남아 있긴 하지만 그것도 강의 준비를 위해 아리스토텔레스 본인이 직접 만든 것인지, 강의를 들은 청중들이 만든 것인지 아직 확실하지 않다. 그러다 보니 아리스토텔레스 스스로 자신을 생략법으로 표현한다는 인상을 지울 수 없다. 그런데도 아리스토텔레스를 읽는 사람들은 그의 사고 능력과, 자기 사고의 내적 일관성을 지속적으로 추구했던 노고에서 비롯한 그의 촌스러움을 쉽게 잊어버린다.

도구와 원칙 검토하기

:

아리스토텔레스는 이성이 사용하는 도구들을 엄격하게 검토한 최초의 철학자이다. 지식은 단어와 문장, 진술들을 이어주는 일관성이라는 도구들을 통해 만들어진다. 따라서 실제로 사고가 실행되는 여러 카테고리(시간, 장소, 숫자 등), 진술들의 구조, 추론의 형식, 논리적 제약 등을 검토해야 한다. 이러한 사고의 도구들을 검토함으로써 아리스토텔레스는 규율과 원칙으로서의 논리학을 처음으로 만들어낸다. 그런 점에서 아리스토텔레스는 자기 작업대의 수평을 제대로 맞추고 작업 도구들을 세심하게 선별하여 불필요하거나 비효율적인 것들을 구분해내고, 칼날은 제대로 서 있는지 점검하는 장인과 비슷하다.

추론의 형식을 구분하는 논법, 즉 삼단논법은 중세 유럽에서 새롭게 재평가받으면서 스콜라 철학의 탄생에 크게 기여했다. 아리스토텔레스의 사상이 판에 박힌 완고한 교리로 변질된 것을 흔히 스콜라 철학이라고 부르는데, 이는 그에게 치명적인 해를 끼쳤다. 사실 데카르트로부터 출발한 근대 철학자들이 답답하고 부담스러운 중세와 결별하고자 했을 때, 이들이 감지한 것은 곧 아리스토텔레스와의 단절이었다. 하지만 추론의 형식적 측면들은 지금도 가장 중요한 문제들이다.

왜냐하면 우리가 말할 수 있는 것, 생각할 수 있는 것, 있는 그대로의 것 등은 어떤 식으로든 아리스토텔레스가 말하는 하나의 심오한 통일성 속에 들어 있기 때문이다. 모순되는 것은 사고 자체가 될 수 없고, 사고될 수 없는 것은 현실 속의 그 어떤 가능 존재existence possible와도 부합하지 않는다. 생각할 수 있는 것과 말할 수 있는 것 그리고 현실이란, 사실 서로 분리될 수 없는 것들이다. '정사각형의 원'이라는 말 자체는 누구나 할 수 있다. 하지만 원이면서 동시에 원이 아닌 그런 모양을 생각할 수 있는 사람은 아무도 없다. 이것은 확신이나 습관의 문제가 아니라, 사고의 내적 구조의 문제다. 우리가 생각할 수 없는 것은 존재할 수도 없다.

아리스토텔레스의 《형이상학》으로부터 도출할 수 있는 결론도 바로 이것이다. 그러나 아리스토텔레스는 이런 제목의 저서를 쓴 적이 한 번도 없다. 이 '형이상학'이라는 말은 형이상학이라는 제목으로 묶을 수 있는 모든 저작에서 단 한 번도 등장하지 않는다. 기원전 1세기경, 로데스Rhodes의 안드로니쿠스라는 사람이 아리스토텔레스의 저서들을 정리하면서 존재 및 세계의 본질에 관한 저서들을 '물리학 다음'에 따로 분류했던 것이다. '물리학 다음'은 라틴어로 ta meta phusika인데 여기서 métaphysique, 즉 '형이상학'이라는 말이 생겨났다.

이것이 단순히 연구의 시간 순서상 물리학 '다음에' 등장하는 것을 가리키는 것일까, 아니면 물질세계와는 다른 질서를 갖는 저 '머나먼 어딘가'에 존재하는 것을 말하는 것일까? 그리스의 해석학자들은 이 두 세계가 서로 배타적인 것은 아니라고 주장한다. 그리고 이러한 견해를 처음 만들어낸 이가 바로 아리스토텔레스라는 데에 모두 동의한다. '형이상학'이라는 말을 직접 사용하지 않는 아리스토텔레스에게 있어, 이 말은 여러 가지를 의미한다. 즉 '최초의 근본 인식' '최초의 철학' '진리의 인식'이기도 하고, 지식의 초자연성이란 것이 지식의 집행자이면서 그 대상이라는 이중적 의미에서 '초자연적 인식'이기도 하다.

이 '존재로서의 존재에 대한 학문'을 착안하고 발전시킨 아리스토텔레스는 이후 수천 년에 걸쳐 끊임없이 확대 재생산되고 인용될 분석들을 제시했다. 자연 이치의 근원에 위치한 불변의 영원한 '최초 동인'의 존재를 연역해내는 것이 바로 그런 분석이다. 그는 특히 우리가 일상적으로 사용하는 개념 쌍들을 개발해냈다. 우리는 우리도 모르는 사이 매일같이 아리스토텔레스가 된다. '잠재태(가능태)' '행위(현실태)' '질료' '형상' 등은 모두 아리스토텔레스가 만들어낸 개념들이기 때문이다. '잠재적인' 무언가에 대해 말한 사람이 아리스토텔레스가 처음은 아닐 것이다. 하지만 그는 이러한 용어들을 만들어냄으로써 스승 플라톤의 이데아 세계를 대체할 대안을 발견할 수 있었다. 즉 그는 또 다른 세계를 낳을 수 있는 규범 세계인 이데아-형상의 세계와 질료의 세계라는 두 개의 세계를 가정하는 대신, '질료 없는 형상도 없고 형상 없는 질료도 없다'고 단언하기에 이른다.

앞서 예로 든 정사각형으로 다시 돌아가보자. 아리스토텔레스는 정사각형은 정사각형 모양의 사물들 바로 그 속에 있으며, 이 정사각형의 사물들은 나무나 쇠, 천 따위로 만들어진 것들이라고, 즉 질료로부터 분리된 형상은 없다고 주장할 것이다. 역으로 형상 없이 존재하는 질료도 없다. 다시 말해 이 나무 조각, 쇠붙이, 천 조각은 언제든 변할 수 있지만 일정한 형상을 늘 지니고 있다. 요컨대 이데아-형상은 바로 이 세상 만물, 현실 한가운데 있기 때문에, 우리는 플라톤처럼 이데아-형상이 존재하는 또 다른 세계를 가정할 필요가 없다.

상대적 엄밀성 함양하기

:

우리는 아리스토텔레스로부터, 진리란 구체적 여건들과 거의 분리될 수 없는 것이라는 결론을 이끌어낼 수 있다. 진리는 현실 세계보다 한참 더 높은 어떤 곳이나 현실 세계 뒤에 있는 것이 아니라, 현실 세계 안에 있다. 따라서 관찰과 성찰의 힘으로 그 진리를 조금씩 이끌어내는 데 집중해야 한다. 이를 통해 우리는 아리스토텔레스 사상의 또 다른 특징인 상대적 엄밀성이라는 개념을 이해할 수 있다. 사실 아리스토텔레스는 절대적 정확성이 아니더라도 이와 유사한 근사치의 정확성을 인정했다. 다양한 분야 중에서도 그의 관심을 끌었던 것은, 대부분 검증이 되지만 예외가 전혀 없지는 않은 일정한 성향들과 규칙, 빈번한 현상들이었다.

물리학이 바로 그러하다. 물리학이 본 이 세상은 백 퍼센트 과학으로 설명되지는 않지만 대부분 들어맞기 때문이다. 신의 영역인 천상의 작동 원리는 완벽하고 정확하게 계산되는 불변의 궤도 속에 자리한다. 하지만 우리가 살고 있는 이 땅에서는 빈번한 사실들, 즉 가장 자주 발생하는 현상들만을 추출해낼 수밖에 없다. 수학적 엄밀성만으로 이 현상들을 모조리 설명할 수는 없을 것이다. 예외를 늘 염두에 두어야 하기 때문이다. 생물학도 마찬가지다. 사소한 별종에서부터 흉측한 기형에 이르기까지 정상을 벗어난 예외가 수없이 존재하기 때문이다. 아리스토텔레스는 영혼에 대해 '육체의 형상'이라는 흥미로운 정의를 내렸다. 이때 형상은 육체가 성장해나가도 유기체의 동일성을 유지한다. 하지만 아리스토텔레스는 이때 형상의 변화가 얼마든지 가능하고 끊임없이 변형이 발생한다는 점을 잊지 않는다. 정치 역시 점진적 수정 과정으로서, 이러한 형상으로부터 예외가 아니다.

아리스토텔레스는 시공간을 막론하고 언제 어디서나 철저히 지켜져야 할 세부 법안이나 이상적 법률을 주장한 적이 한 번도 없다. 반면 그가 늘 염두에 둔 것은, 지역 상황과 변화에 끊임없이 적응해나가는 원칙들이었다. 그는 법의 불명확한 부분을 강조하며, 보편적 지침이란 세부적이고 구체적인 상황에 맞춰져야 한다는 데에 역점을 두었다. 아리스토텔레스는 건축가로 치면, 가장 작은 디테일들 속에서는 모든 것이 유기적으로 조직될 수 없음을 간파한, 지극히 현실적이고 치밀하며 세심한 건축가였다.

하지만 이 같은 불확실한 부분이 있다고 해서 결론이 없는 것은 아니다. 중요한 것은 전체를 주관하는 주요 노선 혹은 방침이기 때문이다. 이 주요 방침들만 있으면, 상황에 따라 무슨 조치가 필요한지 충분히 알 수 있기 때문이다. 상대적인 부분을 포괄하면서도 원칙을 잃지 않는 이 유연한 엄밀성은 수사학의 유용한 도구이다. 이러한 개연성은 수학적 진리와는 다른 질서에 속한다. 변형과 변화를 인정하고 이견과 반론을 기꺼이 무릅쓰는 것이었다. 그럼에도 불구하고, 이 엄밀성은 나름의 핵심에 근거하고 있다. 무엇을 배제하고, 무엇을 취할 것인지 명확히 구분하는 공간이 바로 그 핵심이다.

가장 놀라운 것은, 상대적 엄밀성이라는 이 주요 원칙이 아리스토텔레스를 통해 마침내 윤리학에도 다시 등장한다는 점이다. 그런데 《니코마코스 윤리학》이 중심적으로 다루고 있는 것은 인간의 삶 전체다.

는 단순하지만은 않은 것은 어떤 의미와 어떤 방식에서 그러한지 이해해야 한다. 왜냐하면 오늘날 '윤리학'이라고 부를 수 있는 것들이 이 책에는 거의 등장하지 않기 때문이다. 이 책에서는 지켜야 할 도덕이나 규범 따위를 거의 문제 삼지 않는다. 고대 그리스어로 에토스Ethos는 무엇보다 하나의 행동방식, 삶의 유형을 가리키는 말이다. 쉽게 말하면, '어떻게 살 것인가?' '의미로 충만하고 후회 없는 인생을 살기 위해서는 어떻게 행동해야 할까?' 라는 질문이 에토스의 영역이다.

아리스토텔레스의 임무는 인간에게 가장 적절한 삶의 유형이 무엇인지 밝히는 데에 있다. 오늘을 사는 현대인들에게 이것은 뜬금없는 질문으로 보일 수도 있다. 우리는 무엇이 행복이고 행복이 어디쯤에 위치해야 하는 것인지 평소에도 어느 정도 알고 있다고 생각하기 때문이다. 하지만 아리스토텔레스는 우리에게 재고를 요구한다. 우리 삶에 의미를 줄 수 있는 가장 고귀하고 가장 확실한 행위의 형상은 무엇인지 찾아보라고 요구하는 것이다. 이것은 쾌락의 문제일까? 아니면 명예나 부富의 문제? 또 미덕만으로 충분히 행복할 수 있을까? 철학 행위의 핵심인 이성과 그 실천을 통해 우리는 어떻게 성공한 인생이라는 이 지복至福에 다가갈 수 있을까?

이에 대해 아리스토텔레스는 중용이라는 아주 보기 드문 답변을 내놓는다. 우리는 흔히 현자만이 행복해질 수 있다고, 무릇 이성을 부여받은 인간이라면 많이 알아야 하는 것이 당연하다고 말하는 그를 상상한다. 그런데 그의 사상을 따라가다 보면 오히려 돌발적인 것에 주목하고 존재의 우연성과 구체적 상황에 고민하는 사상가를 만나게 된다. 아리스토텔레스가 생각하는 최고의 행복이란 물론 학문에 몰두하는 것이지만, 그는 우정의 힘과 가정의 화목도 잊지 않았다. 또 현자가 행복해지기 위해서는 미덕뿐만 아니라, 건강과 여유, 어느 정도의 경제적 여유와 사회적 존경도 필요하다는 것 역시 알고 있었다. 바로 이런 점 때문에 그는 초인적이고 비인간적으로 느껴지는 완전무결한 영웅적 현자들보다 우리와 같은 보통 사람들과 훨씬 더 가까울 수 있다.

개인적 동기나 쾌락, 구체적인 인간관계와 동떨어진 순수 도덕규범이 갖는 엄숙주의는 아리스토텔레스의 사상과 매우 거리가 멀다. 위대한 중용의 철학자 면모가 드러나는 곳은 특히 이 지점일 것이다. 그는 하나의 유일 규범을 부과하는 데 전력투구하는 것이 아니라, 수없이 다양한 실천과 열망 속에도 진리의 일부가 자리하고 있다고 생각했다.

요컨대 아리스토텔레스의 위대함과 인간미의 원천은, 우리의 정신과 마주치는 이 세상, 우리의 정신을 통해 구축되는 세상, 우리의 정신이 깨닫고 만들어내는 이 세상의 질서에 대한 그의 신뢰다. 그는 세상의 수많은 상황들이 보여주는 그 한없는 기묘함 속에서 이들을 조직화하는 것이 무엇인지 찾아내려고 애썼다. 근본 원리를 파악하게 해주는 것, 과정을 이해할 수 있게 해주는 것이 무엇인지에 주목했다. 하지만 그는 인간이 사는 이 세상의 다양성을 미리 정해진 틀 속에 집어넣지 않으려고 노력했다. 바로 이 지점에서 그는 아직도 우리에게 우리의 미래를 이야기하고 있다. 프로그램과 예측, 확실성과 관리, 경영과 제어가 지배하는 이 시대에, 아리스토텔레스는 앎과 행동은 어느 정도의 자유를 소유하고 있어야 한다는 점을 환기시킨다. 자유의 공간. 유희.

아리스토텔레스에 관해서 제일 먼저 읽어야 할 것은?

《니코마코스 윤리학》. 어떻게 살아야 하는지, 즉 삶의 방식에 관한 문제를 제기하고, 어떤 선택이 가능한지 구체적으로 강조하고 있다. 이에 앞서 관조적 삶이 지적 행위, 특히 철학 행위로부터 인간 본성에 가장 적절한 규범을 이끌어내게 해준다는 점에서 얼마나 탁월한 삶인지 보여준다.

아리스토텔레스에 대해서 좀 더 깊이 알고 싶다면?

아리스토텔레스 저, 천병희 역, 《정치학》, 숲, 2009
아리스토텔레스 저, 이상섭 역, 《시학》, 문학과지성사, 2005
아리스토텔레스 저, 송유레 역, 《에우데모스 윤리학》, 한길사, 2012
아리스토텔레스 저, 조대호 역, 《형이상학》, 나남, 2012
아리스토텔레스 저, 김재홍 역, 《소피스트적 논박》, 한길사, 2007

p r e v i o u s

아리스토텔레스에게 진리란, 딴 세상에 있는 것이 아니라, 물질적 대상의 형상 자체 속에, 그 형상과 우리 사고와의 관계 속에 있다. 정의와 정치 또는 개인의 행복이 문제시되는 인간사에서는 우연적 변형을 감수하는 시행착오, 절대가 아닌 근사치, 상대적 확실성들을 인정해야 한다.

진리를 아리스토텔레스와는 다른 방식으로 생각할 수는 없을까? 가령 이 세상에는 물질과 원자, 그리고 텅 빈 무한 공간뿐이라고 생각한다면? 우리의 행복은 오직 우리 육체의 쾌락 속에만 존재한다고 생각한다면? 이것이 바로 에피쿠로스와 그의 제자 루크레티우스의 생각이다.

n e x t

이름	루크레티우스Lucretius Carus
활동 지역 및 출신 배경	공화정 말기의 고대 로마. 루크레티우스에 대해서는 실질적으로 알려진 바가 거의 없다.
연대기	기원전 93년 이탈리아 출생. 기원전 50년경 이탈리아에서 사망.
진리 개념	진리란, 원자들의 집합체인 육체적 존재에 근거하고, 종교의 미신적 신념을 일소하고, '격동하는 영혼'을 잠재우고, 우리를 행복으로 인도하는 것.
명언	"똑바로 주시하면, 마음의 평화가 찾아온다."
철학사적 위상	에피쿠로스학파의 사상은 늘 공격의 대상이었다. 고대 그리스인들은 이 학파의 삶의 방식을 비도덕적이라 생각해 제대로 인정하지도 않았다. 하지만 모든 종교적 규범을 거부하는 이 학파의 태도가 대부분의 로마인들과 충돌했음에도 불구하고, 로마인들 사이에서는 그리스보다 상황이 좀 나았다. 기독교 도래 이후, 에피쿠로스의 제자들은 악마 취급을 받는 저주의 대상이 된다. 루크레티우스가 명예를 회복할 수 있었던 것은 고전주의 및 계몽주의 시대의 자유주의자들 덕분이다.

philosopher — Lucretius Carus

|3|

루크레티우스
진리는 가까운 곳에 있음을 일깨워주다

행복은 우리 손 닿는 곳에 있다. 행복은 다가갈 수 없는 목표가 아니다. 인간은 누구나 행복해질 수 있다. 우리가 평소 가지고 있는 쓸데없는 두려움과 잘못된 생각, 오류와 방황만 폐기할 수 있다면 언제나 가능하다. 철학은 행복에 다가가기 위한 주요 수단이다. 철학은 인간의 병을 치료할 수 있는 묘약이다. 제대로 확실하게만 처방하면, 우리는 이 약을 통해 단순하고 행복한 삶을 지속할 수 있다. 이상이 바로 에피쿠로스의 주요 가르침이다. 에피쿠로스는 기원전 4세기 후반 아테네에 살았던 철학자로, 주요 제자로는 로마의 루크레티우스가 있다.

루크레티우스는 에피쿠로스학파의 철학 체계를 제시하고 설명한 기념비적인 인물이다. 그의 작품은 여러 면에서 소중한 자료이다. 에피쿠로스의 글보다 열정이 넘치고 감동적이며, 시적이고, 남다른 통찰력까지 엿보이기 때문이다. 루크레티우스 작품이 위대한 또 한 가지 이유는, 에피쿠로스학파 교리의 주요 측면을 포괄적으로 전승해주기 때문이다. 특히 원자와 세상의 구조와 관련된 부분은, 그에게 지대한 영향을 미친 스승 에피쿠로스의 원전들이 전해지지 않기 때문에, 루크레티우스가 아니면 우리가 제대로 알기 힘든 부분이다.

루크레티우스 작품—《사물의 본성에 관하여》, 라틴어로는 De rerum natura—이 위대한 마지막 이유는, 이것이 라틴어로 기록된 철학시詩라는 점이다. 철학시라는 장르는 사실 우리에게 익숙하지 않다. 더욱이 이 작품이 라틴어로 기록되었다는 사실 때문에 그리스 용어와 사상이 루크레티우스의 동시대인인 키케로와 카이사르의 언어로 치환되었다는 문제도 제기될 수 있다.

수수께끼 같은 인물, 하지만 분명 존재했던 인물

루크레티우스는 어떤 사람이었을까? 이 질문에 대해서는 할 말이 거의 없다. 그가 어디 출신이며 어떻게 살았는지에 관해서 정확히 알려진 바가 없기 때문이다. 그의 일생에 관해 우리가 알고 있는 정보들은 부실하기 짝이 없고 그나마도 정확하지 않다. 우리가 가진 정보는 말 그대로 '한 무더기의 불확실함'일 뿐이다. 사실 이 표현도 과하다. 우리가 가진 거라곤 그에 대한 일련의 의혹들뿐이기 때문이다. 우리의 자료는 모두 성聖 제롬이 남긴 몇 마디에서 비롯한 것이다. 성 제롬은 시인 루크레티우스가 기원전 95년이나 93년에 태어났고, 키케로가 그의 작품들을 편집했으며, 사랑의 묘약을 마신 후 정신 이상이 되어 사망한 것으로 특기했다.

하지만 이러한 자료들을 받아들일 때 유의해야 할 점들이 있다. 키케로가 정말 루크레티우스에게 관심이 있었는지는 우리도 알 수 없다. 그는 자기 서신에서 이 시인을 단 한 번 언급했을 뿐이다. 루크레티우스가 주장한 철학이 키케로의 철학적 입장과는 정반대였음에도 불구하고, 그 탁월한 문학성 때문에 키케로가 루크레티우스의 작품을 편집했을 가능성은 있다. 하지만 이 철학자가 사랑의 묘약을 마셨을 가능성은 희박하고, 아마 요절에 가까울—그의 작품 여기저기가 미완성인 채로 남아 있다—그의 죽음도 정신 이상 때문은 아닌 것 같다. 오히려 그의 유물론에 적대적이었고, 종교를 공격했던 그와 충돌한 기독교인들이 그의 작품이 유포되는 것까지는 막지 못했지만 그의 작품을 평가절하하고자 했을 개연성은 충분하다.

우리에게 알려진 바가 거의 없는 이 인물은, 그럼에도 불구하고 분명히 실재했다. 그 존재는 그의 작품 전반을 통해 느낄 수 있다. 그의 시 속에서 우리는 스승 에피쿠로스의 원칙에 열광하고 인간 세계 또는 자연계의 폭력에 노심초사하는 한 인간, 대중의 미신과 무지, 환상과 오류에 거침없이 맞서 싸우는 한 인간을 번갈아 만날 수 있다. 루크레티우스의 시를 따라가면서 감지할 수 있는 것은 바로 이 철학자의 영혼이다. 그리고 이 철학자의 문학적 천재성은 이론의 여지가 없다. 위대한 작가이자 위대한 목소리의 주인공인 이 예언가는, 그러나 자기가 옹호해 마지않았던 그 사상의 원래 창시자는 아니다.

루크레티우스는 사실 자기 철학의 창시자가 아닌 전승자의 위치에 있다. 에피쿠로스의 사상에 흠뻑 매료되어 그 사상을 통해 성장했지만, 그가 전한 철학 체계의 창시자는 아니라는 뜻이다. 라틴 문학 속에서 그의 위상 역시 특이하다. 그는 퀸투스 엔니우스Quintus Ennius(기원전 239~169, 고대 로마 공화정 때의 시인-옮긴이)처럼, 고대 로마인들의 교훈시들을 계승하지만, 미신과 미망을 공격함으로써 획기적인 새로움을 선보였다. 애국심이라는 종교 아래 결집한 로마인들의 눈에 이것은 극단적 이단으로 보일 수밖에 없었다. 하지만 그의 이러한 반反종교 투쟁이야말로 에피쿠로스 교리의 핵심이었고, 루크레티우스는 이 교리의 중심 노선을 탁월하게 설명해주고 있다.

마음의 평화를 향하여

에피쿠로스학파는 인간의 무지에서 비롯하는 방황과 고뇌, 불행의 치료약을 자처한다. 이 불필요한 악들을 일소하기만 한다면, 행복은 저절로 찾아온다. 에피쿠로스학파의 처방에는 일소해야 할 것과 추구해야 할 것 두 가지가 있다. 일소해야 할 것은 인간의 커다란 두 가지 두려움, 즉 신에 대한 두려움과 죽음에 대한 두려움이다. 반면 추구해야 할 것은 다름 아닌 쾌락이다. 이때 쾌락이란 고통이 없고, 마음 맞는 친구들과 함께하는 안전하고 평온한 삶으로 해석된다.

인간의 삶을 피폐하게 만드는 두 가지 주요 두려움은 신과 죽음에 대한 두려움이다. 인간은 에피쿠로스 철학이 제시하는 현실을 제대로 인식함으로써 이러한 오류들을 타파해야 한다. 이때의 현실 인식은 지극히 유물론적이다. 즉 에피쿠로스와 루크레티우스가 바라보는 이 세상에 존재하는 것은 물질뿐이다. 이 물질은 원자들로 이루어져 있고, 이 원자들은 서로 결합하기도 하고 서로 분리되기도 한다. 누군가에 의해 창조된 것이 아니라 원래부터 존재하는 이 원자들 사이에는 텅 빈 공간들만 있을 뿐이고, 원자들은 이 허공을 떠돌아다니는 존재들이다. 즉 이 세상에는 원자들과 텅 빈 공간만 있을 뿐, 불멸의 영혼이나 정신과 유사한 무언가는 어떤 식으로든 존재하지 않는다. 이것이 바로 물리학 이론과 깊숙이 연관된, 에피쿠로스 사상의 가장 중요한 틀이다.

하지만 에피쿠로스에 따르면 이 세상에는 신들도 존재한다. 이 신들이 인간의 눈에 보이는 경우도 간혹 있다. 신들의 육체는 가장 완벽하게 조합된 원자들이라는 점에서 인간들보다는 좀 더 정교하고 지속력이 있지만, 이들이 세상을 창조한 것은 절대 아니다. 특히 이 신들은 인간에 대해 어떤 판단도 기대도 하지 않고, 인간도 신들에게 어떤 희생도 경배도 드리지 않는다. 또한 이 신들은 아무런 고통도 부족함도 느끼지 않는다. 이들은 일종의 지복을 누리는 존재들이라고 할 수 있다. 하지만 인간과 신들 사이에는 아무런 관계도 기대도 없이 각자 따로 존재한다.

인간과 관련된 신의 의지도 터무니없는 생각이다. 신들이 이 세상을 창조했을 거라는 믿음 역시 말이 안 된다. 즉 신들도 이 세상의 일부일 뿐이다. 따라서 인간에 대한 신의 단죄와 관련된 모든 두려움은 무의미하다. 우리는 모든 종교 의식과 희생을 거부할 수 있고, 여타 다른 종교들과 다르지 않은 로마인들의 그 시시콜콜한 신앙심까지 모두 포기할 수 있다.

루크레티우스의 시적 언어 속에 드러나는 반종교적 성향은 에피쿠로스보다 더 강렬하다. 루크레티우스에게 종교란, 혐오의 대상 그 자체다. 종교적 실천이란 사악한 미신과 연결된 것이고, 사람들을 그런 종교적 신념으로 끌어들이는 사상들은 모두 회복 불가능한 미망이자, 불행의 주요 근원이다. 따라서 이러한 오류를 타파하는 것이 가장 급선무이다. 신을 두려워할 이유는 하나도 없다. 신은 인간의 결정과 인간의 운명에 어떤 식으로도 개입하지 않기 때문이다.

인간의 또 다른 두려움은 죽음 때문이다. 그런데 이 두려움 역시 특별한 대상이 없다. 이러한 불안이 생겨나는 이유는 다른 모든 생명체들과 달리 유일하게 인간만이 스스로의 유한성을 분명히 의식하기 때문이고, 살아 있는 동안에도 언젠가는 죽게 될 것임을 알고 있기 때문이다. 다시 말해 언제 죽을지 모르는 이 알 수 없는 운명이 인간에게 거대한 공포를 불러일으키는 것이다. 이 운명은 인간을 잘못된 행동과 비탄으로 치닫게 하지만, 따지고 보면 모두 무의미하다.

사실 죽음은 아무것도 아니다. 루크레티우스가 계승한 에피쿠로스의 위대한 가르침 중 하나가 바로 이것이다. 죽음은 원자들의 조합인 우리 자신이 해체되는 것일 뿐이다. 원자들은 우리 이전에도 존재했고, 우리 이후에도 존재할 것이다. 원자의 조합은 일시적 현상이기 때문에, 우리는 언젠가는 완전히 사라질 수밖에 없다. 불멸이나 사후 세계 따위는 없다. 또 이러한 해체 속에는 의식이라는 것이 전혀 없고, 두려움을 촉발시킬 그 어떤 것도 없다. 아직 태어나지 않은 것이나 죽는 것이나 별반 다르지 않은데, 죽음을 더 두려워할 이유는 없는 것이다. 상황이 이러하다면, 우리는 죽은 후에 아무 감정이 없다. 당연하다. 감정이란 살아 있는 생명체만이 느낄 수 있는 것이지, 죽어버린 존재에게는 있을 수 없는 것이기 때문이다.

이처럼 느낄 수 있는 것이라곤 아무것도 없는 상황에서, 죽음은 진정으로 하나의 '무無'이며 이 존재하지 않는 대상을 두려워할 이유는 전혀 없다. 에피쿠로스학파의 논리는 죽음에 대한 인간의 거대한 두려움을 이런 식으로 해소하고자 한다. 결국 두려워할 것은 아무것도 없다. 신들은 인간과는 무관하게 자기들끼리 존재하고, 죽음은 느껴지는 것도, 사유되는 것도 결코 아니기 때문이다. 두려움으로부터 해방된 인간은 비로소 행복을 추구할 수 있다.

행복의 조건

:

따라서 추구해야 할 것 두 가지는 마음의 안정, 즉 모든 불안의 제거, 그리고 친구들과 함께하는 삶이다. 행복해지고 싶다면 쾌락, 그것도 육체의 쾌락을 자기 존재의 가장 중심에 놓아야 한다. 진리란 무엇보다 육체적인 것이다. 선은 쾌락이고, 악은 두려움이다. 에피쿠로스와 루크레티우스는 선과 악의 문제를 우리의 감각 속에 한정시키며, 선의 이름으로 고통을 감내해야 한다거나 쾌락은 악이라는 생각을 거부한다.

그런데 에피쿠로스에 따르면, 쾌락을 좇는 무분별한 질주라고만 삶을 이해하는 것은 큰 오산이다. 아리스티포스가 '움직이는' 쾌락의 철학자로서 그러한 쾌락 추구를 장려했다면, 에피쿠로스와 루크레티우스의 쾌락은 우리가 느끼는 '편안한 휴식' 상태다.

무슨 뜻일까? 이 두 사람이 보기에 인간의 가장 완벽한 행복은, 예를 들면 배가 고프면 밥을 먹고, 피곤하면 잠을 자고, 욕구가 솟아오르면 사랑을 나누는 것이다. 즉 이들이 가장 중요하게 생각하는 것은 고통의 부재, 육체적·정신적 번민의 부재다. 행복이란 긴장하지 않는 편안함이지, 성적 쾌락 따위가 아니다. 늘 새로운 쾌락을 찾아 정신없이 내달리는 행복이 아니라, 평온한 행복, 배부름의 행복, 물리적 욕구의 충족이라는 이 행복은, 삶을 느끼는 것이야말로 행복의 조건이라는 단 한 가지 사실에서 출발한다.

바로 이러한 특성 때문에 이들의 사고방식에는 금욕적인 요소가 어느 정도 있다. 배고픔을 채우는 데에는 빵 한 조각이면 충분하고 갈증은 물 한 잔으로 해결된다. 사실 에피쿠로스적인 지혜의 열쇠는, 우리의 욕구가 무한대로 뻗어나가지 않고 육체적 욕구를 절제할 수 있을 정도의 수준으로 귀착된다면, 우리도 행복해질 수 있다는 사실을 깨닫는 데 있다. 우리가 무절제한 욕망 속에 빠져들지 않는 한, 새로운 감각과 새로운 호사를 무한대로 추구하지 않는 한, 우리 육체의 욕구들은 한정되어 있기 때문에 행복은 우리가 손을 뻗으면 잡을 수 있는 곳에 있다.

그런데 이 쾌락과 고통, 두려움을 구분하고 계산하는 방법이 분명히 존재한다. 우선 체계적으로 또는 계산적으로 추구해야 하는 것은 그 자체로 쾌락이 아니다. 이후에 혹독한 대가를 치러야 하는 쾌락도 일단 논외다. 하지만 역으로 치과에 가거나 수술대에 오르는 것은 기꺼이 고통을 추구하는 행위다. 고통이 좋아서가 아니라 그 순간의 불쾌함을 견디면 다른 고통들을 피할 수 있고 결국에는 행복이 찾아오기 때문이다.

단지 편안한 육체와 평온함을 추구하고, 내·외부적 동요와 혼동, 폭력을 거부하는 이러한 성향 속에는 정치적 갈등과 집단의 출동을 슬쩍 비껴가는 기술 또한 엿보인다. 이렇게 보면 에피쿠로스학파의 사상은 시끄러운 세상으로부터 자신을 보호하고, 미쳐 날뛰는 역사의 소용돌이를 피해가려는 목적으로 조직된 친목 공동체의 보호용 울타리와 비슷하다.

하지만 루크레티우스의 작품 속에는 역설적인 면들도 존재한다. 마음의 평화와 안정의 추구는 긴장과 무절제, 강박적 야심 따위로부터 벗어나게도 하지만, 헛된 갈등만 일으키는 탐욕적인 열정으로서의 사랑, 나아가 근원적으로 폭력적이고 결코 채워질 수 없는 운명인 사랑 그 자체도 인간의 삶에서 배제시켜야 하기 때문이다. 루크레티우스의 작품이 18세기에 이르러 자유주의 풍토를 통해 널리 확산될 때, 사랑의 감정에 대한 이런 식의 경멸은 비약적 발전을 맞게 된다.

원자 이론의 핵심에도 모순이 있다. 그렇다면 세상은 처음 어떻게 창조되었을까? 이들에 따르면 태초에 예의 그 텅 빈 공간 속에 엄청난 양의 원자들이 수직으로 쏟아졌다. 이 원자들이 서로 부딪히고 충돌하면서 갈고리가 달린 삐죽삐죽한 원자들이 매끈한 원자들과 서로 결합한

후 서로 단단히 응집되어 이들이 최종적으로 세상의 모든 형태들을 만들어내게 된다는 것이다. 하지만 그 어떤 창조 의지도 부재한 상태에서 원자의 수직적 소나기—낙하 중에 원자들은 자기 궤도를 절대 벗어날 수 없고 따라서 이때는 상호 결합도 있을 수 없다—는 어떻게 가능하고, 세상을 만들어낼 원자들의 연쇄적 결합은 어떻게 가능한지를 이해하기란 쉽지 않다.

세상의 창조를 설명하기 위해서는 원자의 미세한 탈선, 극히 사소한 궤도 이탈, 즉 원자의 자의적 움직임을 가정하지 않을 수 없다. 이 원자 이탈을 고대 그리스어로는 클리나멘clinamen이라고 한다. 루크레티우스는 사실 세상의 기원을 이 이탈에 두었다. 여러 차례 지적되었듯, 이것은 분명 난관을 회피하는 한 가지 술책에 불과하다. 이 미세한 일탈 역시 풀 수 없는 수수께끼이기 때문이다. 원자 하나가 궤도를 이탈하게끔 만든 것은 도대체 무엇인가? 그 사소한 이탈은 여전히 미스터리다.

빅토르 위고는 '수수께끼를 똑바로 주시하라'고 했다. 루크레티우스의 문학적이며 철학적인 보기 드문 이 걸작 시들이 만들어내려고 애쓴 것은 바로 이것이다. 그는 지적 성찰과 시적 암시를 통해 사물의 비밀 속으로 침투해 들어가고자 했다. 손쉽게 얻을 수 있는 마음의 고요함 이면, 이성의 평화 이면에, 루크레티우스 특유의 불안과 고뇌가 투영되어 있다. 루크레티우스의 힘과 매력은 철학적 논리와 그보다 좀 더 어두컴컴한 불안의 그림자 사이에서 늘 부유하고 있다는 점이다. 루크레티우스 자신의 생각과 감정 표현 방식을 지배하는 것은 바로 이 불안한 후자이다.

사물의 본성에 관하여

:

여섯 권으로 이루어진 이 시는 자그마치 7,415행에 이른다. 지금의 우리 손에 들어오기까지 이 텍스트는 2,000여 년에 걸친 우여곡절을 겪었다. 물론 동시대인이었던 로마인들은 읽었을 것이다. 카이사르 역시 읽었을 가능성이 크고, 키케로는 말할 것도 없다. 베르길리우스를 읽은 사람들은 비슷한 시기의 루크레티우스도 읽었고, 그중에는 루크레티우스를 더 좋아한 이들도 있었다. 그럼에도 불구하고 고대 로마에서 루크레티우스의 작품은 암묵적 공격의 대상이었다. 그 이유는 자명하다.

종교에 대한 무차별적인 공격, 극단적 무신론, 철저한 유물론, 가끔은 악랄하기까지 한 그의 시선을 로마인들은 절대 받아들일 수 없었을 것이다. 로마인들은 자신들을 존재하게 한 신들에 대한 경배를 당연한 의무로 여기고, 사랑의 달콤함과 위대함을 찬양하며, 관능과 사랑이 별개라고 생각하지 않는 사람들이었다. 로마 공화정 당시에 이미 배척받는 일이 잦았던 루크레티우스는 기독교 세력이 강해지면서 더욱 입지가 좁아졌다. 자연과 육체를 찬양하고 이상화하며 종교를 거부하는 그의 논리는 배척당할 수밖에 없었다. 그가 정신 이상이라는 소문도 여기서 비롯한 것으로 추측된다. 이러한 전반적인 반反루크레티우스 정서 속에서 그의 작품은 영원히 세상 빛을 보지 못할 위기에 처한다. 그래서인지 이 책은 중세 때까지 단 한 권만이 남아 있었다.

이 텍스트가 이탈리아에서 처음으로 출판된 것은 1417년으로, 이후 1514년 프랑스에서 번역되었다. 그 후 루크레티우스는 점차 대중화되기 시작한다. 이 대중화에 기여한 인물로 제일 먼저 몽테뉴가 있다. 그는 루크레티우스를 100차례 이상 인용한 철학자이다. 이로써 이 《수상록》의 저자는 루크레티우스를 근대 유럽 문화 속에 제대로 편입시킨다. 이후 백과사전파 학자들과 18세기 무신론자들은 거의 모두가 호주머니 속에 루크레티우스의 책을 넣고 다니게 된다. 계몽주의 시대에 이르러 루크레티우스는 자유주의 사상가들의 절친한 동료가 된다.

루크레티우스는 철학적 성찰과 시적 감수성을 혼합하고, 기본적으로 낙천주의자였지만 표면적으로 염세주의자였던 아주 특이한 사상가로 남아 있다. 그의 목표는 무엇이었을까? 철학 자체를 단순하고 힘이 넘치게 표현한 한 마디. "똑바로 주시하면, 마음의 평화가 찾아온다."

루크레티우스에 관해서 제일 먼저 읽어야 할 것은?

루크레티우스의 시 중에서 제1권 1행–62행에 걸친 《비너스 찬가》.
에피쿠로스를 처음 접하는 독자의 경우, 《메네세에게 보내는 편지》. 에피쿠로스 철학이 가진 치유적 목표의 본질이 무엇인지에 관해 여러 쪽에 걸쳐 이야기하고 있다.

루크레티우스에 대해서 좀 더 깊이 알고 싶다면?

루크레티우스 저, 강대진 역, 《사물의 본성에 관하여》, 아카넷, 2012

p r e v i o u s

에피쿠로스와 루크레티우스에게 진리란 육체, 물질, 원자의 결합 문제다. 행복의 비밀은 헛된 두려움을 타파한 후 얻게 되는 긴장과 번민의 부재 상태에 있다. 이 진리는 사유의 대상이 아니라, 삶으로 체험해야 하는 것이다.

행복해지기 위해서는 마음의 평화를 유지하고 의지만 조절하면 되는 것일까? 육체가 어떤 상황에 놓이든 상관없이 행복을 느낄 수 있을까? 진리란 오직 '마음의 성채' 안에만 존재하는 것은 아닐까? 이것이 바로 스토아학파가 던진 질문이다.

n e x t

이름 스토아학파Stoicism

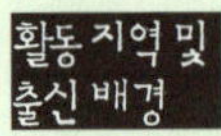

이 학파의 철학자들은 아테네의 '주랑柱廊' 혹은 회랑을 뜻하는 스토아stoa에 주로 모여 대화하고 토론했다.

연대기

기원전 4세기 제논, 클레안테스, 크리시포스에 의해 스토아학파 탄생.
기원후 4년 세네카, 코르도바에서 출생.
기원후 49년 세네카, 네로 황제의 스승이 됨. 에픽테토스, 프리기아에서 출생.
기원후 60-65년 세네카, 《루킬리우스에게 보내는 편지》 및 주요 저서 집필.
기원후 65년 세네카, 네로 황제의 명에 따라 생을 마감.

기원후 89년 에픽테토스, 그리스의 니코폴리스에 정착하여 학당을 엶.
기원후 130년경 에픽테토스 사망.

기원후 121년 마르쿠스 아우렐리우스 출생.
기원후 161-180년 마르쿠스 아우렐리우스, 황제로 재임하며, 《명상록》 집필.
기원후 180년 마르쿠스 아우렐리우스, 빈에서 사망.

진리 개념

이성과 일치하는 삶—삶은 그 자체로 자연과 일치한다—속에 존재하는 것. 영혼의 평안을 보장하는 현명한 삶을 가능케 하고, 주변 상황과 무관하게 전적으로 인간의 의지에 달려 있는 것.

명언

"만물은 우리에게 달려 있는 것과 우리에게 달려 있지 않은 것으로 나뉜다."- 에픽테토스

철학사적 위상

고대 철학 중에서도 가장 오래 지속되고 중요한 유파 중 하나로 논리학과 물리학과 심리학을 결합한 스토아 철학은 실천적 지혜로 나아가는 가장 완벽한 철학 체계였다. 이후 로마에서는 주로 윤리와 자기 제어가 강조되었고, 기독교에 의해 재해석되어 인간의 악에 맞서는 윤리적 태도로서 오늘날까지도 지대한 영향을 미치고 있다.

|4|

스토아학파
이성이 이끄는 대로 살고자 하다

오늘날 철학 유파라고 했을 때 우리가 가장 쉽게 떠올리는 개념은, 같은 이론을 공유하는 일군의 사람들이다. 그렇다고 이들의 삶의 방식이 꼭 동일하다는 의미는 아니다. 즉 동일한 이론과 개념, 주장을 공유한다는 것이 일상에서 동일한 방식으로 행동한다는 의미는 결코 아니다. 이는 현대인들에게 지극히 당연한 사실이다. 사유의 방식과 삶의 방식이 다를 수 있다는 것을 우리 현대인들은 잘 알고 있기 때문이다. 어떻게 생각하는가와 어떻게 사는가는 일치하지 않을 수 있고, 꼭 일치해야 할 이유도 없다.

하지만 고대에는 사정이 달랐다. 고대의 철학 유파란 어떤 사상적 경향 혹은 사조만을 의미하지 않았다. 유파라는 단어가 학당을 의미하기도 하는 것처럼, 철학 유파란 말 그대로 텍스트를 해석하고 논하는 곳, 선생들이 이론을 가르치는 장소인 경우가 대부분이었다. 이러한 유파의 한 가지 특수한 점은, 순수하게 이론적인 개념들을 잠시라도 배우고

난 후에는 강의가 끝나도 누구 하나 이전의 일상으로 되돌아가지 않는다는 사실이다. 즉 같은 유파에 속하는 이들은 같은 방식으로 함께 생활했다. 고대 그리스·로마인들이 철학에 기대한 것은 사상의 공유만이 아니라, 삶 자체의 변화였다.

제일 먼저, 플라톤이 세운 아카데미 학당은 생활 공간이면서 동시에 교육의 장이었고, 학생들이 엄격한 규율에 따라 살아가는 공동체였다. 또 플라톤의 제자이자 라이벌이었던 아리스토텔레스가 세운 리케이온 학당 역시 그의 작품을 논평하고 지식을 함양하는 곳이면서 동시에 자아 변화의 현장이었다. 에피쿠로스의 경우, 이런 경향은 더욱 뚜렷했다. 일명 '정원'으로 불리는 자신의 저택에 모인 사람들과 함께 생활하는 그의 모습에서, 같은 삶의 방식을 공유하는 사람들 간의 친목 단체가 연상된다.

디오게네스와 그의 제자들은 '개 같은canine 놈'—'냉소적'이라는 뜻의 시니컬cynical은 '개처럼 사는 사람들'이라는 뜻이었다—이라는 자기들의 별명을 당당하게 실천하고 계승해나갔다. 이는 이들이 관습이나 예절, 사회적 편견 따위에 전혀 개의치 않는다는 이유로 붙여진 별명이었다. 이들은 자연으로의 진정한 복귀를 가르치며, 실제로 땅바닥에 누워 자거나, 사람들이 보는 앞에서 성관계를 맺기도 하고, 땅바닥에 굴러다니는 것들도 아무렇지 않게 주워 먹었다.

스토아학파 역시 철학적 사유뿐만 아니라, 지혜를 향한 실천적 변화를 동시에 추구했다. 악과 쾌락을 모두 멀리하고, 덕으로 이어지지 않는 것들에 대해서는 관심을 두지 않는 것, 이것이 바로 스토아학파가 스스로 노력하고 훈련한 바였다. 하지만 덕을 추구한 이 스토아학파나 육체의 쾌락에 몰두한 에피쿠로스학파나 자신들의 이론을 실천하려고 노력했다는 점은 동일하다. 세네카가 루킬리우스에게 편지를 보낼 때 혹은 에픽테토스가 제자들에게 실천을 위한 자문을 들려줄 때, 이는 단지 교리를 가르치기 위해서만은 아니었다. 그것은 언제나 모든 인간의 변화라는 반복적 과업에 동참하기 위해서였다.

요컨대 고대의 철학 유파를 이야기할 때 가장 먼저 염두에 둘 점은, 이들이 이론적, 관념적, 지적 활동에만 매몰되지 않았다는 것이다. 이들은 사유와 사람을 함께 변화시키고자 하는 의지와 실천적 목표를 지속적으로 견지하고 있었다. 물론 유파들 간의 차이는 존재하지만, 이들의 공통된 목적은 사상과 삶의 방식을 동시에 변화시킴으로써 행복을 보장하려는 것이다. 이것은 순수 사변思辨이 아니라, 진리를 향한 끈기 있고 완만한 그리고 한결같은 변신을 말한다.

일상의 훈련

물론 이 반복적 훈련은 지적인 분석 위에 기반해야 하고, 이성이 포착한 교리의 논점을 분명하게 이해하고 있어야 가능하다. 그리고 이러한 지적 이해가 실천으로 옮겨지려면 일상적 훈련이 반드시 병행되어야 한다. 이러한 실제 훈련을 고대 그리스어로 '아스케시스aïskèsis'라고 했고, 이 말은 '고행' 혹은 '금욕'이라는 뜻의 프랑스어 'ascèse'의 어원이 되었다. 오늘날 이 말은 주로 금욕적 삶을 위해 세상의 수많은 쾌락을 포기한다는 뜻이다. 하지만 고대 그리스에서 이 말이 꼭 혹독한 고행을 의미한 것은 아니었다. 그리스어 '아스케시스'는 훈련, 즉 지적인 훈련 혹은 그냥 훈련, 혹은 연습이라는 의미에 더 가깝다. 아스케시스는 더 이상 변덕스러운 감정에 휘둘리지 않고, 고삐 풀린 욕망에 끌려다니지 않도록 스스로를 탈바꿈시키기 위한 일상의 훈련이다.

그 목표는 '영혼의 폭풍우를 잠재우는' 것이다. 이처럼 더 높은 차원의 평화, 번민의 부재, 영원한 정신적 균형을 획득하고자 하는 의지는 다양한 철학 유파들이 절실하게 추구한 목표였다. 하지만 각각의 유파들이 내세운 구체적 여정들 간에는 분명 커다란 차이가 있다. 에피쿠로스학파에게 가장 중요한 것은, 우리의 욕구를 즉각적으로 충족시켜주는 단순한 쾌락들을 일정 범위 속에서 절제하는 것이었다. 스토아학파는 이와 정반대다. 이들에게 가장 중요한 것은 영혼 혹은 마음이다. 이들이 생각하는 행복이란 무엇보다 마르쿠스 아우렐리우스가 말한 '영혼의 성채' 속에 제대로 자리 잡는 것이었다.

일단 이 성채 속에 자리를 잡고 나면 인간은 진정 절대의 경지에 오르게 되고, '우리 능력 안에' 있는 것(우리의 의지)과 그렇지 않은 것(우리의 육체를 포함한 세상 삼라만상) 사이의 구분이 이루어져 격동하는 감정과 세상사로부터 비껴갈 수 있게 된다. 요컨대 이것이 바로 스토아학파가 추구한 가장 핵심적인 규범이다. 또 스토아학파의 장구한 역사 중에서 가장 잘 알려진 부분이자 가장 분명하게 이해할 수 있는 부분이기도 하다.

이 학파는 세기를 거듭할수록 조금씩 진화해간다는 특수성이 있다. 스토아학파의 이러한 변화는 다양한 표상들과 판단에서 출발한 연구자들을 통해 재구성되었다. 물론 이 변화들이 직접적으로 확실하게 포착되는 것은 아니다. 그리스 · 로마 스토아학파의 수많은 저작들 중 현재까지 전해지는 것은 거의 없기 때문이다. 스토아라는 명칭 자체도 우연히 생겨났다. 고대 그리스어로 스토아stoa는 '주랑'을 뜻한다. 학파의 창시자인 제논의 초창기 제자들이, 아테네의 아고라 중에서도 '채색 주랑'이라 불리던 '스토아 포이킬레Stoa poïkilè'라는 곳에 주로 모였기 때문이다. 그래서 이들을 '주랑의 사람들'이라는 뜻의 '스토아학파'로 부르게 되었다. 이 학파는 그리스에서 먼저 발전했고 이후 로마에서 다시 부흥했다.

아테네에서 로마로

초기 스토아학파의 주요 내용은 제논이 아테네에 입성한 기원전 300년부터 형성되기 시작했다. 자기 학파를 형성하기 이전의 제논은 시노페의 디오게네스, 테바이의 크라테스처럼 견유학파犬儒學派 중에서도 가장 급진적이고 도발적인 철학자들의 주요 제자 중 한 명이었다. 제논은 이후 이 스승들과 노선을 달리하며 나름의 논리를 발전시켜나갔고, 여기서 스토아학파가 탄생하게 된다.

이 학파는 제논의 제자인 클레안테스와, 특히 초기 이론 형성에 큰 기여를 한 크리시포스 등의 스승들을 주축으로 여러 세대를 거치면서 자체 학설을 완성해갔다. 이들 철학자의 수많은 저작들 중에 남아 있는 것은 극히 일부에 불과하여 그들의 왕성했던 저작 활동과는 극명한 대조를 보인다. 노년에 이르기까지 매일 500줄에 가까운 글을 썼던 크리시포스는 700장이 넘는 두루마리에 철학적 논평을 남겼던 것으로 추정된다.

세부 사항에 대해서는 전문가들의 견해가 엇갈리지만, 그리스 초기 스토아학파의 철학이 논리학, 물리학, 윤리학, 이 세 부분으로 나누어진다는 점에는 모두가 동의한다. 논리학은 우리의 표현을 검증하고, 이 표현과 언어 및 이성과의 관계를 검증할 수 있는 첫 번째 도구이다. 이 논리학을 통해 우리는 어떻게 세계를 이해하고 우리의 판단을 검증할 수 있는지 알게 된다. 물리학은 생물체organisme와 인간의 삶이, 자연에 의해 형성된 전체 속에 어떻게 통합되는지 이해하는 수단이다. 또 윤리학은 덕성에 이르기 위해, 즉 행복해지기 위해 따라야 할 행동 및 규범들을 분명히 제시한다. 스토아학파에게 있어 덕과 행복은 하나이며 덕은 행복의 충분조건이다.

확고부동한 영혼을 추구하는 이 윤리학에서 선, 덕, 행복은 사실 하나이며 똑같은 것이다. 스토아학파에게 옳은 행동과 현명하고 덕스러운 행동은 '자연에 따라'—그리스어로 kata phusin—행동하는 것이다. 이 외에 우리가 행복하다는 사실을 보증해줄 수 있는 것은 아무것도 없다. 선은 우리 인간 바깥에 존재하는 것이 아니기 때문이다. 덕은 세계 바깥의 추상적 규범을 따르는 것이 아니라, 인간의 근원적 본성, 즉 이성에 따라 살아간다는 본성을 따르는 데에 있다. 이성은 인간의 고유한 본성이기 때문이다.

이처럼 초기 스토아학파의 핵심 사상은, 한쪽의 자연의 동물적·물리적 삶과 다른 쪽의 덕성이 서로 단절되지 않고 연속적이라는 점을 분명히 하고 있다. 우리 인간들이 우리의 본성인 자연에 전적으로 순응하며 산다면 이는 곧 선을 행하는 일이고 그로 인해 인간은 행복해진다. 그렇다면 이제 '자연에 따라 산다'는 것이 무슨 뜻인지 알아야 한다. 이것은 무질서하게 혹은 짐승처럼 산다는 의미가 절대 아니다. 이것은 있는 그대로의 우리 모습과 일치하는 것이고, 세상의 이치가 우리에게 부과한 역할을 정확하게 완수하는 것이다. 이후 로마의 스토아학파가 특히 발전시킨 것이 바로 이 마지막 부분이다.

실제로 아테네에서 처음 형성된 스토아학파는 그로부터 300년도 더 지난 후 로마에서 새로운 부흥기를 맞는다. 새천년이 시작되고 300여 년 동안 로마인들, 특히 귀족과 황제들은 스토아학파의 초기 핵심 사상들을 일부 변형시키며 스토아 사상을 연장시켰다.

스토아 사상은 그리스에서 로마로 이어지면서 언어가 그리스어에서 라틴어로 바뀌었고, 이는 곧 자기표현 방법과 세계를 보는 방법이 변화했음을 의미했다. 또한 그리스의 소규모 도시국가들이 아닌 수많은 언어와 민족과 국적이 교차하는 거대한 제국으로의 변화 역시 사상 연장에 중요한 계기였다. 로마제국에서의 삶이란 소용돌이치는 정세 속에서의 삶이다. 전제군주제, 독재, 독단적 전횡이 전개되는 상황, 황제의 예측 불가능한 폭력을 피할 수 있는 사람은 아무도 없다. 당장 내일 내재산이 몰수될 수도 있고, 또 다음 날엔 내 가족이 뿔뿔이 흩어질 수도 있다. 내 배경도 내 건강한 신체도 어느 하나 확실한 것이라곤 없는 세상이었다.

보편적 일상이 되어버린 이 불안감 속에서, 스토아학파는 중심적 지위를 차지한다. 스토아학파가 보증하고 권유하는 자아 속으로의 침잠, 정신의 성채로 돌아가기 등은 우연과 불안이 판치는 시대에 가장 적합한 사상이다. 로마 시대 스토아학파에서는, 논리학이 제2의 지위로 물러나고 물리학은 원래의 위상을 유지하지만 그것은 어디까지나 전체적 틀로서의 위상이다. 반면 윤리학은 새롭게 조명받으며 전면에 등장한다. 윤리학은 이상적인 현자의 모습과 직결된다.

여기서 '현자'란 자기 자신의 상태와 자연의 상태를 완전히 이해하는 경지에 이른 사람을 일컫는다. 보통 사람, 즉 불필요한 감정과 번뇌에 흔들리고 자신의 잘못된 표상들 때문에 우왕좌왕하는 사람과, 언제 어디에서든 흔들리지 않는 견고한 현자 사이에는 중간 단계가 없다. 초기 스토아학파의 경우, 완전한 현자에 도달하기 위한 중간 단계들은 존재하지 않는다. 즉 '절반은 현자'라거나 '지혜를 향해 나아가는 도중'이라는 표현은 있을 수 없다. 사람은 '몰상식하고 무분별한', 즉 보통 사람 아니면 현자라는 것이다.

이러한 점진적인 변화의 거부를 가장 잘 보여주는 은유가 바로 잠수 상황이다. 잠수 상태에서는 누구나 머리를 물 밖으로 낼 수도 있고 아닐 수도 있다. 하지만 아무리 수면 가까이 있어도 물 밖으로 나오지 않는 한 여전히 잠수 상태다. 이와 마찬가지로, 현자가 아닌 사람은 그냥 무분별한 보통 사람인 것이다. 현자와 비非현자 간의 이런 식의 확실한 구분은 로마 시대 스토아학파에서는 다소 약화된다. 로마의 현자는 늘 도달해야 할 완벽한 이상의 구현체인 것은 사실이지만, 보다 중요한 것은 이 이상적 상태를 향해가는 도정과 그 도정을 가능하게 하는 훈련, 교리의 구체적 귀결점들을 매일매일 실천에 옮겨야 하는 필요성 등인 것이다.

환상에서 벗어나기

부자와 가난뱅이, 힘 있는 자와 비참한 자 모두에게 적용되는 것이 바로 이것이다. 로마의 스토아학파는 주인뿐 아니라 노예들에게도, 귀족들뿐 아니라 일반 시민들에게도 직접 호소했기 때문이다. 세네카는 로마제국의 주요 위인 중 하나이다. 네로 황제의 스승이었던 그는 엄청난 부를 축적하기도 했다. 에픽테토스는 노예 출신이었지만 살아생전 가까스로 철학 강의를 하는 지위에까지 이르렀다. 마르쿠스 아우렐리우스는 로마 황제였고, 황제로서의 자기 임무를 철학자로서 완수하려고 했다. 그는 권력에 대한 욕망으로 통치를 한 것이 아니라, 이성이 그로 하여금 그 지위에 올라 역할을 다 하도록 시켰기 때문이다. 오케스트라의 연주자들이 자기가 맡은 파트를 책임지듯이, 저마다 자신에게 주어진 기능을 완수해야 한다는 뜻이다.

이때부터 스토아학파의 무게 중심은 윤리학으로 옮겨졌다. 에픽테토스의 경우, 주로 '우리에게 달려 있는 것'과 '우리에게 달려 있지 않은 것' 사이의 본질적 구분을 강조한다. 이전 스토아학파에도 존재했던 이 구분은 에픽테토스에게 있어 결정적 지위를 차지한다. 어떤 구분인지 쉽게 이해할 수 있도록, 내가 긴 항해를 앞두고 배를 준비하는 상황이라고 가정해보자. 이때 나의 소관, 즉 나에게 달려 있는 것은 무엇일까? 좋은 동료를 선택하는 것, 배에 문제는 없는지 확인하는 것, 태풍이 없고 파도가 잔잔한 시기를 택하는 것 등이다. 요컨대 나는 나의 안전을 보장해줄 일련의 표시 혹은 징후들을 주시하고 관찰할 수 있다.

그런데 일단 바다로 나간 후, 강풍이 불면서 집채만 한 파도가 배를 집어삼키려 하고, 무시무시한 폭풍우가 내 생명을 위협할 때, 나에게 달려 있는 것은 무엇일까? 폭풍우를 잠재우는 것? 분명 아니다. 위험 속에서 배를 항구로 돌리는 것? 그것도 아니다. 이때 내가 할 수 있는 것이라곤 내 마음을 다잡고 나의 의지를 통제하면서, 지금 여기서 내가 할 수 있는 것은 내 마음의 폭풍우를 잠재우는 것 외에 아무것도 없음을 깨닫는 것뿐이다.

바로 이것이 에픽테토스가 제시한 '우리에게 달려 있는 것'과 '우리에게 달려 있지 않은 것' 사이의 중요한 구분을 가장 쉽게 보여주는 사례일 것이다. 결국 나에게 달려 있는 것은 나의 의지, 내 마음의 통제뿐이다. 그리고 그 나머지는 모두 내 능력 밖이다.

외부 여건들은 다양할 수 있다. 즉 나는 아플 수도 건강할 수도 있고, 부자일수도 있고 하루아침에 망할 수도 있으며, 남에게 욕을 먹을 수도 존경을 받을 수도 있다. 중요한 것은 나는 이들 여건에 따라 달라지지 않으며, 아프든 건강하든 갇혀 있든 자유롭든, 주인이든 노예이든 상관없이 내 생각과 판단을 나 자신이 통제하고 결정할 수 있다는 것이다. 이것이 바로 스토아학파의 핵심 교리다. 스토아적 현자에게 영원한 마음의 평안을 보장해주는 덕성은 바로 그런 것이다.

세네카와 에픽테토스, 마르쿠스 아우렐리우스의 공통점은 또 하나 더 있다. 다시 말해 스토아학파의 이 위대한 거장들은 뛰어난 문장가들이자 타의 추종을 불허하는 작가들이었다는 것이다. 각자 자기만의 인격과 개성, 특유의 문체가 있었지만, 세 사람 모두 간결한 표현과 힘이 넘치는 표현, 유려하고 감각적인 글쓰기를 보여준다는 점이 바로 공통점이다. 저마다 자기 생각을 요약하는 기술, 또 놀라운 사례를 통해 사고를 포착하는 기술을 활용하여 탁월한 형식을 만들어냈다. 하지만 이들의 목표는 늘 한결같았다. 그것은 지혜를 향해 나아가려는 의지를 잃지 않도록, 마음의 평온을 위한 훈련을 게을리하지 않도록, 또 끊임없는 자기 발전을 이룰 수 있도록 독자와 자기 자신을 설득하는 것이다.

고대의 그 많은 철학 유파들 중에서 스토아학파가 장구한 세월을 통해 가장 살아 있는 사상으로 평가받는 것도 바로 이 때문일 것이다. 오늘날에도 세네카와 에픽테토스, 마르쿠스 아우렐리우스를 읽는 것은 아직도 그 유익함에 있어 최상의 독서이다. 우리는 과거 로마인이 아니며, 우리가 사는 세상은 더 이상 인간의 물리적 힘으로 수레를 끌거나 산업 활동을 하지 않는다. 그럼에도 불구하고 우리는 지금도 그 혹독하고도 강인한 실천적 지혜가 보여준 타당성에 귀 기울이고 있다.

스토아학파에 관해서 제일 먼저 읽어야 할 것은?

제자 플라비우스 아리아누스가 정리한 에픽테토스의 《편람》, 세네카의 《행복한 삶에 대하여》, 마르쿠스 아우렐리우스의 《명상록》.

스토아학파에 대해서 좀 더 깊이 알고 싶다면?

세네카 저, 천병희 역, 《인생이 왜 짧은가》, 숲, 2005

세네카 저, 김경숙 역, 《화에 대하여》, 사이, 2013

p r e v i o u s

스토아학파의 특성은 자연이라는 토대 위에 덕의 윤리학을 세웠다는 것이다. 이들에게는 이성이 이끄는 대로 살아가는 것, 진리 및 선에 부합하여 판단을 내리는 것, 어떤 상황에서도 의지에 절대 우선권을 부여하는 것이야말로 합리성이라는 우리의 본성에 부합하는 삶이다.

외부 사건들과 우연들에 대한 정신의 우월성은 곧 신이 우리에게 그의 명령을 따르고 구원을 받을 자유를 부여한다는 신호가 아닐까? 기독교인들은 이제 이런 질문을 던지려고 한다. 하지만 이들이 이런 식의 질문을 던질 수 있으려면, 진리에 대한 시각 자체가 완전히 변해야 할 것이다.

n e x t

제2부

인간 내면의 진리

진리는 각자의 내면에서도 추구해야 하는 것이다

만약 이 책이 '간략하게' 살펴보는 철학사가 아니라면, 마르쿠스 아우렐리우스와 몽테뉴 사이의 철학사는 적어도 책 세 권 분량은 족히 될 것이다.

먼저 제1권은 고대 말의 철학적 상황에 대한 보고서가 될 것이다. 이 보고서에서는 지금까지도 논평의 대상이 되고 있는 플라톤과 아리스토텔레스의 작품들, 견유학파, 스토아학파, 에피쿠로스학파, 회의주의학파의 다양한 연장선에 위치하면서도 현저히 새로운 경향들을 선보이는 철학적 흐름을 발견할 수 있을 것이다. 가령 플로티노스의 사상은 플라톤의 영향을 받았고, 이를 뚜렷이 드러내고 있다. 즉 황홀경 속에서 우리의 영혼은 일자一者 속에 자리한 영혼의 시원과 결합하고, 마음의 평정을 발견한다. 그 평온함 속에서 우리 영혼은 그 어떤 결핍 없이 충만하며, 세상을 완전히 잊을 수 있다.

이 같은 정신적·영적 해방을 추구하는 경향은 다수의 후기 그리스 사상가들에게서 찾아볼 수 있다. 스승 플로티노스의 영향을 받은 포르피리오스가, 기원을 찾아 '귀환'하는 영혼에 대해 설명한 《이사고게Isagoge》는 고대 후기와 중세 초기를 선도하는 길잡이와도 같은 저서였다. 포르피리오스의 제자인 이암블리코스나 프로클로스 같은 철학자들 역시 정신 해방의 의지에 심취하여 주술 행위를 동반하기도 했다.

제2권은 고대 그리스 철학과 하느님의 진리와의 역사적인 만남이 어떻게 이루어졌는지 보여주는 내용이 될 것이다. 이 두 흐름의 결합은 다양하고 복합적이며 때로는 뜻밖의 모습으로 수백 년에 걸쳐 이어졌다. 이는 서구 사상사에서 중대한 일대 사건이 아닐 수 없다. 고대 그리스-로마와 기독교의 충돌에서 비롯한 일종의 교배와 변종의 형성이 이후의 유럽 사상을 구성하기 때문이다.

마지막 제3권에서는 중세가 우리에게 남긴 수많은 저작들이 소개될 것이다. 여기에는 아리스토텔레스를 재발견(던스 스코터스, 세비야의 성聖 이시도르, 사르트르학파)하기 이전의 저작들뿐 아니라, 그 이후의 저작들, 그리고 14세기 중반부터 아랍어에서 라틴어로 번역되기 시작한 아비센나와 아베로에스의 주석들이 모두 포함된다. 그 후 르네상스 시대에는 마르실리오 피치노를 통해 플라톤이 재해석된다.

하지만 이 책은 짧은 입문서로 진리의 역사를 모두 망라할 수는 없다. 때문에 이 시기의 가장 중요한 전환점을 향해 단도직입적으로 들어가는 편이 더 효과적이다. 고대 말기 아우구스티누스의 저작을 통해 이루어진 이 사상적 전환은 바로, 진리가 인간 내면의 문제로 변화한다는 점이다. 고대 그리스인들은 이러한 사고가 불가능했다. 장 피에르 베르낭이 밝혔듯이, 그리스인들에게 중요한 것은 타인의 시선을 통해 자신을 보는 것이다. 이들의 사고와 행동은 모두 외부를 향해 있었다. 자기 안에 무엇이 있는지 탐구하는 일은 없었고, 내면의 감정이나 저마다의 주관성, 자기만의 개인적 특수성 따위를 고민하는 경우는 더더욱 없었다. 델포이 신전의 그 유명한 경구 '너 자신을 알라'는 '너의 내면을 탐구하라'는 뜻이 아니라, '너는 필멸의 인간이고, 신이 아니라는 것을 알지어다'라는 뜻이다. 즉 '너-인간의 조건을 알라'는 뜻이지, '너의 개인성을 탐구하라'는 말이 결코 아니다.

반면 아우구스티누스와 더불어, 진리 추구는 개인의 탐구이자, 영혼과 개인의 창조주인 신과의 특별한 관계를 밝혀줄 내적 고백으로 변모한다. 신과 함께 주관성의 세계가 탄생했고, 이 세계와 관련된 유럽 철학 사상은 일련의 관례를 형성했으며, 이는 지금까지도 끊임없는 변화를 거듭하고 있다.

이러한 진리의 내재성을 내세우는 철학사에서 아주 중요한 위치에 있는 인물이 바로 마키아벨리다. 그는 개인들 간의 투쟁이 고조되기 시작하고, 개인 대 대인, 집단 대 집단의 대립의 문제가 정치·군사·이데올로기 등 전 분야에 걸쳐 보다 첨예하게 제기되는 시대를 대변한다. 마키아벨리가 주장하는 진리는 미망에서 깨어난 냉혹한 진리라고 할 수 있다. 이제 더 이상 무엇이 껍데기고 무엇이 실재인지 알 수 없고, 이 둘은 끊임없이 상호작용하고 있다는 것이다. 마키아벨리가 분명히 밝혔듯이, 근대성이 막 태동하기 시작하는 이 시기에 이미 내재적 진리가 균열되는 징후가 나타나고 있다. 실재하는 것이란 도대체 무엇인지, 지속 가능한 것인지, 정말 진실하고 정당한 것인지에 대한 문제 제기가 바로 그것이다.

그다음 세대인 몽테뉴가 등장하면서, 내재적 진리는 또 다른 국면을 맞이한다. 몽테뉴의 《수상록》은 끊임없이 변화하는 불안정한 개인의 의식을 하루하루 기록한 실로 놀라운 시도이기 때문이다. 그는 연속성 없이 흔들리며 요동치는 내면을 거의 한 시간 단위로 묘사한다. 주관성에 대한 이 생생하고 독특한 경험은 진리에 대한 사고 자체와, 그 표현의 영속성 자체를 문제 삼는 경향으로 이어진다. 이런 점에서 몽테뉴는 고대의 회의론자들이 주장한 직감과 조우하며 이들을 새롭게 해석하기에 이른다.

아우구스티누스, 마키아벨리, 몽테뉴라는 확연히 구별되는 이 세 철학자들에게 공통점이 있다면, 그것은 이들을 통해 비로소 고대 철학과 결별하게 된다는 것이다. 물론 아우구스티누스는 고대 그리스 사상을 통해, 마키아벨리는 로마 사상을 통해 성장했고, 몽테뉴는 자기 서재를 가득 채우고 있는 고대 사상가들을 늘 인용했다. 그럼에도 불구하고 이 세 사람은 내재성, 시간의 변화, 개인들 간의 거리 그 자체와 관련되어 있다는 점에서 새로운 지평에 위치한다. 고대가 아닌 근대라는 지평이 바로 그것이다.

이름 아우구스티누스Aurelius Augustinus

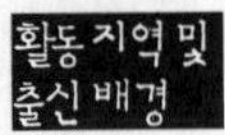

4세기에서 5세기 사이, 지금의 알제리와 이탈리아(로마와 밀라노)에서 젊을 때는 학생으로, 이후 이교도가 횡행하던 로마제국에서는 기독교 사제로서의 삶을 살았다.

연대기

354년 타가스테(지금의 알제리, 수크아라스)에서 출생.
372년 아들, 아데오다투스 출생.
386-387년 밀라노에서 기독교로 개종하고 세례를 받음.
어머니 모니카가 죽고 난후 아프리카로 귀향.
391년 신부 서품을 받음.
396년 히포의 주교가 됨.
397-400년 《고백록》 집필.
400-410년 이단과의 투쟁.
411-425년 410년 서고트족 알라리크 왕의 로마 침략 이후, 《신의 도성》 집필.
430년 이교도인 반달족에게 포위당한 채 사망.

진리 개념 신으로부터 비롯하는 것. 신은 성서와, 신이 보낸 아들 예수를 통해 인간들에게 계시되며, 우리 영혼에 직접 말을 함. 신은 우리 마음속에 있기 때문. 성찰을 통해 형성되고, 드러나고, 유지됨.

명언 "시간이란 무엇인가? 아무도 내게 이런 질문을 하지 않아도 나는 그것을 알고 있다. 하지만 누군가 내게 물어보고, 내가 설명하려고 하면 시간이 무엇인지 도대체 알 수가 없다."

철학사적 위상 그리스의 철학적 유산과 기독교 신앙이 만나는 지점에서, 아우구스티누스는 서구의 진리 추구 역사상 결정적인 전환점 역할을 한다. 기독교 교리에 미친 그의 영향력은 실로 지대하고, 오늘날까지도 직·간접적으로 이어지고 있다.

philosopher
Aurelius Augustinus

|5|

아우구스티누스
의식과 기억의 미궁 속에서 진리를 추적하다

종교적 성인聖人이면서 동시에 철학자가 될 수 있을까? 합리적 사상가이면서 동시에 기독교 신앙의 사표師表가 될 수 있을까? 성 아우구스티누스가 보여주는 특이한 이력은 이러한 의문을 불러일으키기에 충분하다. 그는 가톨릭 교회의 성인으로, 기독교의 교부이자 기독교 호교론 및 기독교 신학의 거대 위인으로 추대되는 한편으로, 서양 철학 사상의 주요 창시자 중 한 사람이기도 하다.

하지만 얼핏 보아도 계시의 대상인 교리를 믿는 것과, 철학의 기능이자 정체성인 이성 사이에는 결코 화해 불가능한 반목과 모순, 긴장이 존재한다. 고대 그리스에서 철학은 신화의 부정에서 탄생했고, 인간의 이성이라는 유일한 수단을 통해 자연을 설명하려는 욕구에서 비롯하지 않았던가? 철학과 종교 사이에는 타고난 근본적 차이가 존재하기 때문에 이 둘의 결합은 가능해 보이지 않을 뿐만 아니라 해결하기 어려운 난제들을 야기할 수도 있다.

하지만 철학자와 성인의 결합체로서 이 아우구스티누스라는 인물을 우리는 또 다른 시각으로 바라보아야 한다. 우리가 주목해야 할 문제는 시간을 초월한 정신의 세계가 아니라, 서로 다른 역사적·문화적 공간의 만남이다. 실제로 아우구스티누스의 삶과 그가 남긴 저작들은 그리스-로마적 세계와 유대-기독교적 계시가 조우하여 서로 대립하기도 하고 때로는 서로 어우러지기도 하는 공간이다.

이 광범위한 만남의 역사는 아우구스티누스의 활동 속에서만 이루어지는 것도 아니고, 아우구스티누스 한 사람만의 몫도 아니다. 그리스의 철학적 전통과, 예수 부활의 '복음'에 비추어 재해석된 유대교 전통의 대면과 연합은 여러 세대를 거쳐 이루어졌고, 그에 대한 기록도 이루 헤아릴 수 없을 만큼 많다. 이것은 서구 사상의 발전과 전개에 있어 복합적이고도 핵심적인 과정이다. 그리고 아우구스티누스는 이러한 만남을 최종적으로 상징하는 인물이라 할 수 있다.

이 만남의 쟁점을 제대로 이해하기 위해 먼저 기억해야 할 사실은, 아우구스티누스와 탈레스, 밀레토스학파, 아낙시만드로스 같은 그리스 최초의 철학자들 간에는 7~8세기의 시간 차가 있다는 것이다. 따라서 그리스 철학은 진화하고 발전할 시간적 여유가 충분했다. 제일 처음 종교적 사고와 분리되면서, 신화적 사고와 더불어 예언적 언어까지 거부한 그리스 철학은 오직 합리성의 세계 속에 자리 잡았다. 그랬던 그리스 철학이 예수 탄생 후 몇백 년 동안 종교적 신념의 어떤 근본적 측면들과 다시 만나게 된다. 가령 플라톤 사상을 재해석한 '신플라톤주의'의 플로티노스, 포르피리오스, 프로클로스 같은 철학자들은 명백히 일신교적인 면모와 주술적 측면까지도 보여준다.

아우구스티누스도 알고 있었고 암브로시우스 같은 그의 스승들도 그 저작을 읽었던 이 '신플라톤주의' 철학자들은, 플라톤으로부터 직접적인 영향을 받았지만 칼데아, 페르시아, 인도의 사상과도 무관하지 않았다. 플로티노스에게서 찾아볼 수 있듯이, 이들은 여러 면에서 근본적으로 종교적 인식과 유사한 사유를 전개했다. 실제로 신플라톤주의의 주요 관심사 중 하나는, 우리 영혼은 선천적으로 물질세계와는 다른 세계에 속한다는 사고였다. 육체라는 유배지에 갇힌 영혼은 그곳에서 일종의 벌을 받고 있다는 것이다.

이 신플라톤주의 철학의 임무는 이제 합리성의 도야 따위가 아니다. 그 임무는 지혜의 지평 위에서 정신적 고행의 과정을 통해 영혼이 자신의 원래 자리, 즉 신의 경지에 오를 수 있도록 하는 데 있다. 플라톤과 그리스 철학 사상을 표방하는 이러한 사고의 가장 핵심에 자리하는 것은 결국 백 퍼센트 정신적이고, 유일한 창조주로서의 신이다. 그런데 이러한 사상에 경도된 이들은 대부분 기독교와 대립한다. 기독교 신앙과는 어긋나는 부분이 많았기 때문이다. 다시 말해 신플라톤주의자들에게는 신이 인간의 모습을 구현하고 있고, 인간의 죄를 사하기 위해 노예들에게나 해당될 법한 극심한 고통과 치욕스러운 죽음을 스스로 선택했다는 것은 받아들일 수 없는, 어떻게 보면 해괴망측한 생각이었다. 그들은 터무니없어 보이는 이런 이야기들을 당연히 거부했다.

유대교를 나름의 방식으로 재해석한 기독교는 그리스 철학 전통과 여러 면에서 대립하는, 진정으로 새로운 세상을 대변하는 사상이었다.

기독교 사상 중 당시의 철학적 합리성과 가장 동떨어진 사상들이 여럿 있다. 특히, 세상사에 등장하여 인간사에 개입하고 역사 속에 구현될 전 인류적 기획에 의미와 가치를 부여하는 신의 의지라는 사상, 인간 세상과 가시적 물질세계의 이면에서 이 세계를 지배하는 초자연적 질서라는 개념, '십자가의 광기' 즉 신이 인류를 위해 희생하고 죽어간 한 인간으로 실제 이 땅에 나타났다는 믿음 등이 그것이다.

철학과 기독교라는 확연히 다른 이 두 세계가 화해 가능할까? 새로운 신앙으로 개종한 사상가들은 세대를 거듭하며 늘어났지만, 자신들이 받은 지식 교육면에서 보면 이들은 여전히 철학자였다. 이들은 위의 질문에 대답하고자 전력투구하게 된다. 전형적 사례를 보여주는 인물들은 많이 있다. 타티안—110년경에 태어났지만 언제 죽었는지는 알려져 있지 않다—은 자신이 판단하기에 기독교인들에게 별 소용이 없는 이교도적인 철학 전통들은 과감하게 거부하기 시작한다. 지나간 옛날 사상은 기독교도들에게 별로 중요한 것도, 필요한 것도 아니기 때문이다.

반면, 알렉산드리아의 클레멘트—150년경에 태어나 200년경에 사망—는 타티안의 제자였지만, 스승의 좁은 시각에서 탈피하여 그리스 사상 속에서 복음의 진리의 씨앗을 발견한다. 그 후, 카이사레아의 에우세비우스(263~339)는 특히 《복음의 준비》라는 책에서 그리스 사상, 특히 플라톤 철학과 기독교의 주요 관점을 양립시키려고 한다. 수 세기에 걸친 이 적응과 화해의 움직임 속에서도, 아우구스티누스는 단연 중요한 분기점으로 작용한다. 선대의 주장과 경험들을 다시 수용함과 동시에 이를 새롭게 변모시킨 인물이기 때문이다.

아프리카에서 로마로, 다시 아프리카로

아우구스티누스는 실제로 이러한 물리적 이동을 감행한 인물이다. 한 세계에서 다른 세계로의 이러한 실재 이동은 아우구스티누스의 감정과 감수성, 욕구 속에서도 함께 일어났다. 《고백록》에서 직접 밝히고 있듯이, 북아프리카에서 태어난 아우구스티누스는 젊은 시절, 하루하루가 축제 같은 삶을 살았다. 태양이 작열하는 지중해 출신의 이 젊은이는 원기 왕성한 육체와 북아프리카 자연의 감미로운 쾌락을 만끽하며 살았다. 로마제국의 이 젊은 지성인은 방탕한 축제 분위기에 젖어 오랫동안 '길을 잃고 헤매고' 있었던 것이다. 그는 결혼도 했고 아들도 있었다.

아우구스티누스가 기독교를 알게 되고 개종한 것은 그로부터 한참이나 지난 후의 일로, 자신을 중심으로 한 수도원 공동체를 만든 것도 기독교 신자였던 어머니 모니카가 죽고 난 뒤 북아프리카로 귀향한 후였다. 즉 그는 무질서하고 방탕한 세계로부터 기독교인의 삶으로, 비천하고 황폐한 삶으로부터 자비와 명상의 세계로 귀의한 것이다. 아우구스티누스는 자의가 아니었지만 북아프리카 히포의 주교로 선임된다. 이때부터 그는 자신의 소양과 지적 능력, 청중의 확신을 이끌어낼 수 있는 탁월한 설교 능력을 모두 동원해, 이제 막 세상 속으로 퍼져 나가려는 초기 기독교를 위해 혼신의 힘을 다한다.

아우구스티누스의 개종과 관련된 사연은 그의 저서에 잘 기록되어 있다. 386년 7월 어느 날, 그는 밀라노의 정원을 산책 중이었다. 그는 아직 기독교로의 개종에 대해 확신하지 못하고 있었다. 쾌락과 방랑에 익숙한 삶을 포기할 준비가 덜 된 상태였던 것이다. 기독교도로 살아가고자 하는 목표와 쾌락에 대한 미련 사이에서 어느 쪽을 선택해야 할지 갈등 중이었다. 그때 자기 내부에서 들려오는 어린아이의 목소리가 있었다. 그 신비로운 목소리는 이렇게 외치고 있었다. "집어 들고 읽어라Tolle, lege." 그는 그때 마침 책을 읽고 있던 친구와 마주치게 되었고, 그 친구의 책을 펼쳐든다. 그것은 바로 방종과 쾌락을 접고 더 이상 개종을 망설이지 말라는 사도 바오로의 외침이 담긴 〈로마서〉였다. 그 책은 아우구스티누스에게 신의 손짓으로 다가왔다.

이렇게 갑작스러운 변화를 겪은 아우구스티누스는 그때부터 기독교적 성찰과 선교에 자신의 모든 것을 바친다. 그는 자기 주교구의 그 엄청난 성사聖事들과 수많은 상담을 몸소 담당했다. 뿐만 아니라 그는 기독교를 위한 전방위 투쟁에 나선다. 주로 가톨릭 교리의 복합성과 완전무결함을 위협할 수 있는 주요 이단적 사고들을 논박하는 것이었다. 즉 그는 자신과 다른 견해나 해석들에 대해 문제를 제기하고 고발하는 역할을 수행했다. 그중에는 엄밀히 말하면, 기독교와는 무관하지만 기독교를 위험에 빠뜨릴 수 있는 교리들도 있었다.

마니교가 바로 그런 경우이다. 마니교는 조로아스터교를 모체로 한 교리를 페르시아의 마니가 재정립한 것으로, 이 세상에 존재하는 악의 우연성을 거부한다. 또 마니교는 세상에 악과 불행, 빈곤과 잔인함이 어떻게 존재하게 되었는지를 설명하기 위해 하나의 부정적 전제를 동원한다. 즉 선한 신과 악한 신을 대립시켜 이 둘의 투쟁을 통해 이 세계를 설명하는 것이다. 아우구스티누스 역시 젊은 시절에는 이러한 세계관에 심취했지만, 개종 후에는 마니교를 신랄하게 비판한다.

이단과의 투쟁은 여기서 그치지 않는다. 그가 그토록 타파하고자 한 이단적 사상에는 도나투스가 주도한 기독교도 포함된다. 도나투스는 카르타고의 주교 임명에 관한 논란 이후 스스로를 '아프리카 기독교'의 수장으로 자처하며 자신의 아프리카 교회야말로 유일한 정통 기독교임을 주장한 사람이다. 아리우스파派 역시 투쟁의 대상이었다. 이들은 예수 그리스도 즉 성자聖子는 진정으로 유일한 신성인 성부聖父와 같은 위상이 아니라 그보다 열등하다고 주장함으로써 예수의 신성을 부인했다. 아우구스티누스는 이 이단적 교리가 가진 위험성을 조목조목 설명했다. 인간의 원죄를 처음부터 부정하는 펠라기우스파도 그의 비판을 피해가지 못했다.

현대인들에게 이러한 논쟁들은 굉장히 낯설고 구태의연해 보일 수 있다. 전문 종교학자들이나 이해할 법한 난해한 내용처럼 느껴지기도 한다. 여기서 우리가 기억해야 할 점은, 아우구스티누스가 구축한 기독교 교리는 극단과 일탈과의 부단한 투쟁을 통해 가능했다는 것이다. 당시 가톨릭 교리는 완전한 형태를 갖추지 못한 상태였다. 확실히 정해진 원칙들도 부분적으로 있었지만, 여전히 과도기 상태였다. 이처럼 아우구스티누스는 기독교 신학 정신을 위반한다고 생각되는 위험한 사상들과의 투쟁을 통해 가톨릭 교리가 구축되는 데 결정적인 기여를 한 인물이다.

그러면서도 그는 거의 매일 설교를 했고 그 내용을 기록하게 했으며, 주변의 수도원에 직접 호소하는 일도 게을리하지 않았다. 아우구스티누스의 말을 받아 적은 속기록 전문이 지금까지도 남아 있다. 덕분에 1,000년이 지난 지금도 우리는 그의 목소리와 설교의 리듬까지 들을 수 있다. 그가 얼마나 개성 넘치는 어조로 자신의 뜻을 표현했는지 이해할 수 있을 정도이다. 그의 표현 방식은 놀라울 정도로 자연스럽고 솔직한 경우가 많다. 이는 아우구스티누스가 단지 신학자에 그치지 않고, 개념과 감성을 적절히 조화시킬 줄 아는 뛰어난 명문가였기 때문이다.

철학자와 내면적 인간

개종한 지식인이자 성직자, 열정적인 설교자이면서 기독교 공식 교리의 토대를 닦은 자. 이 모든 정의만으로 아우구스티누스를 곧 철학자로 인정할 수 있을까? 꼭 그렇지는 않다. 그가 위대한 철학자로 지금까지 남아 있는 이유는 그의 작품이 가진 또 다른 면 때문이다. 그의 작품은 철저히 기독교적이지만, 다루는 주제들이나 논증의 방식 면에서는 말 그대로 철학적이었다. 종교적 진리가 갖는 특별한 위상—신성하고 계시되는 것으로서 우리의 머리로는 이해할 수 없는 것—이 철학적인 탐구의 위상을 떨어뜨리는 것은 아니며, 철학적 탐구와 종교적 진리의 결합은 오히려 사상의 획기적이고 비약적인 발전을 가져온다는 자명한 원칙은 분명 아우구스티누스에 의해 처음 등장한 것이다.

이런 식으로 여러 작품을 집필하는 동안 아우구스티누스는 신성, 인간에게 있어 은총의 역할, 인간 자유의 위상, 신의 의지와 인간 의지의 관계, 기독교 관점에서 바라본 철학의 위치, 권력 행사의 목표 등의 문제와 관련된 개념적 분석을 발전시켜나간다. 특히 《고백록》에서 시간과 기억의 문제에 할애한 부분은 그 분량이나 깊이를 이루 헤아리기 힘들 정도이다.

유럽 역사상 가장 뛰어난 저서 중 하나인 《고백록》은 마음을 사로잡는 묘한 매력과 투명한 경쾌함, 독자를 당황케 하는 돌발성을 고루 갖추고 있다. 경쾌하다고 말할 수 있는 것은, 이 책이 무엇보다 삶과 쾌락과 여성을 사랑한 한 젊은이의 인생을 담은 이야기이기 때문이다. 하지만 당시 그가 사랑했던 것들은 본인에게 완전한 충족감을 주지 못했다. 그는 좀 더 완전하고 좀 더 광범위한 사랑의 대상, 마음의 평온을 가져다주는 유일한 존재, 즉 신의 존재를 깨닫게 된다. 이렇게 《고백록》은 남달리 섬세한 감성과 열정으로 자기 자신의 영혼 이야기를 들려주는 책이다.

이 책이 이야기하는 것 역시 불안에서 평화로의 변화이다. 아우구스티누스에 따르면, 신을 통해 볼 수 있는 어떤 무게 중심을 자기 마음속에서 발견하지 못하면, 인간은 끊임없이 불안할 수밖에 없다. 즉 마음의 평정을 찾지 못한 채 욕망과 모험과 사랑을 찾아 이리저리 헤매고 방황한다는 것이다. 신의 사랑과 기독교적 자비의 깨달음, 기독교로의 귀의는 인간에게 하나의 무게 중심 혹은 추를 부여하고 이를 통해 인간은 자신을 혼란스럽게 하는 욕망의 세계보다 훨씬 심오하고 훨씬 고귀한 세계 속에 단단히 발붙일 수 있다.

여기서 놀라운 점은, 아우구스티누스가 자기 마음속 갈등과 비약과 핑계들을 드러내는 방식이다. 그는 가끔 너무 노골적이면서도 효과적으로 자신을 표현하고 있다. '이 쾌락의 삶을 포기하면 후회하지 않을까?' '과연 내가 그걸 견딜 수 있을까?' 이러한 감각적이고 격정적인 특성은 어디에도 비할 수 없는 확실한 존재감을 이 작품에 부여한다.

덕분에 우리는 생각보다 더 친근하고 솔직한 자연인 아우구스티누스의 면모를 발견할 수 있다. 이처럼 지적 성찰과 내적 고백을 뒤섞어 놓음으로써 아우구스티누스는 시간을 초월한 현재형의 감동을 전해주고 있다. 이 자서전의 정확한 의미를 포착하기 위해 반드시 염두에 두어야 할 점은, 아우구스티누스가 결코 자기 인생, 자기 내면의 이야기를 들려주는 데 그치지 않았다는 것이다. 《고백록》은 루소나 샤토브리앙의 고백과는 전혀 다르다. 그가 이 글을 쓴 것은 자신을 노출하기 위해서가 아니라, 개종한 기독교인으로서, 신에 귀의한 영혼으로서 자기 모습을 보여주기 위해서다.

그렇다면 또 다른 의문이 생긴다. 이토록 상세한 정신적 여정이 철학과 만나는 접점은 도대체 어디인가? 이 위대한 영성靈性의 텍스트가 감동적이고 그만큼 중요한 것은 사실이지만, 그렇다고 이 책이 철학적 사고와 직접적으로 연결되지 않는다고 생각하기 쉽다. 하지만 이는 잘못된 생각이다. 《고백록》 속에 드러나는 심오한 철학은 최소한 두 가지 차원에 걸쳐 있다. 첫 번째는 이 작품 고유의 특성으로 이 책 여러 대목에서 기억이나 시간 등의 주제들을 전통적이고 규범적인 용어들을 통해 명시적으로 다루고 있다. 이러한 대목들은 사실상 그의 모든 작품들 속에 등장한다. 그 이유는 분명하다. 그 부분이 필수 불가결한 본질이자 완벽한 교훈이기 때문이다.

두 번째는 다른 무엇보다 이 작품의 전체적 여정 그 자체이다. 이 여정이 강조하고 있는 것은 바로 '사고의 내향성'이다. 이 말은 구체적인 설명이 필요하다. 일반적으로 고대인들의 사고는 자신의 외부를 향하고 있다. 소크라테스, 플라톤, 아리스토텔레스를 비롯한 고대 철학 창시자들의 시선은 바깥, 사고의 관조를 향해 있었기 때문에, 우리 의식 자체의 구불구불한 미로 속은 들여다보지 못했다.

하지만 아우구스티누스와 더불어 우리는 전에 없던 새로운 인간 주체를 발견하고 형성하게 된다. 이 인간은 미로로 가득한 기억과 복잡한 내면세계, 지하 동굴 같은 일련의 내면들을 갖추고 있다. 결국 개종자 아우구스티누스를 통해 우리가 깨닫게 된 것은 바로 주관성이라는 발명품이다.

한편 아우구스티누스는 당대의 역사적 소용돌이도 기록했다. 당시 로마는 이민족과 이교도들의 잇따른 침입에 신음하고 있었다. 410년, 서고트족의 알라리크 왕과 그 군사들이 로마를 약탈했다. 모든 권력의 중심으로 자처하던 영원한 도시 로마가 약탈자들의 손아귀에 있었던 것이다. 이는 로마제국 전체를 강타한 엄청난 충격이었다. 이러한 충격은 아우구스티누스로 하여금 《신의 도성》을 쓰게 했다. 신의 의지 속에서 역사의 역할은 무엇인지, 이 역사 속에서 정치의 역할은 무엇인지 고민하기 위해서였다. 하지만 충돌하는 두 세계 가운데 끼어 있던 그는 낡은 세계의 정치적 몰락을 피해갈 수 없었다. 그는 이민족 군사들이 에워싼 히포에서 숨을 거두었다. 그가 죽고 난 후, 그가 여생을 보냈던 도시 역시 약탈자들에게 유린당하고 만다. 이처럼 내면세계의 탄생은 고대 도시의 몰락과 때를 같이한다.

아우구스티누스에 관해서 제일 먼저 읽어야 할 것은?

당연히 《고백록》.

아우구스티누스에 대해서 좀 더 깊이 알고 싶다면?

피터 브라운 저, 정기문 역, 《아우구스티누스: 격변의 시대, 영혼의 치유와 참된 행복을 찾아 나선 영원한 구도자》, 새물결, 2012

에티엔느 질송 저, 김태규 역, 《아우구스티누스 사상의 이해》, 성균관대학교출판부, 2010

p r e v i o u s

아우구스티누스에게 진리란, 각자의 마음속에서 추구해야 하는 것이다. 신이란 어찌 보면 우리 마음속에 존재하기 때문이다. 따라서 자기 자신을 탐구하는 것은 단순히 개인으로서의 자신을 이해하는 것이 아니라, 우리 정신 속에 숨어 있는 신성과 조우하기 위해 떠나는 여행이기도 하다.

자신의 성향과 장단점들을 확실히 파악해야 하는 이유가, 구원을 받기 위해서가 아니라 자기의 권력을 지키기 위해서라면? 진리를 드러낼 것인가 아니면 감출 것인가의 선택이 오직 진리에서 파생되는 역학 관계에 달려 있다면? 이것이 바로 인간의 내면성을 이해하는 또 다른 방식, 즉 마키아벨리의 방식이다.

n e x t

이름	마키아벨리Niccolo Machiavelli
활동 지역 및 출신 배경	르네상스 시대의 피렌체. 하급 귀족, 상서국 서기관.
연대기	1469년 피렌체에서 출생. 1498년 피렌체의 상서국 서기관으로 임명. 1500-1512년 외교 및 군사 업무 담당. 1513년 정부 전복 음모 가담 혐의로 체포. 투옥, 고문 끝에 출소 후 시골에 정착하여 《군주론》 집필. 1521년 《전쟁의 기술》 출간. 1525-1527년 외교 및 군사 업무 담당. 1527년 피렌체에서 사망.
진리 개념	진리란, 권력 쟁취와 그 유지에 관련된 것. 윤리의 문제가 아니라, 표현과 이미지의 문제이며 욕구를 드러내느냐 감추느냐의 문제. 관념적 이상이 아니라, 현실적 효율성의 문제.
명언	"사랑의 대상보다 두려움의 대상이 되는 것이 훨씬 더 안전하다."
철학사적 위상	정치사상뿐만 아니라, 역사와 사회적 제관계들을 바라보는 방식에 있어서 확실한 단절을 보여주는 그의 관점은, 많은 오해와 격렬한 반감을 불러일으키기도 하고 동시에 열광적 지지—가끔은 부적절한—의 대상이기도 했다. 사상사에서 오랫동안 소외되었다가 오늘날 보다 객관적인 시각에서 새롭게 조명되고 있는 것 같다.

philosopher
Niccolo Machiavelli

|6|

마키아벨리 진실의 은폐를 정당화하다

일상의 평범한 언어로 설명될 수 있는 철학자들은 거의 없다. 아주 드물기는 하지만 간혹 쉽게 이해되는 경우가 있기는 하다. 그런데 이런 경우에도 흔히 사용하는 용어들의 의미가 실제 의미와는 전혀 다른 경우들이 있다.

가령, 에피쿠로스학파 즉 '쾌락주의자'라고 하면 흔히 진탕 먹고 마시며 육체적 향락만을 좇아다니는 사람들쯤으로 생각한다. 하지만 실제로 이들은 금욕적인 삶을 살았고, 이들의 철학은 엄격하고 심지어 고행에 가까운 삶의 방식을 추구했다. 한편 스토아학파의 형용사형인 '스토익stoic'은 '무감각한' '어떠한 상황에서도 무감각하고 의연한'이라는 뜻으로 통용된다. 스토아학파 철학자들은 실제로 감정의 자제를 가르쳤지만 그렇다고 감정이나 감각 능력이 결여된 사람들은 아니었다. 흔히 데카르트적 인간형을 뜻하는 '카르테지엥Cartésien'은 오로지 이성에 의해서만 움직이는 사람을 뜻하지만 이 역시 실제 데카르트의 사상과는 한참 거리가 멀다.

마키아벨리의 경우, 대중적 이해와 그 철학적 본질과의 괴리가 가장 심하다고 할 수 있다. '마키아벨리적'이라는 말은 보통 영리하고 복잡하며 파괴적이기까지 한 책략으로 무장한 음모나 계획을 가리킨다. 다시 말해 '마키아벨리즘'이란 악랄하고 궤변적이며, 교묘한 함정 파기에 능한 권모술수를 의미한다. 하지만 이런 식의 이해야말로 이 독특한 정치사상가의 사상을 한참 오해한 결과이다. 물론 마키아벨리가 박애주의자나 순진한 바보였다는 말은 아니다. 하지만 그가 보여준 지적 여정과 분석력은 우리가 흔히 알고 있는 '마키아벨리즘'이라는 말로는 설명되지 않는다.

그렇다면 마키아벨리를 어떻게 설명해야 할까? 그를 제대로 이해하기 위해서는 그가 살았던 시기를 관통하던 특수한 긴장 상태를 먼저 기억해야 한다. 이 철학자는 무엇보다 르네상스기의 인간이다. 르네상스는 고대 그리스·로마에 심취하면서도 동시에 이 고대 문화를 넘어서야 한다는 것을 의식한 시대다. 즉 유럽 사상사의 주요 전환기였던 그 시대를 사로잡고 있었던 것은, 바로 재발견과 극복이라는 상반된 두 가지 필연성이었다. 하나는 비판적이고 학술적인 성찰을 통해 고대 세계를 재발견하고자 하는 욕구였다. 다른 하나는 중세뿐 아니라 고대 자체와도 단절할 수 있는 새로운 사고 형태와 새로운 분석 유형을 고안해내고자 하는 욕구였다.

그 결과 수많은 사상과 철학들이 새롭게 끓어올랐고, 이러한 열띤 욕구에 힘입어 진지하고도 열정적인 새로운 지적 부흥기가 탄생하게 된다. 마르지 않는 샘과 같은 당시의 지적 풍요로움은 이러한 분위기에서 비롯했다. 르네상스의 이러한 상황은 두 가지 측면으로 도식화시킬 수 있다. 첫 번째 측면은 이상 세계 구축에 몰두함으로써, 규범적 모델과 이상 국가라는 유토피아에 초점을 맞추는 것이다. 특히 파두아 대학의 마르실리오 피치노Marsilio Ficino와 더불어 플라톤 사상이 다시 유행한 점은, 완전함과 추상적 모델을 추구했던 위대한 철학적 열망을 되살리려는 이러한 의지를 잘 보여준다. 두 번째 측면은 바로 리얼리즘이다. 이 리얼리즘의 관심사는 천상의 이데아도, 범접할 수 없는 불변의 규범도 아니다. 오히려 그 반대다. 여기서 중요하게 다루어진 것은 인간 열정의 충돌, 충돌하는 이해관계의 위력, 표면적 유희가 갖는 결정적 중요성, 전략 구조의 핵심적 역할 등이었다. 마키아벨리는 이러한 정치적 리얼리즘을 가장 정확하고 분명하게, 또 가장 제대로 구현한 대변인이다.

권력자들의 자문관

마키아벨리는 당시 최고 수준의 교육을 받은 지성인이자, 고대 그리스·로마 문헌에 심취한 사람이었지만, 그는 대학 교수도 전문 철학자도 아니었다. 1469년, 하급 귀족 집안에서 태어난 니콜로 마키아벨리는 단연 현장 위주의 활동가였다. 피렌체 상서국의 실무자였던 그는 정부의 공식 외교 및 군사 업무를 주로 담당했다. 1498년부터 상서국의 제2서기관으로 일하게 된 그는 특히 독일 및 프랑스와의 관계 개선에 주력했다. 구체적 실무를 통해 정치에 입문 중이었던 그 시절의 마키아벨리는 'mutatis mutandis', 즉 '고칠 것은 고치고'라는 융통성을 발휘하며 특수 임무를 수행했다. 이는 지금의 고위직 행정 관료나, 국가 간 정상 회담의 주최자에 해당한다. 이러한 경험을 통해 젊은 마키아벨리는 권력자들 간의 역학 관계를 아주 가까이서 지켜볼 수 있었고, 덕분에 현실 권력과 국제적 역학 관계에 대한 환상도 일소할 수 있었다.

직업은 다소 규범적이고 건조해 보일 수 있지만, 마키아벨리 자신은 그런 사람이 아니었다. 밝고 쾌활한 성격에 해학적이고 낙천적 기질이 다분했던 그는 업무에 관련된 사람들도 친구로 만들어버리는 능력이 뛰어났고, 공문서도 친근한 어조의 편지글로 작성할 줄 알았다고 한다. 마키아벨리가 여러 편의 희극 작품을 썼던 것도 결코 우연이 아니다. 그중에서《만드라골라》같은 작품들은 당시 확실한 성공을 거두기도 했다. 사상가이자 문인이었던 그는 대상에 대한 관찰력뿐만 아니라 그것을 제대로 표현할 줄도 아는 특별한 감각의 소유자였다.

마침내 그로 하여금 지적 성찰의 글을 쓰도록 이끈 것은, 그 스스로 삶의 우연이라고 불렀던 '운명'이었다. 메디치 가문이 권력을 다시 잡은 1512년, 피렌체에서 출세를 위해 고심하던 그는 모종의 음모에 가담한 혐의로 투옥된다. 감옥에서 혹독한 고문까지 겪어야 했던 그는 공직을 박탈당하고 피렌체에서도 추방된다. 이후 시골의 작은 집에 정착해《티투스 리비우스의 로마사 첫 10권에 대한 논고》의 집필에 착수한다. 이 책에서 고대 그리스와 로마는 당시의 이탈리아 상황과, 그의 주된 관심사 중 하나였던 이탈리아의 정치적 통일을 가로막는 걸림돌을 분석하기 위한 도구로 이용된다.

하지만 그는 이 작품의 집필을 중단하고 짧지만 엄청나게 중요한 소논문을 쓰기 시작한다. 이것이 바로 오늘날의 그의 명성을 있게 한《군주론》이다. 이 작품의 서두에서 마키아벨리는 '우리의 지도자들이 갖추어야 할 행동 지침'을 이야기한다고 밝히고 있지만, 사실 이 책은 여기에서 그치지 않는다. 정치 행위의 주요 지침을 밝히면서 동시에 권력 관계를 새롭게 사고하는 보다 급진적인 방식을 선보인 것이다. 유배 후 죽을 때까지 약 15년 동안(1514년에 피렌체로 복귀하여, 1527년에 죽었다), 그는 어떤 식으로도 정치에 관여하지 않았고, 희극과 시들, 대화 형식의 철학서들을 썼다. 특히 이때 쓴 기념비적인 작품《피렌체의 역사》는 경제적 관계들의 기능을 분명하게 강조하고 있다. 이는 마르크스의 역사유물론의 시작을 알리는 지점이라 할 수 있다.

새로운 사상

마키아벨리 사상의 핵심은, 1513년 후반 몇 달 만에 씌어진《군주론》속에 집약되어 있다. 정치사상사를 통틀어 가장 유명하고 가장 많이 읽힌 작품의 하나로 꼽히는 이 책은 실로 혁신적인 사상을 선보이고 있다. 여러 측면에서 기존의 정치사상들과는 단절하고 있기 때문이다. 실제로 마키아벨리는 아리스토텔레스와 폴리비오스(기원전 203~120?, 헬레니즘 시대의 그리스 역사가-옮긴이)의 사상을 나름의 방식으로 확대,

재생산한다. 그렇지만 그들로부터 물려받은 유산보다는 단절이 훨씬 더 지배적이다.

《군주론》이 출간 후 거의 400년 동안 끊임없는 독서와 주석, 인용과 모방, 비방과 공격, 오해와 논란의 대상이 되고 있는 것은 바로 이러한 혁신성 때문이다. 그라시안(1601~1658, 스페인의 철학자·작가·모랄리스트-옮긴이), 홉스, 스피노자, 마르크스를 비롯한 수많은 철학자들이 이 책을 탐독했다. 이처럼 열렬한 추종과 비난을 동시에 받은 책도 드물다. 하지만 이러한 양극단의 반응들은 어쩌면 이 책에 대한 오해에서 비롯한 것인지도 모른다. 이 책은 겉으로는 단순해 보인다. 그래서 언뜻 보아서는 그 핵심적 줄기를 제대로 파악할 수 없다.

이 책의 키워드는 비르투virtù이다. 이것은 흔히 생각하는 도덕적 의미의 '미덕'과는 전혀 다르다. 여기서 비르투란 힘, 행동할 수 있는 능력, 행동—행동을 판단할 수 있는 유일한 기준은 행동의 결과이다—속에서 증명되는 효율성을 의미한다. 이것은 일종의 냉혹한 비관론에서 비롯한 지극히 냉철한 개념으로 비칠 수 있다. 하지만 이 개념 속에는 역설적이긴 하지만 명백히 절제의 원칙, 나아가 중용과 균형의 원칙이 내재되어 있다. 그 이유는 간단하다. 즉 전제군주는 백성의 분노와 정적들의 적개심에 동시에 노출되어 있다. 따라서 그의 과도한 폭압과 권력 남용은 군주 자신의 권력 약화를 초래할 것이다. 그러한 정치 행위는 조만간 자신의 권력 유지와 장기 집권에 나쁜 영향을 미칠 수밖에 없다.

신중하고 빈틈없는 군주는 중용이나 도덕적으로 '더 나은 것'을 표방하지 않는다. 다시 말해 군주는 비르투와 효율성 추구, 힘을 통해 스스로 절제할 수 있어야 권력을 보다 오래 유지할 수 있고, 정적들에게까지 자기 힘을 확대시킬 수 있으며, 백성들로부터도 보다 호의적인 평판을 얻을 수 있다. 오늘날 흔히 말하는 평판, '이미지' '호의적 여론' 따위는 결코 지엽적이고 부차적인 사안이 아니다. 마키아벨리는 오늘날의 정치 전문가들보다 훨씬 앞서 정치 투쟁의 구성요소인 현실 세계가 중요한 것임을 일찌감치 깨닫고 있었다.

하지만 정치 투쟁은 비르투와, 이 비르투가 자기 의지를 상황에 관철시키는 방법에만 달려 있는 것은 아니다. 정치 투쟁은 분명히 상황 자체와 상황의 진전, 상황의 갑작스런 변화 등에도 달려 있다. 이러한 우연적 측면을 마키아벨리는 '포르투나fortuna'라고 불렀는데, 이는 곧 운명, 변화무쌍하고 예측 불가능한 상황들을 의미한다. 인간의 제반 상황들이란 언제나 열려 있고, 늘 유동적이며, 느닷없는 변화가 가능한 속성을 갖고 있기 때문이다.

군주의 특별한 기술은 이 '포르투나'와 '비르투'의 접점에서 발휘된다. 즉 제반 상황들이 끊임없이 변화하고 우리 손아귀를 빠져나가는 그런 세상 속에서도 군주는 늘 효율성을 유지해야 하는 사람이다. 예측 불가능하고 완전한 통제가 불가능한 상황들 속에서도, 남다른 통치 기술을 가진 군주는 결실을 맺을 수 있을 것이다. 이 결실은 분명 처음 계획했던 바와는 다르겠지만, 제멋대로 휩쓸려가는 상황이 빚어내는 무의지적이고 기계적인 움직임과는 분명 차이가 있을 것이다. 마키아벨리의 기획은 어떻게 보면 행동에 관한 일반론이라고 할 수 있다. 즉 신처럼 완벽하게 행동할 수도 없고(포르투나가 우리의 계획을 좌절시키기 때문에), 그렇다고 백 퍼센트 무기력한 행동도 없기 때문이다(우리의 계획이란 상황에 적응하고 우연을 극복하기 때문에).

마키아벨리의 《전쟁의 기술》은 겉으로 보기에는 《군주론》보다 잘 알려지지도 않았고, 내용도 그렇게 신랄하지 않다. 하지만 마키아벨리는 이 '전쟁의 기술'이야말로 통치자에게 어울리는 유일한 기술이라는 말을 서슴지 않는다. 그 이유 역시 간단하다. 이 기술을 보유하고 있지만 아직 권력을 얻지 못한 자는 앞으로 권력을 쟁취할 수 있을 것이고, 이미 권력을 얻은 자라면 앞으로도 계속 유지할 수 있을 것이기 때문이다. 반대로, 권력을 갖지 못한 자가 이 기술마저 없다면 앞으로 절대 권좌에 오를 수 없을 것이고, 설사 지금 권좌에 있다 하더라고 이 기술이 없다면 장차 권력 유지는 불가능할 것이라는 말이다.

따라서 중요한 것은 스스로를 '무장하는' 것이다. 이것은 마키아벨리가 말했듯이, 무기를 가지라는 뜻이 아니라 전쟁의 기술을 보유하고, 싸움에서 승리하는 법칙을 제대로 알고 있어야 한다는 뜻이다. 정치 현실이 곧 투쟁이고, 이 분야에서는 효율성만이 유일한 해법이라면, 무장 투쟁의 필연성은 언제든 반드시 부각된다.

여기에도 오해의 소지가 있다. 마키아벨리는 전쟁 예찬론자가 아니다. 그의 사상에서 중요한 것은 'A보다 B가 더 좋다'는 식의 기호나 선택이 아니라, 현실은 이런 식으로 움직이고 있다는 검증된 사실이다. 오늘날 우리가 처한 유럽의 상황은 수많은 무장 투쟁에 대한 극심한 두려움, 나아가 모든 갈등에 대한 극단적 공포로 설명할 수 있다. 이런 상황에서는 마키아벨리의 이 책을 심각하게 재고해보는 것도 의미 있는 일이다. 그가 강조한 것은 진정 이 세계의 현실이었기 때문이다.

마키아벨리는 진리의 개념이 근본적인 변화를 겪었다는 점 역시 전제하고 있다.

있는 그대로를 직시하다

마키아벨리가 초래한 사상의 변화는 한마디로 있는 그대로의 세상의 진실을 추구하는 데 있다. 이제는 모든 판단을 중지하고, 애통해하지도 말고, 없는 것을 꿈꾸지도 말고, 우리의 욕망과 현실을 혼돈해서도 안 된다. 그보다는 권력과 인간관계와 역사가 실제로 어떻게 기능하는지 그 메커니즘을 분석하려고 노력해야 한다. 이것이 바로 규범이며 원칙이자 좌우명이다. 이러한 원칙들은 진리란 저기 다른 곳에, 눈에 보이는 것 뒤에, 그 위에 혹은 그 아래에 있다는 생각들과 과감히 결별한다. 이 단절은 나름대로 새로운 인식의 장을 열어주었다. 이 새로운 인식의 주요 논점은 다음 네 가지로 요약될 수 있다.

제일 먼저, 마키아벨리는 정치적 성찰의 장을 (권력을 갖지 않았다면) 권력 쟁취 또는 (이미 권력자라면) 그 권력의 유지라는 단 하나의 문제로 한정한다. 따라서 '만인의 행복'이 무엇인지 알아내려고 하거나, 아리스토텔레스가 그랬던 것처럼 더 이상 '인간의 정치적 본성'을 정의하는 데 시간을 지체할 필요가 없다. 더 이상 철학의 중심 개념은 아리스토텔레스가 규정한 인간들 간의 타고난 연대의식이라는 '필리아philia'(고대 그리스어로 '우정'이라는 뜻)도, 키케로가 인간 공동체의 공익의 원동력으로 삼았던 '후마니타스humanitas'(라틴어로 '휴머니티'라는 뜻)도 아니다.

마키아벨리의 관심사는 오직 권력 쟁취와 유지의 기술 전반에 대해 것뿐이었다. 요컨대 그가 본 정치적 문제는 그것이 전부였다. 어떻게 권력을 획득할 것인가? 새 정부를 어떻게 정당화할 것인가? 기존의 정부를 어떻게 유지할 것인가? 정당성을 검증받은 새로운 정부를 어떻게 존속시킬 것인가? 이러한 것들이 바로 군주의 임무이며, 우리가 풀어야 할 문제들이다.

마키아벨리에게 있어 이 권력 쟁취와 유지의 과학은 고정되어 있지 않은, 기본적으로 역동적인 것이다. 이것이 바로 마키아벨리의 두 번째 새로운 논점이다. 즉 정치란 끊임없는 투쟁이며 중단 없는 움직임이며 지속적인 창조의 과정이다. 항상 중요한 문제는 새로운 국가를 만들어내는 것이다. 기존 국가의 존속이 목적일 경우라도, 창조는 여전히 중요한 문제다. 왜냐하면 기존의 정부를 물려받은 군주는 그 정부의 성장과 팽창을 목표로 하여 결국은 새로운 국가를 획득하여 자신의 지배 영역과 권력을 확대시키겠다는 계획을 세워야 하기 때문이다. 그렇지 않으면, 그 군주는 무너지고 말 것이다. 다른 군주들이 어떤 희생을 감수하고서라도 자기 정부와 자기 권력의 팽창을 이룰 것이기 때문이다. 이처럼 지배자의 전략은 끝없는 움직임 속에 위치한다. 즉 팽창을 위해서 충돌하고, 정적으로부터 자신을 방어하며 동시에 여론의 움직임과, 백성들의 열망이 야기하는 급작스럽고 위험천만한 변화에 늘 촉각을 곤두세워야 한다.

이렇게 마키아벨리의 정치사상은 고대 철학자들과 확연한 차이를 보인다. 고대인들의 불변적이고 영속적인 관점에서 보면, 한번 주어진 권력은 계속 진행 중인 것이고, 그들의 도시국가 역시 오래전부터 존재해 오고 있는 것이다. 반면 마키아벨리에게 있어 정치 행위는 불안정한 토대 위에서 이루어지는 것이고, 이 불안정성이 바로 정치 행위의 속성이다. 새로운 국가들이 등장하고, 다른 국가들은 사라지고 또 어떤 국가들은 존속된다. 정치의 역동성은 이런 식으로 영원히 지속된다.

하지만 이러한 역동성은 역사의 진보라는 개념과는 결코 만날 수 없다. 이 끊임없는 불안정과 쉼 없는 투쟁은 인간의 정치적 조건을 개선시킬 수 있는 여지가 전혀 없다. 이것이 바로 세 번째 새로운 논점이자, 마키아벨리의 사상이 야기한 결정적 단절의 하나다. 이 현실주의자는 말하자면, 역사의 반복을 전제하고 있다. 역사란 일련의 사건들이 계속 반복되고 길항하며, 다소 진보했다 싶으면 그만큼 다시 퇴보하는 과정을 되풀이한다는 것이다.

마키아벨리가 당대 사람들에게 가장 큰 분노와 빈축을 샀던 이유는 분명 이러한 관점 때문이다. 마키아벨리는 바로 이 지점에서 기독교 사상의 토대와 단절하고 있다. 기독교 사상에서 보면 인간 세계와 인간의 역사는 신의 계획 속에 포함되어 있는 것이고, 이 모든 것은 구원을 지향하고 있다. 정치의 그 변화무쌍한 부침, 국가의 발전과 쇠퇴, 국가의 탄생과 몰락, 이 모든 것들도 결국은 역사의 전반적인 진보 속에 포함되는 것이다. 즉 인류가 걸어온 여정에는 하나의 의미가 깃들어 있다. 하지만 마키아벨리는 이러한 사고방식들을 무시하고 덮어둔다.

이는 근대성을 예고하는 하나의 액션이다. 이것이 바로 마키아벨리의 네 번째 논점이다. 마키아벨리 이후로도, 그가 결별했던 역사의 의미를 전제하는 사고, 인류는 총체적으로 진보하고 있다는 사고는 수많은 정치사상들을 통해 오랫동안 유지되고 있다. 가령 계몽주의 철학자들은 기독교를 비판했고 이들 대부분이 무신론자였음에도 불구하고, 인간을 점점 더 높은 자율성과 자유로 이끄는 일정한 진보의 개념에 깊이 연루되어 있었다. 거듭 말하지만 이러한 사고방식은 마키아벨리에게는 여전히 낯선 것이다. 마키아벨리에게 있어 인간의 역사는 영원한 반복일 뿐이다. 이쪽에는 폭정과 예속이 있고, 저쪽에는 노련하고 절도 있고 명철한 군주 덕분에 약간의 자유가 있다. 하지만 이 자유는 일시적인 것에 불과하여, 결코 누적의 프로세스(여러 요인이 복합적으로 작용하여 경기 변동을 야기시키는 과정-옮긴이) 속에 위치할 수 없다. 즉 인류의 총체적 진보로 이어지지는 않는다.

마키아벨리의 특수성은 결국 정치 행위를, 늘 반복하는 역사 안에서 발생하는 영원한 역학 관계로 파악한 데 있다. 이것은 권력 획득과 그 유지에 관련된 역학이지, 인류의 보편적 진보와는 무관하다. 우리는 마키아벨리 사상의 이러한 논점들을 모두 고려해야만 그의 철학이 갖는 특수한 위상을 상당 부분 설명할 수 있다. 그가 강조했던 열정의 역할만으로 그의 특수한 위상을 모두 이해할 수는 없다는 뜻이다.

마키아벨리 사상에서 비롯된 최후의 단절은, 정치 분석을 인간 열정의 게임으로 한정시킨 점이다. 그는 정치를 경제적·군사적 이해관계에 연루된 열정(지배열정, 통치열정, 복수열정)의 충돌로 분명하고 철저하게 인식한 최초의 인물이다. 이 열정 게임은 다수의 열정들이 서로 개입하고 충돌한다는 점에서 굉장히 복잡하다. 국민들은 온갖 헛된 기대와 미신적 신념에 사로잡혀 있기 때문이다. 하지만 이런 기대와 신념들은 상황에 따라 유지하거나 아니면 다른 목적을 위한 방향 전환이 필요하다.

영원한 적대 관계에 놓인 열정들, 정치 게임의 주요 현실에 속하는 외형·겉치레들의 결정적인 기능, 여론을 장악하기 위한 환상의 구축, 이 모든 것들이 바로 마키아벨리의 정치적 절차에 관한 관점에서 가장 핵심적인 요인들이다. 마키아벨리와 더불어 이 내면의 진리들, 즉 군주 또는 백성 개개인의 열정들은 보이지 않는 곳에서 국가의 운명을 결정하게 된다.

그렇다면 권력을 획득하고 유지한다는 것은 도대체 무엇인가? 그것은 자신의 이익을 위해 인간의 열정과, 그 열정을 만들어내는 환상들을 가장 효율적으로 이용하는 것에 다름 아니다. 이렇게 보면 마키아벨리의 사상에서 가장 중요한 것은 효율성이다. 군주의 성공은 구체적이고 상세한 능력을 통해 얻어지는 것이지, 이상, 규범, 도덕적 원칙에 달려 있는 것이 아니다. 중요한 것은 어떤 수단을 사용해서라도 자신의 목표에 도달하는 것이다.

도덕적인 측면을 전혀 고려하지 않는 이러한 입장은 분명 마키아벨리 사상을 부정적으로 판단하게 하는 요인이었다. 이 때문에 '마키아벨리적'이라는 형용사는 본의 아니게 어느새 '권모술수'와 같은 뜻이 되어버리기도 했다. 그럼에도 불구하고 이 철저한 비관론은 인간 열정의 힘과 그 끊임없는 충돌이 가지는 힘을 백일하게 드러냈다는 장점이 있다. 이 사상은 이상(사회)이라는 유토피아가 낳은 폐해, 진보라는 신기루, 아무리 인간적인 이데아에서라도 생겨날 수밖에 없는 숱한 환상들을 치유할 수 있는 그 나름의 탁월한 정신요법이다.

마키아벨리에 관해서 제일 먼저 읽어야 할 것은?

당연히 《군주론》.

마키아벨리에 대해서 좀 더 깊이 알고 싶다면?

마키아벨리 저, 강정인 · 안선재 공역, 《로마사 논고》, 한길사, 2003

p r e v i o u s

마키아벨리의 진리는 개인들의 의도와 열정들 속에 자리한다. 하지만 이 열정과 의도들은 모두 치열한 힘겨루기 게임 속으로 진입하고, 이 게임에서의 승리는 일시적 승리에 불과하다. 그리고 게임의 승패는 은폐와 설득의 기술에 달려 있다. 이 쉼 없이 움직이는 게임 속에는 일정한 고정점도, 일정한 방향으로 진행되는 전체적 진보도 없다.

자기 자신 속으로 떠나는 여행은, 순간의 기분에 따라 무한히 다양한 풍경과 만난다는 것 이외에 다른 목적이 있을까? 결국 자신 속으로의 여행에는 여행 그 자체 말고 또 다른 전망이 있을 수 있을까? 시간이 흐르는 대로, 끝없이 그 여정을 따라가는 것 이외의 또 다른 기쁨이 있을 수 있을까? 이것이 바로 몽테뉴가 던진 질문들이다.

n e x t

이름 몽테뉴Michel De Montaigne

미셸 에켐 드 몽테뉴. 몽테뉴라는 이름은 보르도의 한 지명으로 그의 아버지가 사들인 몽테뉴 성에서 태어났다.

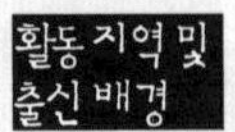

르네상스와 종교전쟁 시기의 프랑스 소귀족 출신으로, 이탈리아의 메디치 가문과 보르도를 오가며 외교 및 주요 정치 업무를 담당했다.

연대기

1533년	몽테뉴 성에서 출생.
1554년	페리그 고등법원 참사관.
1558-1559년	에티엔 드 라보에티와의 만남.
1563년	에티엔 드 라보에티 사망.
1572년	공직에서 은퇴, 《수상록》 집필 시작.
1580년	《수상록》 제1권, 제2권 출간.
1580-1581년	독일, 스위스, 이탈리아 여행. 보르도 시장으로 선출.
1583년	보르도 시장에 재선.
1586-1587년	《수상록》 제3권 집필.
1592년	몽테뉴 성에서 사망.

진리 개념 접근 불가능하고 유동적인 것. 이 때문에 몽테뉴는 회의주의의 계보에 위치함. 그럼에도 진리란 늘 추구해야 할 대상임. 단, 그 어떤 것도 고정되어 있지 않은 지속적인 움직임 속에서 추구해야 함. 결국 진리란 하나의 고정점이 아닌 움직임의 문제임.

명언 "결국, 인간이나 사물이나 지속적인 존재란 아무것도 없다."

철학사적 위상 몽테뉴는 여타 위대한 철학자들의 사상 체계가 보여주는 복합성이나 일관성을 결여하고 있다고 평가받고 있지만 그의 저작을 주의 깊게 읽어보면, 아주 특이한 성찰의 힘을 발견할 수 있다. 다만 겉으로는 긴장감이 없고 무사태평해 보이기 때문에 그 성찰력의 굴곡이 잘 드러나지 않을 뿐이다.

philosopher —
Michel De Montaigne

|7|

몽테뉴
순간의 진리를 포착하려 하다

몽테뉴하면 흔히 떠오르는 이미지는 매일같이 서고, 즉 자기 도서관의 책에 파묻혀 끊임없이 읽고 쓰기만 하는 문필가의 모습이다. 즉 서재에서 두문불출하는 부동의 인간 정도로 생각하는 것이 보통이다. 이처럼 우리는 몽테뉴를 속세에서 한 발짝 물러선 작가 혹은 사상가, 당대의 현실로부터 유리된 몽상가로 생각한다. 하지만 이것은 왜곡된 혹은 지극히 편파적인 이미지다.

사실 몽테뉴는 자기 서재에 고립되어 있기보다는 세상 밖에 나와 활동한 시간이 더 많다. 시장이었던 그는 보르도라는 대도시를 지휘·통솔했고, 종교전쟁의 광풍이 휘몰아치던 당시 프랑스 왕국의 균형 유지에 핵심적 역할을 하던 지역 역시 그의 관할 영역이었다. 그는 종교 갈등의 봉합을 위해 여러 군주들과의 협상에도 참여했고, 국가적 대사와 관련된 비밀 임무를 극비에 완수하기도 했다. 요컨대 그는 늘 업무에 바쁜 정치인이자 권력가로, 몽상가와는 정반대의 위치에 있었던 사람이다.

그럼에도 불구하고 그는 자신의 공적인 업무에 매몰되지 않았으며, 자기 스스로를 지킬 줄 알았다. '거시적 관점으로, 나는 나 스스로를 포기하지 않고도 공적인 임무에 개입할 수 있었다'라고 그는 전한다.

적극적이고 활기에 넘친 몽테뉴는 어느 한 곳에 머무는 법이 없었고, 정체되어 있는 것을 혐오했다. '내가 나의 사고를 확실한 체계로 고착시킨다면, 그것은 곧 잠들고 말 것이다'라는 것이 자신의 길을 거침없이 개척한 이 철학자의 고백이다. '나의 지성은 혼자 나아갈 수 없다. 내 두 다리가 내 지성을 앞으로 움직여주어야 한다.' 그는 또한 말타기를 즐겼다. 그의 표현대로 '말안장에 올라앉아' 있을 때, 그는 가장 편안해했다. "아주 어릴 때부터, 내가 좋아하는 이동 수단은 말뿐이었다."

그의 말타기 여행은 열여섯 살 때부터 시작되었다. 그것은 고향인 보르도 지방에서 출발하여, 법률 공부를 해야 했던 툴루즈와 파리에 이르는 여정이었다. 16세기에 말을 타고 프랑스 전역을 돌아다닌다는 것이 과연 어떤 것인지 상상해볼 필요가 있다. 그는 수산물 사업을 통해 축적한 부를 바탕으로 막 신흥 귀족 대열에 가세한 집안의 자제였다. 이 젊은 귀족은 장차 파리에서 아주 어릴 때부터 시작된 기나긴 교육 과정을 마치게 될 참이었다.

몽테뉴의 아버지는 아들에게 가능한 최고의 학벌을 만들어주려고 했던, 교육열이 높은 부모였다. 당시 라틴어는 귀족과 권력자의 언어이자, 문학과 과학을 배우기 위한 필수 도구였다. 어쨌거나 몽테뉴는 아주 어릴 때부터 라틴어를 배우기 시작했고, 성인이 되어서는 라틴어를 모국어 수준으로 구사하게 된다. 젖먹이 시절을 갓 지난 두세 살 때부터 그의 집안에서는 모두 그에게 라틴어로 말했다. 심지어 집안의 하인들도 라틴어를 했다. 이처럼 그는 베르길리우스와 루크레티우스의 언어를 모국어로 사용하는 당시 몇 안 되는 근대적 인간의 대열에 합류했다. 요컨대 몽테뉴는 꿈도 라틴어로 꾸는 사람이었다. 그가 열두 살 즈음에 일찌감치 학교를 자퇴한 것도 그리 놀랄 일이 아니다. 불량 학생이어서가 아니라, 선생님들도 그에게 더 이상 가르칠 것이 없었기 때문이다.

하지만 파리로 상경한 그는 향락과 사치에 빠져든다. 젊은 대학생 몽테뉴는 특별히 하는 일도 없이 상류 사회를 드나들며 돈을 물 쓰듯 했다. 평소 자상하기로 유명한 그의 아버지도 아들의 경거망동에 종지부를 찍기 위해 상속권을 박탈할 정도였다. 이러한 위기 상황에도 불구하고, 몽테뉴가 일찍이 습득한 교육은 그 결실을 맺게 될 것이었다. 그는 경력을 쌓을 수 있는 방법들을 이미 터득하고 있었고, 정치 요직과 권력을 향한 대장정에 무엇이 필요한지도 잘 알고 있었다. 결국 몽테뉴는 전 생애에 걸쳐 물리적 공간과 사회적 공간을 끊임없이, 그것도 동시에 탐험한 사람이었다.

끊임없이 움직이는 사고

:

나이 쉰이 다 되어서도 몽테뉴는 에켐 성에 부인과 자식들을 남겨둔 채, 1년 6개월도 더 걸리는 유럽 여행을 시작한다. 역시나 말을 타고,

스위스와 독일을 거쳐 이탈리아로 향하는 여정이었다. 그는 여행 내내 각 고장의 특선 요리법을 일일이 기록하는가 하면, 가톨릭과 프로테스탄트가 함께 공존하는 방법들을 유심히 관찰하기도 했다. 특히 독일 남부와 스위스에서는, 오랜 시간에 걸친 종교전쟁으로 만신창이가 된 두 진영이 서로를 이해하고 함께 공존할 수 있는 방법들을 모색했다. 이러한 해결책들을 유심히 연구한 몽테뉴는 이후 프랑스 땅에도 이들 방법을 적용시키고자 했다.

피사에서 그리 멀지 않은, 이탈리아의 루카에 머물고 있던 몽테뉴는 보르도의 시장으로 선출되었다는 전갈을 받는다. 그때부터 몽테뉴는 두 차례 시장 임기를 수행하게 된다. 임기 동안 그는 탁월한 지도력으로 보르도 시를 통치하고, 카트린 드 메디시스를 위해 임무를 수행하며, 장차 앙리 4세가 될 앙리 드 나바르에게 프랑스의 왕이 되기 위해 가톨릭으로 개종할 것을 설득하는 데 큰 기여를 하기에 이른다.

이처럼 몽테뉴는 자신의 종탑에 칩거하는 학자와는 거리가 멀었다. 오히려 그는 끊임없이 행동하는 인간이었다. 자기 집에 있을 때에도, 그는 각종 텍스트를 스스로 읽기보다 다른 사람들로 하여금 큰 소리로 읽게 하고 자신은 그것을 듣고 있었다. 또 자신이 생각하는 바를 자기 손으로 직접 쓰는 것이 아니라, 다른 사람들에게 받아 적게 했다. 수많은 다른 저작들의 주석을 달 때도 마찬가지였다. 이처럼 끊임없이 움직이고 만사를 스쳐 지나가는 몽테뉴는 결코 정체되고 고착된 사람이 아니었다. 덕분에 그의 사상은, 아니나 다를까 아주 새로운 표현 방식을 부여받게 된다.

몽테뉴의 이 끊임없는 유동성은, 그의 최고의 친구이자 진정한 연인이었던 에티엔 드 라보에티의 죽음을 통해 다시 한 번 더 부각되었다. 두 사람이 서로 알고 지낸 것은 고작 4~5년에 불과하지만, 그들은 남달리 깊은 우정을 나누었다. 전문가들 사이에서도 이견이 분분하지만, 이 두 사람이 실제로 육체적 관계를 맺었을 가능성도 없지 않다. 몽테뉴가 말하는 '신성한 관계'란 '친구들 간의 가장 부드럽고, 가장 섬세하고, 가장 내밀한' 관계였으며, 이것은 '몸 속 가장 깊은 곳까지' 체험하는 것이었고, 이러한 관계 속에서 '육체는 서로 결합하는 것'이었기 때문이다. 하지만 이런 관계가 몽테뉴의 여성 편력에 방해가 되는 것은 전혀 아니었다. 그는 무수한 애인을 거느린, 숱한 연애 사건의 주인공이기도 했다.

라보에티는 이질에 걸려 몽테뉴의 품속에서 숨을 거두었다. 그의 죽음으로 몽테뉴는 우울증에 빠진 듯 보였고 이후에도 라보에티와의 추억에서 헤어나지 못했다. 이러한 시련은 몽테뉴로 하여금 책을 쓰게 만들었다. 그는 이 책에 그냥 '에세이Essais'라는 제목만 붙였다. 처음에 이는 일종의 라보에티와의 대화록이었다. 즉 라보에티가 죽을 때까지 이어진 두 사람의 대화를 그대로 기록한 것이었다. 몽테뉴는 친구를 생각하며, 그에게 말을 하면서 《수상록》이라는 책을 집필하는 독특한 기획을 선보인 것이었다. 그는 이 떠나버린 연인에게 말을 건넴으로써, 자기 이야기를 들려주고 있다. 몽테뉴는 라보에티와 다시 만나기 위해 이 책을 썼고, 이 책을 통해 결코 끝나지 않을 특이한 여행을 시작한 셈이다.

요동치는 진리

물론 이러한 독특한 시도는 저자가 의도한 것이다. 몽테뉴 자신의 표현을 빌면, 이 책은 '그 장르에 있어 세상에 단 하나뿐인 책'이다. 겉으로 보기에 이 책은 뚜렷한 주제가 없다. 몽테뉴는 이 책에서 엄청나게 다양한 내용들을 다루고 있다. 죽음에서 식인종, 향기에서 영광, 게으름에서 공포에 이르는 수많은 주제들이 등장한다. 그는 노화와 여행뿐 아니라, 과학과 철학에 대해서도 관심이 많았다. 하지만 그는 그 많은 주제들을 두루 훑어보고자 하는 생각은 없었다. 냉철하게, 순전히 이론적으로 다루고자 하는 의도도 없었다. 예상과는 다른 이야기를 하는 경우도 많다. 오히려 그의 관심사는 자신만의 생각과 사고의 흐름을 그대로 좇아가는 것이다.

이 독특한 시도는 그의 기획을 무한히 계속되도록 만들었다. 몽테뉴의 말대로, 《수상록》은 '이 땅에 잉크와 종이가 남아 있는 한', 좀 더 쉽게 말해 몽테뉴가 생각이라는 것을 하고 글을 쓸 수 있는 힘이 있는 한 무한히 계속되어야 했다. 따라서 이 책의 목표는 하나의 진리를 구축하거나 어떤 정확한 지식을 선보이는 것이 아니다. 그저 흘러가는 순간들, 서로 충돌하기도 하고 서로 결합하기도 하고 서로 연결되기도 하는 사고들, 또는 그 반대로 가던 길을 멈추고 다른 새로운 사고에 길을 양보하기도 하는 수많은 생각들의 영원한 초상을 그려보는 것이다. 몽테뉴 스스로도 놀라움을 금치 못했고, 끊임없는 변화로 독자를 사로잡은 이 특이한 방식을 통해, 그는 정신분석학의 탄생 한참 이전에 이미 '자유 연상'을 고안해낸 것이다.

물론 그가 찰나에 머릿속을 스쳐가는 것 모두를 기록한 것은 아니다. 하지만 자기 생각의 흐름 한가운데서도 여담과 중단을 자유롭게 구사하는 유연하고 민첩한 방식에 따라 생각의 실제 흐름에 최대한 밀착하여 따라가고자 했다. 몽테뉴는 처음부터 이것이 어떤 정해진 결론에 도달하지 않으리라는 것을 알고 있었다. 사실 긴장감 없이 무사태평해 보이고, 가끔은 거침없이 자유롭고, 가끔은 당황스럽기 짝이 없는 이 글에서 중요한 것은 거듭 강조하거니와 다른 철학자들과 마찬가지로, 바로 진리다.

하지만 몽테뉴가 구현하고자 한 진리는 아주 특이한 것이었다. 그는 진리를 포착하기보다는 진리의 동반자가 되고자 했고, 애써 찾으려 하기보다는 다가오도록 그냥 내버려두고자 했으며, 진리를 이해하기보다는 그대로 옮겨 적고자 했다. 그는 머릿속에 자연스럽게 떠오르는 것에 대해 어떤 판단도 내리지 않았고, 그것을 일정한 전형이나 고정된 현실로 전환시키려고도 하지 않았다. 이러한 진리는 사고나 삶 그 자체로 호흡하는 것이지, 불변의 단 하나의 정체성은 결코 아니다. 몽테뉴가 포착하고자 했던, 파도처럼 요동치는 이 진리는 실제로 사고의 연상 작용과 그때그때 변하는 기분들의 흐름이었고, 우리가 따라가는 대로 시시각각 변하는 변덕스러운 생각들이었다.

그런데 이 생각이라는 것은 계속해서 우리의 손아귀를 빠져나간다. 몽테뉴는 그 사실을 인정했고, 몽테뉴의 뒤를 이어 우리도 이를 인정할 수밖에 없다. 확실한 생각 하나를 포착했다고 생각하는 순간, 그 확실성은 이내 해체되고 만다. 그리고 하나의 진리를 단단히 손에 쥐었다고 생각하는 바로 그 순간, 우리 자신은 이미 다른 곳에 가 있는 것이다. 진리가 우리를 비껴간다기보다는, 우리가 끊임없이 우리 자신을 빠져나가고 있다고 이해하는 편이 더 나을 것이다. "나는 인간 자체를 묘사하는 것이 아니라, 그 변화를 묘사한다. 그 변화는 일 년 단위가 아니라, 하루 단위, 일 분 단위의 변화이다."

몽테뉴가 이야기하고자 했던 것이 바로 이것이다. 즉 삶이란 흘러가는 어떤 흐름이자 끝없는 항해지만, 그 대부분은 나침반이 없다. 인간 내면의 시간이 우리를 관통하여 흐르고 있기 때문이다. 다시 말해 시간이 우리를 지탱해준다는 것은, 시간이 우리를 끊임없이 해체시킨다는 말이기도 하다. 철학과 과학을 통한 우리의 믿음과는 정반대로, 우리를 어디엔가 단단히 붙들어 매어줄 고정점 따위는 없다. 자신 속으로 떠나는 여행의 위험성은 바로 여기에서 비롯한다. 즉 "우리 정신의 그 종잡을 수 없는 추이를 좇아가는 것, 그 구불구불한 속내의 가장 깊숙이 자리한 불투명한 밑바닥으로 침투해 들어가기란 보기보다 까다롭고 어려운 시도이다."

몽테뉴의 생각과 사고는 이처럼 모든 도그마를 벗어나 전개되어 간다. 그가 현학자들을 혐오하는 것도 바로 그 때문이다. 현학자들이란 모호한 단어와 흔히 쓰지 않는 어려운 문장들을 동원함으로써, 진리를 알고 있다고 믿는 자들이기 때문이다. 그는 이런 사이비 학자들을 아주 신랄하게 비난하지는 않는다. 하지만 자타가 공인하는 정통 학자들과, 그들의 앎에 대한 자만에 대해서는 비판적 태도를 견지했다. 고대 그리스 회의주의의 후예인 몽테뉴에게 있어 바람직한 태도는 판단을 유보하고, 그 어떤 것에 대해서도 확신도 부정도 하지 않는 태도이다. 그가 지향하는 바는, 불확실성이라는 완성된 형태 속에 안주하는 것이 아니라 확실하지 않은 어떤 것, 우리 판단의 무력함을 인정하고 받아들이는 것이다. 주어진 어떤 순간에 우리가 어떤 입장을 취하고 어떤 견해를 가지든, 그 순간 이후 혹은 그 이듬해에는 이와 상반되는 견해를 새로이 채택하게 될 위험성을 늘 가지고 있는 것이다.

몽테뉴는 우리의 앎이 가진 이처럼 불안정하고 불확실한 차원에 중점을 두었다. 그는 우리의 모든 앎과 지식의 이러한 한계와, 이 한계를 제대로 인식해야 할 필요성을 여러 차례에 걸쳐 과감하게 강조했다. "철학이 우리의 오만함과 허영과 맞서 싸우는 것, 철학 스스로의 불확실성과 무력함과 무지를 정정당당하게 인정하는 것, 그것만큼 중요한 철학의 역할은 없는 것 같다." 그렇지 않다면 우리는 진정 아는 것이 없거나, 우리가 알고 있는 바들은 지극히 제한적이고 금방이라도 허물어질 수 있는 허약한 것이거나 둘 중 하나이다.

따라서 플라톤과 아리스토텔레스 이후 철학을 지배해온 그 확실성이라는 것은 우리로부터 아득히 멀어진다. 고대의 회의주의를 새롭게 탄생시킨 몽테뉴의 회의론 덕분에, 오히려 우리는 우리의 앎이 지닌 지극히 제한적 성격과, 우리 판단의 유동적 측면을 인식하게 된다. 우리의 앎이나 판단이란 우리의 기분만큼이나 언제든 다양하게 돌변할 수 있는 가변적인 것이다. 몽테뉴는 《수상록》 제2권 12장에서 다음과 같이 말한다. "우리와 우리의 판단, 그리고 그 외 모든 필멸의 존재들은 끊임없이 미끄러지고 굴러간다. 이처럼 그 어떤 것에 대해서도 확실성을 구축할 수 없고, 판단 주체와 판단 대상은 끊임없이 요동치며 서로 교체되고 있다."

불확실성의 즐거움

몽테뉴는 급기야 〈레이몽 스봉의 변호〉에서 이렇게 쓰고 있다. "결국, 인간이나 사물이나 지속적인 존재란 아무것도 없다." 그런데 인식의 주체도 객체도 없다면, 우리의 인식 자체도 흔적도 없이 사라질 수 있는 것이고, 철학이라는 것도 결국 무無로 환원될 수밖에 없을 것이다. 더욱이 몽테뉴가 이 책에서 강조하고 있듯이, '우리는 우리 존재에 대해 아무것도 알 수 없게' 되는 것이다. 우리를 당혹스럽고 혼란스럽게 만드는 것이 바로 이 점이다. 왜냐하면 우리의 제한된 앎과 우리의 무력한 판단이 가진 이 불확실성과 무지, 찰나적이고 애매한 속성들은 두려움과 불안을 초래할 수 있기 때문이다. 그런데 사실은 그렇지가 않다.

인간의 한계가 그렇게까지 제한적이고, 인간이란 눈곱만큼의 확실성도 부여받지 못할 존재라는 점은 정말이지 절망적인 사실이 아닐까? 우리의 삶이라는 것이 어쩔 수 없이 죽음으로 끝나게 되어 있는데도, 우리는 왜 그러한지 그 이유도 알지 못한다. 그렇다면 그 헤아릴 수 없는 무력감은 분명 불안과 번민을 낳지 않을까? 몽테뉴의 말대로, '우리가 종국에 발견하게 되는 것은 언제나 무지'라는 사실은, 너무도 가슴 아프고 슬픈 일이 아닐까?

하지만 몽테뉴는 이러한 질문에 단호히 '아니다'라고 대답한다. 그것이 바로 몽테뉴가 가진 역설의 힘이다. 몽테뉴에게 있어 '무지'란 결코 절망이나 슬픔의 근원이 아니다. 오히려 무지는 절망이나 슬픔과 맞서 싸울 수단이 된다. 왜냐하면 스피노자나 니체와 마찬가지로, 몽테뉴는 슬픔에 맞서 싸우기 때문이다. 몽테뉴는 슬픔 속에서 일종의 무기력과 비굴함, 회피, 움츠러들고 약해 빠진 태도를 발견하기 때문이다. 이러한 슬픔에 맞서는 불확실성은 활력과 기운을 북돋아줄 수 있는 역동성을 보유하고 있다. 우리는 늘 불확실하고, 늘 근원적 우유부단함에 사로잡혀 있다. 진리가 어디에 있는지도 도무지 알 수가 없다. 하지만 이 모든 상황으로 인해 실망하고 의기소침해져서는 안 된다.

이런 의미에서, 몽테뉴는 우리 자신이 우리의 무력함과 화해할 수 있도록 만들고, 있는 그대로의 우리 모습을 사랑하게끔 이끌어준다. "우리가 가진 질병 중에서 가장 야만적이고 잔인한 병은 바로, 우리 존재를 경멸하는 병이다." '헌신적으로 지켜야 할 우정'을 길러야 하는 것도 바로 이 때문이다. 이러한 우정을 통해 우리는 '늘 백해무익하고 무모하며 비겁하고 저속한' 슬픔을 극복해야 하는 것이다. 결국 몽테뉴에게 있어, 손에 잡을 수 없는 진리를 찾아 떠나는 여행이란 놀라움과 새로운 깨달음, 엉뚱한 것들과의 조우, 경이로움으로 가득한 세상에 다름 아니다. 현실 공간을 이동하는 실제 여행 속에는, 몽테뉴 자신의 목표였던 정신적 항해의 열정이 중첩되어 있는 것이다. 몽테뉴는 이 끝없는 여정을 과감하고 열정적으로 그리고 즐겁게 수행했다. 그리고 마침내 텅 빈 허무의 바닥 위에서도 영원한 환희와 희열이 함께했다.

그렇기 때문에 《수상록》을 읽기 위해서는 이 독특한 철학자가 했던 것처럼 자신을 그냥 내버려두어야 한다. 사고의 맥락을 애써 따라가려고 하지도 말고, 논리를 따져서도 안 된다. 그냥 한 장 한 장 책장이 넘어가는 대로, 기분에 따라 나아가기만 하면 된다. 그러다가 기억에 남을 주옥같은 내용이 눈에 띄면 잠시 멈추었다 가면 된다. 이 편안하고 무심한 분위기는 기질이나 개성의 문제가 아니다. 몽테뉴에게 있어 이 무심함은 성격의 표현이라기보다는 그의 철학과 삶의 자세를 보여주는 징표이다. 확실성을 경계하고, 모든 것은 변화의 과정 속에 있음을 인정하며, 자신을 사랑하는 법을 배우며, 자신의 필멸성을 인식하면서도 즐거움을 잊지 않는 것, 이것이 바로 그가 말하는 '인간 본연의 모습'이다.

우리는 이제 몽테뉴를 탐독하고 그로부터 엄청난 영향을 받은 니체가 다음과 같은 전무후무한 경의를 표했던 이유를 이해할 수 있다. "그런 사람이 글을 썼다는 이유 하나만으로도, 이 땅에서 살아가는 기쁨은 한층 더 커진다."

몽테뉴에 관해서 제일 먼저 읽어야 할 것은?

《수상록》 중에서도 〈레이몽 스봉의 변호〉.

몽테뉴에 대해서 좀 더 깊이 알고 싶다면?

슈테판 츠바이크 저, 안인희 역, 《위로하는 정신》, 유유, 2012
이환 저, 《몽테뉴와 파스칼》, 민음사, 2007
솔 프램튼 저, 김유신 역, 《내가 고양이를 데리고 노는 것일까, 고양이가 나를 데리고 노는 것일까?》, 책읽는수요일, 2012

p r e v i o u s

몽테뉴에게 진리란, 존재 그 자체와 마찬가지로 불확실하면서 동시에 즐거운 것이다. 왜냐하면 그는 의심과 살아가고자 하는 단순한 용기를 최대한으로 발휘했고, 또한 최고의 가치로 평가했기 때문이다. 우리가 우리 자신 속으로 깊이 들어가면 갈수록, 우리가 만나게 되는 것은 변화무쌍한 풍경들과 시시각각 변화하는 우리의 기분과 성향들뿐이다.

안정적이고 고착된 모든 진리에 대한 이러한 급진적 문제 제기에 맞서, 진리를 수호하고자 하는 강력한 입장들이 자기주장을 시작한다. 이것은 신의 섭리와 인간의 이성을 모두 동원하는 입장이다. 이러한 입장은 신이 가진 전지전능함 속에서 인간 인식의 확실성을 담보하고자 한다. 이것이 바로 고전주의가 세운 방대한 사상 체계다.

n e x t

제3부

인간의 진리, 신의 진리

인간의 이성과 신의 섭리의 공통점을 추구하다

인간의 이성과 신의 섭리를 서로 접근시키려는 목표, 즉 고전주의 시대의 방대한 철학 체계가 시도했던 목표는 사실 이 시대에 처음 등장한 것은 아니다. 이 둘의 화해 가능성이 이전에도 제기되었던 것은 사실이지만, 고전주의 시대에 이르면서 그 가능성은 좀 더 체계를 갖추게 되고, 시대사상의 중심에 자리잡게 되면서 진리의 개념에도 변화를 초래하게 된다. 이때부터 인간의 진리와 신의 진리는 동일한 것으로 간주된다.

여기서, '신'이 과연 무슨 의미인지 짚고 넘어가야 한다. 철학에서 말하는 신과 종교에서 말하는 신이 정확하게 일치하는 것은 아니기 때문이다. 신은 무한의 형상화, 즉 사고나 기억, 의지, 행위, 지성의 모든 속성들이 그 극한까지 나아간 것으로 간주해야 한다. 가령 신은 무한한 능력과 무한한 의지를 소유한 반면, 인간의 능력과 의지는 필연적으로 한계를 지닌다. 신이 가진 가능한 모든 자질과 상상할 수 있는 모든 능력들은 완벽하고 또 절대적이다.

이러한 관점에서 볼 때, 고전주의 철학자들에게 있어 무한의 형상화로서의 신은 확실성을 보장하는 기능을 가질 수 있게 된다. 즉 신 덕분에 신뢰할 수 있고 인지할 수도 있는, 안정적인 지위의 진리가 가능해지는 것이다. 이에 데카르트는, 신이란 우리를 기만하지 않는 존재이며 그렇게 때문에 진리를 수호할 수 있고, 우리가 진리를 생각하지 않을 때에도 진리는 결코 사라지지 않는 것임을 보장해줄 수 있다는 결론에 다다른다.

파스칼이 중요하게 생각한 것은, 진리의 유형을 구분하는 것이다. 우선 힘의 진리를 보여주는 가시적인 특징들로는 호사스러운 부富, 권력(기관)의 상징들이 있다. 두 번째 지성의 진리는 또 다른 차원의 진리로서, 정신적·지적인 눈으로만 볼 수 있다. 수학자들의 증명 원리, 지적인 논리의 힘 등이 여기에 속한다. 세 번째 진리는 파스칼이 '마음의 질서'라고 부른 것으로서, 이웃에 대한 자비와 사랑의 진리다.

스피노자에게 있어 진리를 본다는 것은 결국, 인간의 동일한 능력이 미치는 한에서 세상만사를 신의 눈으로 바라본다는 것이다. 이것이 초래하는 결과는 상당히 중요하다. 왜냐하면 이러한 시각 속에는 이 '세계 내 존재' 속에 어떤 불멸의 형태를 전제하고 있기 때문이다.

라이프니츠 역시 주관적 주체, 즉 이성의 진리와 신의 능력과의 관계의 문제를 끊임없이 제기했고, 그에 대한 성찰을 체계화했다. 라이프니츠의 특수성은 이 문제를 '악'의 관점에서 해결한다는 데에 있다. 그는 신의 계산 방식, 즉 매 순간 가장 덜 나쁜 세계는 어떻게 가능한지를 계산하는 신의 방식을 밝혀냄으로써 이 문제를 해결하고자 했다.

이름 데카르트René Descartes

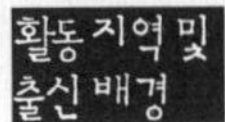

프랑스 중부의 투렌, 푸아티에의 하급 귀족 출신. 군 복무 이후에는 주로 독일에서, 그 후 네덜란드에서는 칩거에 가까운 은둔 생활을 했다. 네덜란드는 그의 사상을 가장 자유롭게 펼칠 수 있는 곳이었다.

연대기

1596년	푸아티에와 투렌의 경계 지역인 라 에이La Haye에서 탄생.
1604년	라 플레슈에 있는 예수회 산하의 콜레주에서 학업 시작.
1618년	네덜란드의 모리스 드 나소 백작의 군대에 입대. 수학자 이삭 베크만과의 만남.
1620-1625년	군 생활을 접고 광학 연구에 몰두.
1628년	모든 활동을 접고 네덜란드에 정착.
1637년	《방법서설》 출간.
1641년	라틴어로 쓴 《성찰》 초판 출간.
1649년	《정념론》 출간.
1650년	스웨덴의 크리스티나 여왕의 초청으로 스톡홀름에서 살다가 그곳에서 사망.

진리 개념 인간의 이성이라는 수단을 통해서만 접근 가능하고, 이에 접근하기 위해서는 인간의 제한된 지적 능력을 체계적으로 활용해야 하며, 이 진리 덕분에 인간은 자신의 실천적 응용을 통해 스스로를 향상시킬 수 있음.

명언 "내가 추구하는 철학은 … 자연의 빛을 통해 우리가 획득할 수 있는 진리, 인류에게 유용할 수 있는 진리를 인식하는 것이다."

철학사적 위상 근대 사상의 공간을 연 하나의 분수령이라는 점에서, 방법론을 요구했고, 무無에서 다시 출발하고자 했고, 의식에 대해 남달리 주목했다는 점에서 그가 갖는 위상을 짐작할 수 있다.

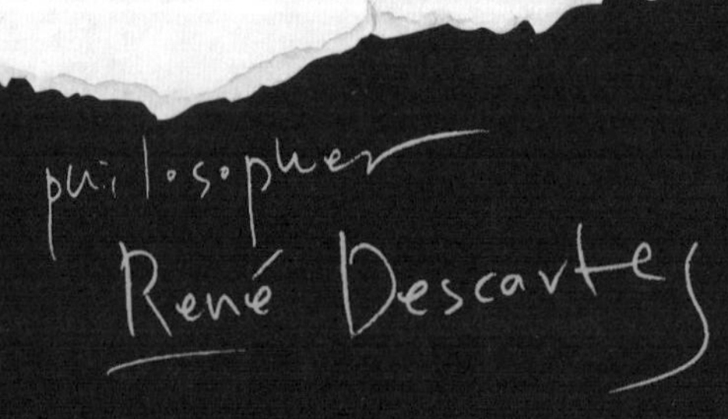

|8|

데카르트
의심의 힘을 확대하다

철학의 역사는 고요히 흐르는 기나긴 강이 아니다. 그 속에는 연속성과 단절, 근원으로의 회귀와 새로운 출발이 함께 자리하고 있다. 가끔은 아무것도 없는 영zero에서 다시 시작할 필요도 있다. 길을 잃고 헤매거나 아예 길을 잘못 든 것처럼, 처음부터 모든 것을 다시 시작해야 한다는 것이다. 기존의 것들을 모두 백지화하고자 하는 것은 어떻게 보면 헛된 망상일 수도 있다. 새로운 것을 구축하기 위해 모든 것을 처음부터 재고하겠다는 생각은, 사실 자신도 모르게 기존의 사고를 연장시키는 것임에도 불구하고 이러한 연속성을 망각한 생각이다. 차후에 많은 역사가들에 의해 이러한 연속성이 명백히 밝혀지게 될 것이다. 하지만 지금 당장은 진리에 대한 새로운 추구 방식을 시작한다는, 어떤 자리매김의 의미가 중요하다.

데카르트는 이러한 철학 토대의 재구축을 보여주는 가장 전형적인 사례다. 그는 어느 날 문득, 중세적 사고가 축적해놓은 것들을 파기하기로 작정한다. 이는 중세의 현인 및 스승들의 권위와, 이루 헤아릴 수 없이 많은 중세적 해석을 거부한다는 뜻이다. 데카르트는 고대의 그 위압적이고 거부하기 힘든 말씀과 인용구들, 지리멸렬하기 짝이 없는 그 잡동사니들을 과감히 배제한다. 그 선두에는 아리스토텔레스가 있다. 데카르트는 세월의 무게와 학파의 구속에 얽매이기를 거부한다. 왜냐하면 이 육중하고 부담스러운 규범들이 만들어내는 지식이란 것이 그다지 대단하지도 않고, 특히나 진리 추구의 여정에 있어 그 어떤 확실성도 보장해주지 못하기 때문이다.

영웅

"그는 실로 영웅이다. 그는 세상만사를 처음부터 다시 생각했고, 철학의 토대를 새롭게 재발견했다. 1,000년에 걸친 방랑 이후 철학은 이 토대로 되돌아갔다." 데카르트보다 200여 년 후의 사람인 헤겔은 그를 이렇게 평가한다. 어떤 의미에서는 극단적인 발언이 아닐 수 없다. 다양하고 복합적인 중세와 르네상스의 사상들을 단숨에 '방랑'으로 치부해버리는 것은 옳지 않기 때문이다. 헤겔의 과장 섞인 평가는 그냥 넘어가자. 여기서 중요한 것은 데카르트가 영웅이라는 점이다. 그렇다면 그가 보여준 영웅적 특수성은 과연 무엇일까?

가장 중요한 것이 과거와의 단절이다. 하지만 그의 단절이 보여주는 특이한 스타일 역시 주목해야 한다. 데카르트는 '나'라고 말한다. 즉 그는 진리 추구와 주관성을 분리하지 않는다. 자기 사고에 관한 이야기와, 방법론의 구축을 별개로 보지 않는 것이다. 이러한 그의 특성은《방법서설》에서 자신의 학업과 이 학업이 자신에게 불러일으키는 기만이나 환멸을 언급할 때 잘 드러난다.《성찰》속의 그는 편안한 노천 탁자 위에서 글을 쓰고 있는 자기 자신을 보여주고 있다. 자신이 사는 이야기를 들려주는 것이라고 생각할 수도 있고, 구체적인 한 가지 사례를 들고 있다고 생각할 수도 있다. 그런데 데카르트의 이 '나', 즉 그때까지의 철학서에는 거의 등장하지 않는 이 '나'는 아주 특별한 위상을 갖는다.

사실 데카르트의 저서에 등장하는 '나'는 순수하고 단순한 자전적 '나'(가령, "나는 OO년에 ××도시에서 태어났고, 나의 부모님 성함은 ×××이다"라고 말할 때의 '나')도 아니고, 과학적 중립성을 띤 '나'("나는 정사각형에서 네 개의 직각을 확인할 수 있다"의 '나')도 아니다. 전자의 경우, '나'는 유일한 한 개인만을 지시할 뿐, 그 외의 '나'를 가리킬 수 없다(쌍둥이들의 예외는 일단 제외한다). 후자의 경우, 누구나 이 중립적 '나'가 될 수 있다. 정사각형을 연상할 수 있는 모든 인간, 좀 더 넓게 보면 이성을 가진 존재라면 누구나 정사각형에 대한 동일한 정의를 공유한다는 뜻이다.

특수와 보편

이 데카르트적 '나'의 특수성은, 위에서 말한 두 종류의 '나' 사이에, 즉 특정 주관성과 비개인적이고 객관적인 진술의 교차점에 위치한다는 데 있다. 데카르트는 명백한 개인의 이야기, 다른 사람과는 분명 차이가 있는 주관적 여정을 묘사하고 있다. 이와 동시에 이 절대적 특수성을 이용하여 보편으로 나아가는 수단을 발견한다. 이로써 그는 만인에게 똑같은 가치를 갖는 진리에 접근하게 되는 것이다.

가장 일차적인 의미의 데카르트적 이타성과 관용이 바로 여기에서 드러난다. 그의 관용은 꽤 특이한 형태를 보여준다. 즉 타인으로 하여금, 언제든 자기 힘으로 진정한 인식의 길로 나아가도록 인도해준다는 것이다. 바로 이러한 측면이 데카르트적 방법론의 핵심이다. 요컨대 진리에 도달하기 위해 따라야 할 규범들을 가르쳐줌으로써 누구나 똑같은 방법으로 진리를 추구할 수 있다는 것이다. '앎'의 문제에 있어서, 데카르트에게 중요한 것은 보다 높은 지적 능력도 아니고 보다 창의적인 상상력도 아니다. 그것은 우리 모두가 공통적으로 가지고 있는 동일한 능력, 즉 진리와 거짓을 구분할 수 있는 능력을 좀 더 제대로 활용하는 것이다.

이성을 가진 인간이라면, 그 능력은 상대적으로 제한되어 있긴 하지만, 누구나 비슷한 도구를 가지고 있다. 그런데도 누구는 박식하고, 누구는 그렇지 못하다. 어떤 이는 필요한 것들을 깨닫고 발견하는데 반해, 어떤 이들은 그렇지 못하다. 왜 그럴까? 이는 이성이라는 이 유일한 도구를 사용하는 방식에 전적으로 좌우된다. 즉 그 방식이 효율적이냐 아니냐에 달려 있는 것이다. 이런 의미에서 이 방법론은 일종의 사용설명서이다. 즉《방법서설》이라는 제목은 '효율적 이성 활용법'이라고 할 수 있을 것이다.

우리의 지적 능력이나 분별력에는 한계가 있다. 즉 진정한 인식에 도달할 수 있는 우리의 능력은 미약하다. 다시 정리하면 이성의 능력과 그 한계라는 것은 누구에게나 동일하다. '양식bon sens은 이 세상에 가장 공평하게 분배되어 있다'라는 데카르트의 말은 각 개인이 가진 이성의 양은 모두 동일하다는 의미다. 개인차를 만들어내는 요인은 성별도 사회적 지위도 재산도 아니고, 성공 의지나 업적의 많고 적음은 더더욱 아니다. 무지와 현명함의 차이는 우리 모두가 가지고 있는 이성이라는 지극히 미약한 도구를 얼마나 타당하게 적절히 사용하느냐에 전적으로 달려 있다. 데카르트가 〈정신 지도를 위한 규칙들〉을 제일 처음 쓰기 시작해서 그것을 최초의 저서 《방법서설》로 출간한 것도 바로 그 때문이다. 우리가 마음만 먹으면 언제든 사용할 수 있는 지적 도구들의 정확한 활용 방식을 끊임없이 주장한 것 역시 같은 이유이다.

이 단순한 규칙들은 오늘날 현대인들에게 관례가 되었다. 명백하고 확실한 것으로 인정되는 것만을 진리로 받아들이고, 어려움을 해결하기 위해 그 문제를 하나하나 따지고 분석한다는 데카르트의 가르침은 오늘날 과학적 연구의 기본자세와 유사해 보인다. 하지만 데카르트의 시대에는 그렇지 않았다. 엄청난 양의 지식들을 비판적 검토 없이 그냥 가르쳤던 것이다. 이론의 가치는 그 이론의 명백한 이치나 일관성에서 비롯하는 것이 아니라, 그것이 얼마나 오래된 것인지, 그 이론의 창시자들이 어느 정도의 권위와 특권이 있는지, 교회의 지지를 얼마나 얻고 있는지에서 비롯하는 것이었다.

데카르트는 이 모든 과거와 단절했다. 일종의 조용한 영웅 심리와,

이성의 올바른 활용에 대한 전폭적인 신뢰가 바탕이 되어 가능한 일이었다. 그의 철학적 여정 속에는 상궤를 벗어난 오만함과 위대한 겸허함이 절반씩 자리하고 있다. 여기서 겸허함이란, 인간은 누구나 똑같은 방법으로 진리를 추구하고 인간의 능력은 누구나 똑같다고 거듭 주장하는 것이다. 반면 오만함이란, 자신이 가장 기본적인 것들에서부터 극히 희귀하고 이상한 원리 원칙들에 이르기까지 세상의 모든 지知의 열쇠를 쥔 최초의 인간이라고 분명하고 확실하게 선언했다는 데 있다.

베일에 싸인 은둔자

:

자신만이 앎을 변화시킬 수 있다고 주장하고, 자기 이전에는 어느 누구도 이루지 못한 그 변화에 성공했다고 단언하는 이 사람은 도대체 어떤 사람일까? 다른 어떤 철학자보다도 어려운 질문이다. 데카르트는 베일에 싸인 인물이었기 때문이다. 그는 사람들 앞에 나타나는 것을 좋아하지 않았다. 유난히 신중한 사람이어서? 아니면 두려워서? 자신의 지적 작업에 몰두하기 위해서? 물론 그런 이유들도 없지 않다. 그의 은둔 기질과 익명 취향은 한결같았다. 'larvatus prodeo' 즉 '나는 가면을 쓰고 앞으로 나아간다'가 바로 그의 좌우명이다.

실제로 그가 어디서 태어났고, 무슨 일을 했는지는 아직도 잘 알려지지 않고 있다. 데카르트의 전기 작가들이 골머리를 썩는 이유도, 알려지지 않은 부분이 너무 많기 때문이다. 그는 집도 여기저기를 빌려서 살았고, 그때마다 커다란 여행 가방들을 들고 다녔다. 그러다가 어느 날 문득 또 어디론가 이사해버리기도 했다. 우리가 그에 대해 확실히 알고 있는 부분들은 몇 문장으로 요약될 수 있다. 한 살 때 어머니가 세상을 떠났고, 투렌에서 어린 시절을 보냈다. 몸이 워낙 허약해서 아침에 일찍 일어나지도 못했는데, 이런 생활은 그가 수학했던 라 플레슈 콜레주에서도 이어졌다. 이 학교에서 학업에 매진했지만, 그의 지적 욕구는 만족시키지 못했다. 데카르트는 그 후 푸아티에에서 법률 공부를 하고, 독일과 이탈리아에서 군 복무를 했다.

1620년대에 하급 귀족 집안 출신이며, 군 복무에 충실했던 사람이 어떻게 철학자가 되었을까? 그 과정 역시 확실히 알 수는 없다. 상황을 짐작할 수 있게 하는 몇 가지 사건들 중에서 가장 결정적인 것은 바로 1618년 11월, 수학자 이삭 베크만과의 만남이다. 이 만남을 통해 데카르트는 물리학과 기하학(수학)이 서로 융합될 수 있음을 깨달았다. 삼三중의 꿈—데카르트도 자신의 저서가 탄생할 수 있었던 것이 이 꿈 덕분이라고 생각한다—은 그에게 '보편 과학', 즉 '질서와 기준에 부합하는 모든 것'을 포괄하는 과학으로 향하는 길을 제시해준다. 프로이트가 데카르트의 이 꿈에 대해 잠깐 연구한 적이 있지만, 이를 읽어본 사람은 거의 없다.

일하지 않아도 평생 먹고살 수 있을 만큼의 경제력이 있었던 데카르트는 군 생활을 마감하고 네덜란드에 정착하여 과학이라는 것에 대해 다각도로 조명하며 연구에 매진한다. 그의 왕성한 지적 욕구가 단지 대수(학)와 형이상학에만 국한되어 있다고 생각하면 오산이다. 눈雪사태의 메커니즘, 눈송이의 구조, 또 '달에 동물이 살고 있을까?'라는 문제들 역시 여타 수많은 과학적·실용적 법칙의 문제만큼이나 그의 관심사였다. 그는 사색하고 추론하는 데 만족하지 않았다. 데카르트는 스스로 이렇게 말하기도 했다. "어느 겨울 암스테르담에 있을 때, 난 매일같이 푸줏간에 들렀다. 시간 날 때 좀 더 자세히 해부해보려고 해부용 고깃덩이를 집으로 배달시키기 위해서였다."

네덜란드라는 나라를 선택한 것도 다 이유가 있었다. 당시 유럽에서 철학자가 자유로울 수 있는 곳이 바로 네덜란드였기 때문이다. 이를 잘 알고 있었던 데카르트는 오직 걱정 없이 글을 쓰기 위해 그곳에 가서 살기로 한다. 사회생활에서도 그는 신중하고 조심스러운 태도로 일관했다. 물의를 일으킬 수 있는 언사는 자제했고, 교회와 부딪치지 않으려고 노력했다. 비굴했다기보다는, 자기 일을 계속하기 위한 의도였다고 볼 수 있다. 즉 괜한 허세 때문에 실패하는 것보다는, 생각의 전환을 통해 장기적 관점에서 행동하는 것이 더 필요함을 절감했기 때문이다.

그가 죽기 전 마지막으로 방문한 나라는 '곰들의 나라', 즉 스웨덴이다. 스웨덴의 크리스티나 여왕이 데카르트를 초청한 것은, 그가 엘리자베스 왕녀의 부탁으로《정념론》을 집필한 적이 있기 때문이다. 이것이 데카르트의 마지막 작품이다. 데카르트는 새벽부터 여왕의 왕궁을 찾아야 했고—단지 철학 수업 때문이었을까?—스웨덴의 추운 겨울바람에 폐렴에 걸리고 만다. 쉰네 살이 되던 해, 그는 스톡홀름에서 세상을 떠났고, 아이러니하게도 '철들기 전에'(프랑스어로 '철이 드는 나이' 혹은 '분별력이 생기는 나이'를 뜻하는 말이 바로 l'âge de raison, 즉 이성의 나이다-옮긴이) 죽은 어린아이들의 묘소에 묻혔다.

《정념론》 속에는 데카르트가 '관대함'이라고 명명한 것에 대한 주옥 같은 정의들이 들어 있다. 여기서 '관대함'이란 자신의 '정념passions'을 선용善用하는 것이며, 자기 스스로를 사랑함으로써 이 정념을 사랑하는 것이다. 행복한 삶을 위한 이 열쇠는 그저 평범한 하나의 미덕도 아니고, 인생에 대한 일반론도 아니다. 오히려 실질적 효과를 수반하는 자기애自己愛, 있는 그대로의 자신에 대한 지속적이고 충만한 만족감으로서 이기적인 에고이즘과는 전혀 다르다. 데카르트적 윤리 개념의 기본인 이 너그러운 감수성은 덕을 지키며 정숙하게 처신할 때 유지되는 것이다.

"왜냐하면 우리가 삶을 살아냈다는 그 자체만으로도 우리의 의식은 우리를 비난할 수 없기 때문이다. 즉 과거 우리가 최상이라고 판단한 것들을 모두 실천하지 못했다고 비난할 수 없기 때문이다. (…) 우리는 우리의 삶으로부터 얻는 너무도 강렬한 만족 덕분에 행복을 느낄 수 있다. 따라서 정념의 노력이 아무리 강렬하고 극단적이라고 해도 우리 영혼의 평안을 망칠 정도는 아니다."

이러한 만족감은 어떤 의무를 완수했을 때의 감정과는 다르다. 데카르트는, 소크라테스나 아리스토텔레스처럼 행복해지기 위해서는 도덕적이어야 한다고 가르치지 않는다. 오히려 덕을 실천할 수 있으려면 행복하고 너그러운 사람이 되는 것이 우선이라고 권한다. 이것은 무슨 의미일까? 우리 자신에 대해서도 세상에 대해서도, 우리를 하나의 거대 담론에 종속시킬 수 있는 것은 아무것도 없다는 것이다. 즉 이미 결정된 이 거대 담론이 전제하는 즐거움 속에 안주하도록 우리를 강요하는 외부적 요인은 전혀 없다는 뜻이다. 즐거움의 성향이 가장 우선이 되어야 하고, 미덕은 그 결과로 따라오는 것이어야 한다.

악령의 가설

데카르트가 진리 개념에 대해 관대한 태도를 보였다는 것은 다른 의미로도 해석될 수 있다. 데카르트가 보기에, 진리란 어딘가에 감추어져 있는 것도 아니고, 수수께끼처럼 암호화된 것도 아니며 불가지不可知한 것도 아니다. 오히려 그 반대다. 그가 자신의 저서 전반에 걸쳐 개진하는 진리란, 그것을 확실히 깨닫는 순간 누구도 부인할 수 없는 분명하고 자명한 이치를 일컫는다. 하지만 서두르면 그 결과는 오류일 수밖에 없다. 즉 우리는 충분히 확실하지도 분명하지도 않은 표상의 결과에 대해서 너무 빨리 '그렇다'라고 말해왔다는 것이다. 그렇다면 당연히 이런 의문이 든다. '우리가 백 퍼센트 확실한 진리라고 선언하는 데 필요한 검증은 어느 정도로 분명하고 확실해야 하는가?' 이는 아주 핵심적인 질문이 아닐 수 없다. 절대적으로 확실한 것이란 결국 전혀 존재하지 않을 수도 있기 때문이다. 그럴 경우 우리는 인식과 진리와 철학을 모두 포기해야 할지도 모른다.

'최소한' 이론의 여지는 없는 진리를 추구하고 획득하기 위해 데카르트가 사용하는 방법이 바로 '의심'의 힘을 확대하는 것이다. 진리 추구의 바람직한 방법론, 즉 의심의 힘이 강해져도 그 의심을 견디어낸다면 의심의 대상은 더욱 확실하고 견고해질 것이다. 전체가 불확실성 속으로 침몰해버리거나 아니면 그 상태를 그대로 유지하여 소위 불변의 고정점이 되거나, 둘 중 하나이다. 이러한 진리 추구 과정은 단계화되어 있다.

데카르트는 고대 그리스의 회의주의자들이 이룩해놓은 의심의 과정을 되살리는 것부터 시작한다. 예를 들어 나의 감각(기능)들이 나를 기만하는 경우가 생기면, 나는 내 감각을 전적으로 신뢰할 수 없다. 또 다른 사례로 내가 잠을 자고 있는 중인데도 불구하고, 잠에서 깨어났다고 생각하는 경우, 나는 수면 중이 아니라고 더 이상 백 퍼센트 확신할 수 없다.

이처럼 우리가 일상적으로 확실하다고 믿는 것들에 대한 문제 제기는, 데카르트 이전에는 논리학의 규칙이나 수학적 연역에는 적용되지 않았다. 가령 내가 잠을 자는 중이라고 해도 혹은 내가 정사각형이라고 믿는 것이 눈앞에 존재하지 않는다 해도, 내 머릿속의 정사각형은 네 변과 네 개의 직각으로 이루어져 있음은 의심의 여지가 없다. 그때까지 사람들이 당연하다고 믿은 것은 바로 이런 것들이었다. 하지만 데카르트는 여기에서 훨씬 더 나아간다. 그는 철학 역사상 가장 끔찍하고도 가증스러운 악몽을 만들어낸다. 그것이 바로 '악령의 가설fiction du Malin Génie'이다. 즉 내가 정사각형의 네 변과 네 각이 몇 개인지 알고자 할 때, 사실 정답은 4가 아닌데도, 나로 하여금 한결같이 '4'라고 믿게 만드는 전지전능하면서도 기만적인 악령이 존재한다면, 내가 확신할 수 있는 것이란 과연 무엇일까? 이것이 바로 그 가설이다.

따라서 내부로부터 비뚤어지고 잘못된 것, 신뢰할 수 없는 것은 바로 사고 그 자체다. 이렇게 되면 데카르트의 문제는 더욱 까다로워진다. 최대한 엄격한 논리나 추론도 믿을 수 없게 되기 때문이다. 그런 악령의 존재를 증명할 수 있는 방법이 없다고 하면 될까? 그러면 존재하지 않는다는 걸 증명할 수 있는 방법도 없다고 대답할 것이다. 모든 확실성이란 것이 다른 것의 흉내에 불과해진다. 그렇다면 이 세상에 확실한 것은 없고, 진리에 도달한다는 건 거의 불가능하다고 결론 내려야 할까?

데카르트의 뛰어난 천재성은, 일견 완벽해 보이는 이 논리의 함정을 빠져나왔다는 데 있다. 설령 다른 어떤 것이 내가 자고 있을 때 나의 사고를 조종하고 속인다 해도, 외부 세계란 존재하지 않고 나만의 육체라는 것도 환상에 불과하다 해도, 내가 생각한다는 그 사실 자체는 절대적으로 확실하다.

따라서 중요한 것은 이 세계부터 해체하는 것이다. 지극히 내밀한 생각까지 포함해서 이 세상의 모든 것을 의심하는 것이다. 삼라만상이 영원한 불확실성 속으로 침몰하는 것을 목도하게 될지도 모른다. 절대 불변이지만 지금 당장은 일시적이고 산발적일 뿐인 '나는 생각한다'라는 단 하나의 진리에 의거해 모든 것을 다시 구축해야 할 것이다. 신도, 인식의 가능성도, 외부 세계의 존재도, 육체의 현실성도, 꿈과 현실의 구분도 모두 다시 추론해내야 할 것이다. 데카르트는 자신이 찾아 헤매던 불변의 고정된 바위를 손에 넣었다. 그는 이 바위 위에 자신의 철학을 구축한다.

데카르트에 관해서 제일 먼저 읽어야 할 것은?

《방법서설》.

데카르트에 대해서 좀 더 깊이 알고 싶다면?

스피노자 저, 양진호 역, 《데카르트 철학의 원리: 베네딕투스 데 스피노자》, 책세상, 2010
르네 데카르트 저, 원석영 역, 《성찰 1》, 《성찰 2》, 나남, 2012
르네 데카르트 저, 김선영 역, 《정념론》, 문예출판사, 2013

p r e v i o u s

데카르트에게 있어 진리 추구란 방법론의 문제, 즉 진리와 거짓의 판별 능력이 있는 우리 이성에 대한 효율적 사용의 문제다. 인간은 누구나 열심히 훈련하면서 동시에 섣부른 판단은 피하고, 자기가 확실하게 이해한 것에 대해서만 동의한다면 똑같은 결과에 이를 수 있다.

파스칼이 보기에, 데카르트의 시각은 중요한 본질을 놓치고 있다. 파스칼이 본 데카르트는 '불필요하고 불확실하다.' 왜냐하면 데카르트는 현실에서 증명 가능하고 논증 가능한 것만을 염두에 둠으로써, 신이 그저 수학자에 그치는 존재가 아니라는 사실을 무시하는 것으로 보이기 때문이다. 하지만 신은 우리의 마음에 호소하는 존재다.

n e x t

이름	파스칼Blaise Pascal	
활동 지역 및 출신 배경	17세기 과학적이고 종교적인 분위기의 프랑스.	
연대기	1623년	클레르몽에서 출생.
	1634년	11세, 《음향론》을 씀.
	1640년	16세, 수학 연구의 주요 업적인 《원추곡선론》을 씀.
	1647-1648년	진공 및 공기압空氣壓 실험.
	1654년	11월 23일 밤, 종교적 황홀경 체험.
	1656년	《프로뱅시알(시골 친구에게 보내는 편지)》 집필.
	1658년	'기독교 호교론' 구상에 착수(원래는 이 책에 쓰일 단편적 내용들이 그의 사후에 《팡세》로 편집, 출간됨).
	1662년	파리에서 사망.
진리 개념	진리란, 서로 다른 여러 영역에 위치하고, 이들 영역은 서로 긴장 관계에 있는 것. 이들을 서로 구분하는 것이 바람직하지만, 우리는 끊임없이 이들을 뒤섞어놓음.	
명언	"힘없는 정의는 무력하고, 정의롭지 못한 힘은 독재다."	
철학사적 위상	독특하면서도 고립적이다. 파스칼의 천재성은 체계적인 사상이나 교리, 학파에 있지 않다. 오히려 그는 열렬한 신앙심으로 감정이 격해지는 경우도 가끔 있었다. 그럼에도 그는 확실성에 타격을 주고, 확신을 무너뜨리는 기술에 있어서는 타의 추종을 불허하는 스승의 지위를 점하고 있다.	

philosopher — Blaise Pascal

|9|

파스칼
다양한 영역에서 진리를 고찰하다

'파스칼리즘'이라는 것이 무엇인지 알려고 하는 것은 무의미하다. 그런 것은 없기 때문이다. 파스칼의 교리나 파스칼학파 따위는 없다. 물론 당대에 파스칼의 저서를 읽은 사람은 헤아릴 수 없이 많았다. 그는 시대를 막론하고 수많은 사상가들에게 영향을 미쳤고, 지속적인 관심을 받고 있는 철학자이다. 그의 저서가 촉발시킨 수많은 연구 업적들이 이를 증명해준다. 그럼에도 불구하고 엄밀히 말해 파스칼에게는 제자가 하나도 없었다. 번뜩이는 섬광을 발하는 이 천재 철학자는 자기 이론을 계승, 발전시킬 철학 유파를 형성한 적이 한 번도 없기 때문이다. 이렇게 철저히 고립된 특이한 입지에도 불구하고, 그가 철학사에서 상당한 지위를 점하고 있다는 것은 파스칼의 역설이 아닐 수 없다.

파스칼보다 거의 서른 살 연상이면서 동시대인이었던 데카르트와의 차이점도 상당하다. 데카르트의 경우 그의 사상 체계를 일컫는 말 '카르테지아니즘cartésianisme'과, 그의 발자취를 좇으며 그 철학을 확대·

재생산하는 일련의 사상가들 즉 '카르테지엥cartésien'들이 존재한다.

파스칼과 데카르트의 차이점은 여기서 그치지 않는다. 데카르트는 명확하고 분명하게 판명되어 그 자체로 진리로 인정되는 대전제나 원칙들로부터 출발한다. 데카르트는 이들 대원칙들로부터 출발하여, 그가 말하는 '이성의 연쇄'라는 수단을 통해 진리라는 참된 결론을 단계적으로 연역해낸다. 반면 파스칼은 대전제라는 사고 자체를 비판하며, 소위 '원래부터 자명한 이치'라는 것들을 거부한다. 그는 서로 대립하는 관점들을 끊임없이 서로 대면·대조시키려고 애를 쓰지만, 꼭 논리적으로 증명된 결론에 도달하지는 않는다.

파스칼의 근대성은 상당 부분 이러한 태도에 기인한다. 그는 수많은 그 전제들을 믿지 않는다. 그는 진리라는 것을 여러 가지 다양한 영역에서 고찰하기 때문이다. 파스칼이 사상사에 불러일으킨 혁신적 특징은, 아마도 니체가 등장하기 한참 이전에 이미 진리에 대한 사고 자체를 변화시켰다는 데 있을 것이다. 파스칼은 불변의 단일 형태 혹은 고정된 특성으로서의 진리 대신, 진리의 다양한 영역들과 유형들을 구분한다. 이 영역과 유형들은 서로 다른 경험에 해당하며, 서로 다른 영역을 구성하고 있다.

이를 이해하기 위해서 파스칼이 구분한 현실의 세 가지 영역을 살펴보자. 우선 '육체의 영역'에서는 등급의 차이가 가시적으로 한눈에 드러난다. 즉 A라는 사람은 B라는 사람보다 물리적으로 힘이 더 세거나 돈이 더 많다. 이것은 눈으로 '보고 나면de visu' 확인될 수 있다. 경제적 능력과 사회적 권력은 눈에 보이는 가시적 영역 속에, 가끔은 보란 듯이, 주어지는 것이다.

두 번째 '정신의 영역'은 육체의 영역과는 사정이 다르다. 위대한 학자들은 가난하고, 뛰어난 천재들은 겉으로는 신통치 않아 보이고 정신 나간 저능아쯤으로 비칠 수도 있다. 이들의 정신적 능력은 육체의 눈으로는 보이지 않는다. 우리는 오직 '정신의 눈'을 통해 지성을 동원해야만 어떤 논증의 힘을 식별할 수 있을 것이다. 하지만 육안으로 볼 수 있는 것과 지성을 통해서만 인식되는 것을 이런 식으로 구분한다고 해서, 진리의 여러 영역들을 모두 파악할 수 있는 것은 아니다.

파스칼은 여기에 '영혼의 영역'을 추가한다. 이것이 파스칼에게는 가장 중요하다. 이것은 단지 육체적이고 정신적인 영역이 아니라, 이웃에 대한 사랑과 공감과 초자연적인 애덕愛德, 말 그대로 영적인 고귀함의 영역이다. 세 번째이면서 마지막 영역인 이 영혼의 영역을 지배하는 것은 성인聖人들이고, 여기에서 절대적인 규범과 최상의 위대함으로 제시되는 것이 바로 예수이다. 여기서 중요한 것은, 이 세 가지 영역이 완전히 별개의 영역이라는 것이다. 다시 말해 정신의 눈에 보이는 것은 육안으로는 보이지 않고, 영혼으로 즉 심정적으로 느끼는 바들은 육안이나 정신으로는 포착할 수 없다.

파스칼이 진리에 대한 철학적 개념에 변화를 가져왔음을 가장 분명하게 보여주는 것이 바로 이 점이다. 즉 파스칼은 진리 개념 속에 측정불가의 영역들을 도입했고, 직관과 심정으로 느끼는 것들, 즉 정신으로 인식되는 것이 아니라 영혼으로 느끼는 것들에 최종적이고 궁극적인 지위를 부여한 것이다. 그는 영혼의 영역의 결정적 우위를 분명히 주장한다. 열렬한 신앙의 영역이기도 한 이 애덕의 영역이 다른 어떤 것보다 우월하다는 것이다. 파스칼의 이러한 종교적 신념은, 당대에 예수회와 장세니슴으로 양분되어 전개되었던 기독교로의 개종에서 비롯한 것이다.

조숙한 천재

데카르트가 그랬던 것처럼, 파스칼도 아주 어릴 때 어머니를 잃었다. 1626년 어머니가 죽었을 때, 그는 고작 세 살이었다. 몽테뉴처럼, 파스칼도 자식 사랑이 남다른 아버지의 손에서 자랐다. 파스칼의 아버지는 교양 있는 학자이면서 수학자이자, 법률가, 음악가였다. 이런 아버지가 아들의 지적 성장에 무심할 수 없었다. 파스칼은 어릴 때부터 비범한 지적 능력을 보였다. 열한 살 때 이미 자신의 첫 번째 수학적 작업 결과로 《음향론》을 내놓았고, 열일곱 살에 완성한 《원추곡선론》에서는 당대의 주요한 수학적 의문들을 여럿 해결했다.

이 수학자는 나름의 방법론으로 다른 수학자들과는 차별성을 가진다. 이 방법론이란 보편적 일반론이라기보다는 특정 '상황에 맞추는' 방식이라고 볼 수 있다. 실제로 파스칼은 자기 연구 대상 하나하나에 특정한 방법론을 구축하는 능력을 발휘한다. 일반적인 방법론의 과정은 불변의 일반 원칙들의 도움으로 특수한 개별 진리들을 추론해내는 것이지만, 파스칼은 이와 정반대의 과정을 따른다.

그는 자신이 직면한 문제들, 가령 원추의 문제로부터 출발하여 다른 모든 문제가 아닌 그 문제에만 적당한 방법론을 만들어낸다. 그 결과 파스칼은 모든 원추들이 하나의 헥사그램 안에 내접한다는 사실을 발견한다. 파스칼은 이 헥사그램을 '신비의 헥사그램'이라 불렀다. 무한한 상상력의 소유자인 파스칼은 직접 실험을 하는 물리학자로서, 당대의 사고와는 정반대의 입장을 취한다. 진공眞空의 존재를 주장한 그는 1646년에는 토리첼리의 실험(1643년 이탈리아의 E. 토리첼리가 동료인 V. 비비아니와 함께 진공과 대기압의 존재를 보여준 실험-옮긴이)을 재현하여 공기압의 존재도 밝혀냈다.

이러한 과학적 성과도 초기에는 그의 기독교적 사고와 하나였다. 스물세 살 때 처음 기독교로 개종한 그는 실제로 포르 루아얄Port-Royal 수도회와 이들 신앙에 가까워진다. 하지만 그가 자신의 과학 연구를 완전히 포기한 것은 아니었고 속세를 벗어나 은둔 생활을 한 것도 아니었다. 그런데 그로부터 8년 후인 1654년 11월 23일 밤, 그는 신비로운 종교적 체험을 겪는다. 두 번째 개종이라고 할 수 있을 이 체험 이후, 그의 시각은 완전히 달라진다. 이 '은총의 불' 당시의 궤적들을 기록한 그 유명한 《메모리알Mémorial》 중 몇 부분을 통해, 파스칼이 진심으로 신의 존재를 증명하고자 했다는 것을 짐작할 수 있다. 파스칼 자신도 강조하듯이, 그가 증명하고자 한 신은 하나의 개념에 불과한 '철학자들의 신'이 아닌 '아브라함과 이삭과 야곱의 신', 인간들에게 계시되는 그런 신이다.

이 결정적 계시의 밤 직후, 파스칼은 속세를 완전히 떠나기로 결심한다. 그는 포르 루아얄 수도원(13세기에 세워져 장세니슴의 중심지가 되었으며, 18세기에 폐쇄되었다-옮긴이)으로 들어가 그곳의 은(둔)자들과 함께 생활하기 시작한다. 이 수도원의 은자들은 열렬한 기독교인들로서 대부분의 시간을 명상과 학업에 매진한다. 파스칼은 이처럼 인생의 또 다른 차원으로 입문하게 되고, 이후 그의 삶은 기독교 신념의 수호를 위한 투쟁으로 점철된다. 속세를 떠난 그였지만, 그 어느 때보다 세상사에 개입한다. 파스칼은 새로운 유형의 논객으로, 교육자로, 설교자로 변신한다. 예수회 수도사에 맞서 포르 루아얄의 장세니스트들을 옹호하고 나선 그는 가명으로 열여덟 통의 편지를 작성하기도 한다. 이 편지글이 바로 '시골 친구에게 보내는 편지' 즉《프로뱅시알》이다.

이 글에서 파스칼은 예수회와 장세니슴 간의 논쟁을 이해하고자 하는 한 교양인의 시선을 통해, '포르 루아얄 수도사'들에 대한 불평불만과 비난이 얼마나 부당하고 근거 없는 것인지 보여주려고 노력한다. 이 때 그는 탁월한 논거 선택력과 그것을 다루는 노련함에 있어 가공할 수준의 능력을 보여준다. 동시에 그는 문체의 대가로서의 자질도 드러낸다. 350년이 지난 지금도 프랑스 문학을 공부하는 누군가가 이《프로뱅시알》을 읽고 주석을 달고 있다면, 그것은 은총에 대한 논쟁 때문이나, 이 논쟁이 촉발시킨 자유 의지와 구원에 대한 문제 때문이 아니다. 무엇보다 그것은 문학적인 문체 때문이다. 속도감 있으면서 열렬하고, 응축되고 힘이 넘치며, 간결하고 섬세한 이러한 글쓰기는 파스칼을 가장 위대한 프랑스 작가의 반열에 올려놓았다.

이와 동일한 문체가, 단편적 문장들을 길게 편집한 작품 속에서 한

층 더 밀도 있게 드러난다. 그것이 바로 《팡세Pensées》라 불리는 작품이다. 하지만 명상(록), 수상(록)이라는 뜻의 이 제목은 그다지 적절해 보이지 않는다. 이 작품은 미완성에 그친 유고작의 초고에 불과하기 때문이다. 파스칼은 건강이 극도로 악화되었던 생애 마지막 무렵 이 작품에 몰두했다. 건강상의 어려움에도 불구하고, 그는 무종교의 극단적 자유사상가들을 개종시키기 위한 목적으로 이 작품을 쓰기 위해 수많은 내용을 메모하고 기록한다. 사실 이 작품은 '기독교 호교론'이라는 제목으로 세상에 나올 예정이었다. 파스칼은 자유사상가들, 즉 신앙을 잃었을 뿐 아니라 영적인 세계와는 단절된 채 살아가는 이들에게 제일 먼저 호소한다.

파스칼은 이 잡동사니 초고들을 어떤 순서로 배치할 것인지 정하지 못한 채 세상을 떠났다. 그 결과 이 미완의 텍스트는 약 1,000여 개, 정확히는 993개의 단장斷章 형태로 브랑슈비크Brunschvicg 출판사에서 출간되었다. 이 단장들을 모두 파스칼이 썼다는 데에 대해서는 의심의 여지가 없다. 다만 우리가 알 수 없는 것은 파스칼이 작품을 완성했다면 과연 어떤 형식으로 출간했을지, 원래 표현에서 수정되고 삭제될 부분들은 무엇일지 하는 점들이다.

그보다 더 안타까운 점은, 이 단장들이 어떤 순서로 엮어질 예정이었는지 정확히 알 수 없다는 것이다. 물론 파스칼이 남긴 표시들과 구상안, 각 장에 할애할 내용들을 따로 철하여 묶어놓은 원고들이 남아 있기는 하다. 따라서 파스칼 사후 350여 년 동안—파스칼은 1662년에 죽었고, 《팡세》의 초판은 1670년에 출간되었다—사람들은 맞추지 못한 거대한 퍼즐판을 앞에 두고 있었던 셈이다. 이는 퍼즐 조각들을 어떻게 짜 맞추느냐에 따라, 전체적인 윤곽뿐만 아니라 기획 자체가 달라지는 그런 퍼즐이다.

게다가 이 퍼즐의 상황은 훨씬 더 특이하다. 보통의 퍼즐은 조각들이 제자리에 놓였는지 아닌지를 분명하고 확실하게 알 수 있다. 하지만 이런 텍스트들은 사정이 다르다. 단장이라는 조각들을 서로 붙여놓느냐 분리시키느냐, 또는 앞에 놓느냐 뒤에 놓느냐에 따라 작품 전체의 의미가 달라질 수 있기 때문이다. 지금까지 많은 전문가들이 좀 더 설득력 있고 보다 엄밀한 순서를 새롭게 제시하기 위해 정교한 재능들을 펼쳐 보였다. 똑같은 요소들로부터 출발했지만 매번 새로운 질서 속에서 새롭게 거듭나는 이 다양한 형태의 책은 생소하면서도 사람의 마음을 끄는 매력이 분명 있다.

독특한 호교론

다양한 해석의 가능성에도 불구하고, 《팡세》의 전체적인 목적은 아주 명확하다. 길 잃고 방황하는 자들을 구원의 길로 인도하고, 진정한 믿음을 향해 나아가는 인간 본연의 자리에 위치시키는 것이다. 어떻게 하면 이들 자유사상가들을 초자연적인 애덕과 영혼의 영역으로 이끌 수 있을까? 예수와 하느님의 실재를 더 이상 믿지 못하는 이들로 하여금 다시 예수와 하느님을 만나게 하고, 신을 되찾게 할 수 있는 방법은 무엇일까? 언뜻 전혀 가능성이 없어 보이는 이런 의도가, 바로 이 작품이 이루고자 하는 것이다.

이러한 목표에 도달하기 위해, 파스칼은 자신이 평생에 걸쳐 얻은 경험들을 모두 동원하고, 이용할 수 있는 지적·감각적 수단들을 모두 활용한다. 왜냐하면 설득과 개종이라는 이 방대한 목표는 과거 파스칼이 겪은 시련이나 인생 역정들과 분리될 수 없기 때문이다. 따라서 이 글은 파스칼의 과거로 되돌아가 당시의 순간들을 모두 끌어모아 다시 생각하게 한다. 이 글은 과거 파스칼의 과학적 성찰뿐만 아니라 정치적·철학적 사고까지 모두 요약하여 새롭게 변형시키고 있다.

따라서 파스칼이라는 이 열렬한 기독교인은 엄밀히 말하면 《팡세》를 저술한 것이 아니다. 이 '팡세'라는 용어는 흔한 일반론이나 지극히 개인적인 명상을 연상시키기 때문이다. 하지만 파스칼은 현실적으로 존재하는 다양한 관점들을 모두 집결시켜, 독자들이 부분적으로나마 자신과 일치하는 이런저런 관점과 자신을 동일시할 수 있도록 한다. 이렇게 친근하고 부담 없는 방식에서 출발한 파스칼은 점차 독자의 마음속에 어떤 불안, 일종의 불안정을 불러일으키고, 이런 불안감은 결국 독자를 깨달음과 각성으로 이끌게 된다. 왜냐하면 파스칼의 주된 목표는 철학적 진리라는 것들이 견고하면서도 동시에 얼마나 허술한지, 정당하면서도 동시에 얼마나 편파적인지를 보여주려는 것이기 때문이다. 철학적 진리들은 진리를 일부 보유하고는 있지만, 그 진리는 너무 순간적이다.

파스칼 사후에 출간된 《에픽테토스와 몽테뉴에 관한 드 사시De Sacy

씨와의 대화》와 마찬가지로, 《팡세》 속에도 철학의 기본적인 두 입장의 대립이 탁월하고 완벽하게 전개되고 있다. 스토아 철학의 에픽테토스는 인간의 위대함과 고귀함을 인정한다. 반면 몽테뉴는 인간의 불완전함과 허약함, 한계와 비열함을 강조한다. 파스칼이 보기에, 이 두 철학자는 저마다 상대편이 보지 못하는 것들을 소리 높여 강조하고 있다. 극단적으로 대립하는 이 두 입장이 순수하고 단순하게 상호 보완관계를 맺을 가능성은 희박하다.

파스칼은 여기서 아주 새로운 시각을 만들어낸다. 그에 따르면 이 두 입장은 나름의 시각을 가지고 있고, 이 시각들은 본질적인 정당성을 보유하고 있다. 즉 이 두 입장을 관통하는 내적 일관성은 바로 회의주의와 스토아 철학이다. 상호 양립 불가능성에도 불구하고, 이 두 입장은 나름대로 인간의 조건을 이야기하고 있다. 즉 한쪽은 위대하고 가치 있다고 말하고, 다른 한쪽은 비참하고 자격 미달이라고 말하는 것이다.

언제나 교환 가능한 이 '찬성'과 '반대'의 이중적 유희로부터 출발한 파스칼은 순전히 논리적인 틀에서 비롯한 하나의 해결책을 제시한다. 즉 하나님의 계시와 마음의 영역, 모세와 예수님에 의해 계시된 진리를 통해서만 인간의 고귀하면서도 동시에 무가치한 위상을 이해할 수 있다는 것이다. 인간은 신에 의해 창조되었다는 사실 그 자체로 고귀하며, 하느님의 형상에 따라 만들어졌기 때문에 영광스러운 존재이지만, 실총失寵과 원죄로 인해 불완전하고 한계를 지닌 존재로 변모했기 때문에 허약하고 제한적이라는 것이다.

파스칼은 인간의 조건에 대한 '찬반'의 관계를 지속적으로 전복시킴으로써 양측의 철학적 입장을 모두 무너뜨린다. 파스칼의 목표는 우리가 도저히 빠져나오지 못할 함정을 파서, 독자로 하여금 막다른 골목에 직면하게 만드는 것이다. 한 관점에서 다른 관점으로 끊임없이 이동하고, 극단의 대립이라고 생각했던 것들을 암묵적인 공모 관계, 심지어 서로 연결된 것으로 이해하는 이러한 관점하에서는, 결국 어느 한쪽이 아닌 그 위에 존재하는 어떤 진리에 의지할 수밖에 없을 것이다. 양쪽 입장의 차원이 아닌 또 다른 차원에 자리하는 이 진리는 마음의 침묵 속에서만 이해할 수 있는 진리다.

새로운 관점의 창조

물론 이러한 시각을 거부할 수도 있다. 폴 발레리Paul Valery의 표현대로 '파스칼의 손'이 너무 분명한, 독자를 기독교 신자로 몰아가려는 의도가 너무 분명한 이 기획에 넘어가지 않아도 된다. 하지만 이런 관점을 거부한다고 해서 파스칼을 읽지 말아야 할까? 혹은 이 저자에게 붙여진 철학자라는 타이틀 자체를 부인해야 할까? 이성의 독립이라는 이름으로 파스칼을 철학자의 반열에서 제외시키는 경우도 있었다. 소위 신의 계시라는 것에 굴복하지 않겠다는 의지나, 철학과 종교는 분리되어야 한다는 명분하에 그런 경우도 있었다. 사실 파스칼의 뚜렷한 종교적 목적과, 그의 철학 분야에 대한 기여도는 분명히 구별되어야 한다. 그의 의도는 분명 신의 계시와 믿음, 기독교적 세상을 철학과 증명, 과학적 지식보다 우위에 두는 것이다.

하지만 파스칼의 철학적 기여도라고 할 수 있는 것, 우리의 관심을 끄는 기여도는 다른 데 있다. 그것은 파스칼이 '입장'이라는 형태를 통해 파악될 수 있는 관점들—이해해야 할 것은 이 입장들의 내적 진리이다—이 다양하다는 사실을 확실하게 밝혔다는 점과, 서로 조화를 이루지 못하거나 대립적인 이들 관점들이 보다 복합적인 시각을 통해 서로 연결될 수 있음을 깨달았다는 점이다. 어떻게 보면 분명히 역설적이고 놀라운 시각임이 틀림없지만, 여기서 말할 수 있는 것은 파스칼이 라이프니츠와 니체, 미셸 푸코가 할 말을 훨씬 먼저 하고 있다는 것이다. 즉 증명할 수 있는 단 하나의 불변적 진리가 존재하는 것이 아니라, 보다 넓은 시각에서 보면 서로 대립하고 서로 충돌하며 서로를 포괄하는 다양한 관점들이 존재할 뿐이라는 것이다.

파스칼에 관해서
제일 먼저 읽어야 할 것은?

《팡세》 중에서 정의, 애덕, 권력에 관한 부분.

파스칼에 대해서
좀 더 깊이 알고 싶다면?

블레즈 파스칼 저, 안혜련 역, 《시골 친구에게 보내는 편지》, 나남, 2011

p r e v i o u s

파스칼은 지적으로 이해할 수 있는 진리가 우리 마음의 평정을 보장해준다는 사고를 배제한다. 인간의 두려움과 고독에 종지부를 찍을 수 있는 유일한 진리는 그리스도의 탄생을 통해 계시된 진리뿐이라는 것이 그의 생각이다. 따라서 파스칼은 자신들만이 유일한 이성이라고 자처하는 다양한 철학적 분파들의 확신을 지속적으로 뒤흔든다.

스피노자는 인간을 불안하게 만드는 이러한 의도의 대척점에 위치한다. 스피노자에게 있어, 이성과 이성이 우리에게 가르쳐줄 수 있는 것보다 더 확실하고 안정적인 것은 아무것도 없다.

n e x t

이름	스피노자Baruch De Spinoza
활동 지역 및 출신 배경	17세기 암스테르담, 네덜란드. 유대인 사회의 일원으로 태어났지만 스물세 살 때 유대교로부터 파문당한다. 이후 천체 망원경의 렌즈 가공 기술자로 생활하며 소박하고 검소한 삶을 살았다.
연대기	1632년 암스테르담 출생. 1639-1649년 탈무드 토라 유대인 학교. 1649년 아버지의 무역 회사에서 일하기 시작함. 1656년 유대교회로부터 파문당함. 그의 철학적 신념이 원인인 것으로 보임. 1660-1661년 《지성知性개선론》《에티카》 집필 시작. 1670년 《신학정치론》 출간. 격렬한 적대적 반응을 불러일으킴. 1675년 《에티카》 탈고, 출간은 포기. 1677년 라 에이에서 사망.
진리 개념	이성을 통해 도달할 수 있는 것. 신에 있어서나 인간에 있어서나 동일한 것이며, 두려움과 대상 없는 기대를 사라지게 해주는 것.
명언	"내가 절대를 통해 기대하는 것과 현실을 통해 기대하는 것은 똑같다."
철학사적 위상	그의 사상은 절대적으로 엄밀하고 철저히 비정형적이라는 점에서 중대한 위상을 차지한다. 그의 저작이 야기한 다양한 해석들은, 계몽주의 시대부터 니체, 그 이후에 이르는 근대 철학의 전개에 상당히 기여했다.

philosopher

Baruch De Spinoza

|10|

스피노자
신의 진리와 인간의 진리는 같다

스피노자는 사상사에서 예외적인 지위를 점하고 있다. 그 이유는 여러 가지다. 스피노자의 저작만큼 애정과 증오를 한 몸에 받은 작품도 드물다. 그의 저서는 끊임없는 찬사를 받으며 동시에 비웃음을 사고, 주목을 받으며 동시에 무시당했다. 스피노자 자신도 사람들로부터 현인으로—성인, 인간미와 온화함과 반성과 겸손함의 표본—존경받았는가 하면, 기존 질서와 사상 자체를 위협하는 불한당이나 사탄쯤으로 지탄받기도 했다.

지금도 그를 설명하는 말은 일반적으로 앞뒤가 안 맞는 특성들이 섞여 있다. 또 스피노자는 신비주의자라고 할 수도 있고 무신론자라고 할 수도 있다. 확인되는 사실은 그가 종교와 성직자들을 비판했지만, 신이라는 대상에 대해 끊임없이 숙고했고 이를 통해 어떻게 보면 신 자체의 관점일 수도 있는 관점에 도달하고자 노력했다는 것이다. 정치적으로도 그는 보수주의자이면서 동시에 반란분자로 평가받는다. 그리고 이런 양극의 평가는 모두 정당하다. 이는 분명 납득이 안 되는 당혹스러운 상황일 수 있다.

이러한 역설들뿐만 아니라, 그가 거친 인생 역정 역시 부조리하기는 마찬가지다. 유대인으로 태어나 유대인 교육을 받고 자란 스피노자는, 스물네 살경인 1656년에 유대교회로부터 파문을 당한다. 이례적으로 혹독한 축출 의식을 통해 이루어진 파문이었다. 그렇다고 스피노자가 기독교로 개종한 것은 아니다. 17세기 당시 그는 '못된 유대인'으로 단죄당했지만, 그렇다고 '더 착한 기독교인'도 아니었다.

그의 침묵과 그의 유명세의 관계 역시 쉽게 납득이 안 되는 면이 있다. 왜냐하면 스피노자는 가난하게 살았고, 책을 출판한 일도 거의 없었는데도 불구하고, 그의 명성은 유럽 전역으로 확대되어 프랑스의 루이 14세는 이 철학자의 책을 한 권 헌사 받고 싶어 했고, 유럽 대학들은 그에게 철학 교수직까지 제의할 정도였기 때문이다.

생계를 위해 망원경 렌즈 가공 일을 한 이 기술자는 당시 유럽의 왕실에도 알려진 인물이었다. 속세에서 한 발 떨어져 살았지만 그 영향력만큼은 타의 추종을 불허했다. 1677년 2월 25일, 스피노자의 장례식 날, 그가 남긴 것이라곤 옷가지 몇 개와 책 몇 권, 침대 하나가 전부였지만, 그의 운구 행렬에는 호화로운 사륜마차가 여섯 대나 이어졌다. 이 장례 행렬을 누가 준비했는지는 알려지지 않고 있다. 스피노자와의 친분은 곧 위험을 뜻했기 때문이다. 스피노자가 죽은 직후 그를 존경하던 몇몇 사람이 익명으로 그의 글을 출판했는데, 이듬해 그 책들이 모두 소각당한 일도 있었다.

그의 특이한 생애가 그의 사상과 관련이 있다는 것은 분명하다. 즉 이 철학자는 완전한 결정론이 존재하며, 인간에게 그리고 신에게 있어서조차 자유 의지란 존재하지 않는다고 주장하면서도, 해방과 자유의 가능성을 이야기한다. 물리학에 심취한 합리(이성)주의자로서 수학적으로 판단하고, 엄밀한 기하학적 절차를 따르는 그는 이 논리적이고 설득력 있는 사고가 최고의 행복을 얻는 데 사용되기를 기대한다. 이러한 철학은 이 현자로 하여금 특수한 것들 속에서 영원과 무한의 어떤 형태를 심사숙고하게끔 이끈다. 바로 이러한 역설들의 의미를 밝혀내야만 서구 사상사에서 가장 독특한 지위를 점하는 이 철학자의 심오한 깊이를 가늠할 수 있다.

사유를 위한 삶

스피노자의 일대기를 언뜻 보아서는 이야깃거리가 별로 없다. 실화라고 하는 것들도 틀린 경우가 많다. 분명 조용하고 신중했던 그의 삶은, 현자의 은둔 성향과 글이나 저서를 통해서만 자신을 드러내는 철학자의 위상을 제대로 구현하고 있다고 생각될 수도 있다. 실제로 지극히 절제된 그의 삶 속에는 그의 일생에 걸친 원대한 목표, 즉 하나의 윤리학을 구축하고자 하는 목표가 뚜렷이 드러난다. 스피노자에게 있어 윤리학이란 말은 추상적 규범 체계가 아니라 이성에 근거하여, 세상의 질서와 현실의 구조 속에 단단히 뿌리박고 살아가는 방법을 의미한다.

일찍이 스피노자가 종교와 유대교에 대해 거리를 두었던 것도 분명이 세상 속에 뿌리박고 살고자 하는 그의 의지 때문이었다. 그는 1632년, 암스테르담의 유대인 사회에서 출생했다. 그의 집안은 16세기 말, 포르투갈에서 이민 왔다. 포르투갈어로 '가시가 있는'이라는 뜻의 '에스피노자Espinosa' 집안은 다른 유대인 상인들처럼 암스테르담에 정착했다. 암스테르담은 개인의 종교와 자유를 존중하는 개방적이고 활력이 넘치는 도시였다. 암스테르담의 유대인 사회는 한두 세대를 거치면서 유럽에서 가장 강력한 공동체의 하나로 자리 잡는다.

스피노자의 아버지는 일찍이 성공한 인정받는 사업가였다. 어린 스피노자는 유대인 학교에서 뛰어난 학업 능력을 보였다. 히브리어를 가장 잘 읽고, 가장 빨리 읽는 학생이었으며, 탈무드의 질문들을 가장 예리하게 파악했고, 가장 뛰어난 해석과 주해를 선보이는 학생이었다. 랍비들은 그에게서 무한한 희망을 발견했고, 그들의 희망이 무너졌을 때의 분노는 그만큼 컸다. 당시 암스테르담은 수많은 상품들이 유통되는 곳이었을 뿐만 아니라, 수많은 사상들과 반체제 집단들이 생겨나고, 자유사상가들과 유사한 성향들이 다수 공존하는 도시였다. 유대교회의 시각에서 보면, 젊은 스피노자의 교우 관계는 썩 바람직하지만은 않았다.

스피노자에게 영향을 미쳤던 것은 '제2차 종교개혁' 집단들이었을 것이다. 하지만 그의 개인적 성향과 고유한 인생 역정을 고려하지 않을 수 없다. 유감스럽게도 우리는 그가 파문을 당한 원인인 그의 철학, 즉 그가 주장한 철학의 내용이 무엇인지 정확히 알지 못한다. 스물세 살의 스피노자는 '헤렘herem'이라는 가장 준엄한 파문 의식 끝에 유대교로부터 제명을 당한다. 그런데 그의 경우, 이 파문 내용이 특히 더 가혹했다. "지금부터 아무도 스피노자와 얘기해서는 안 되고 서신 왕래도 해서는 안 된다. 아무도 그를 도와주어서는 안 되고 그에게 2미터 이내로 접근해서도 안 된다. 그와 같은 지붕 아래 함께 기거해서도 안 되며 그가 쓴 글을 읽어서도 안 된다." 이러한 파문은 일시적인 것이 대부분이었지만, 스피노자의 경우는 영원히 거두어지지 않았다.

스피노자는 더 이상 유대인 사회에서 일할 수 없게 되었지만, 유대인이었던 그가 당시 기독교 사회에서 얻을 수 있는 일자리도 없었다. 그는 난관에 봉착했다. 화가가 되려고 고심했던 흔적도 보인다. 그가 직접 그린 것으로 추정되는 꽤 훌륭한 솜씨의 크로키 몇 점이 아직도 남아 있다. 자유사상가들과 가깝고 제2차 종교개혁을 주도한 반체제 기독교인들의 집단에서 몇 차례 기거하던 스피노자는 결국 기술을 배우기로 한다. 천체 망원경이나 일반 망원경용 렌즈를 가공하면서 그는 자신의 본질을 확인했고, 자신의 과학 지식을 적용하며, 호이겐스(1629~1695, 네덜란드의 물리학자이자 천문학자-옮긴이)를 비롯한 당대의 과학자들과 교류를 하기도 했다.

그렇게 몇 년이 흐르자, 스피노자는 당대의 과학자들로부터 인정받는 기술자가 되어 있었다. 작업실에 딸린 작은 방에서 살던 스피노자에게, 장인匠人이라는 직업은 그의 중요하고도 유일한 임무를 추구할 수 있는 가능성을 열어주었다. 그 임무란 이 세계와 인류 전체, 인간의 행위 전체를 포괄할 수 있는 하나의 철학적 사유를 구축하는 것이었다.

이처럼 겉으로 보면, 스피노자의 인생 역정은 그가 한 번도 벗어나지 않았던 네덜란드의 몇몇 지방으로 요약된다. 그는 지극히 검소하게 살았고, 엄격한 그의 삶은 엄숙하고도 치밀했다. 전해지는 말에 의하면, 스피노자는 칼에 찔려 구멍이 난 외투를 오랫동안 버리지 않았다고 한다. 그 구멍은 가까스로 모면한 암살의 흔적이었다. 파문당한 후, 한 광신도가 실제로 그를 죽이려 했던 것이다. 그가 직접 폭력을 당한 것은 그때뿐만이 아니었다.

스피노자를 찾아 왔던 라이프니츠는, 스피노자가 드 비트 형제의 약식 처형 이후 암스테르담의 거리마다 '최악의 불한당'이라고 쓰인 벽보를 붙이고 싶어 했을 거라고 전한다(당시 네덜란드는 군주제를 지지하는 칼뱅파와 공화정을 지지하는 요한 드 비트로 대립하고 있었다. 그러나 공화국 수립 이후 네덜란드가 프랑스와의 전쟁에서 패하자 칼뱅파는 군중을 선동하여 전쟁의 책임을 공화국 지도자인 드 비트 형제에게 돌렸다. 결국 이들 형제는 거리에서 처참하게 살해되었다-옮긴이). 하지만 그럴 경우 스피노자의 신변이 위험에 처할 것은 물론, 자기 집도 무사하지 못할 것이라 예상한 집주인이 그를 만류했을 거라고 말했다.

한편 폭력과 광신의 한복판에서 조용히 연구에 몰두하며 은둔한 그의 삶은 더욱 선명하게 부각된다. 스피노자는 그 속에서 작품 하나를 구상한다. 내용이 그다지 많지는 않지만, 심오한 내적 필연성을 증명해주고 있다는 점에서 결정적인 중요성을 갖는 작품이다. 미완의 이 《지성개선론》은 스피노자의 초기 저작에 속하는 것으로, 여기서 이 철학자는 사유란 사활이 걸린 중대한 모험이라고 말한다. "공동생활에서 빈번하게 발생하는 것들은 모두 쓸데없고 하찮다는 것을 내 경험을 통해 알게 된 후⋯."

그 결과 스피노자는 사유를 통해 무의미하지 않고 하찮지 않은 행복을 찾으리라 기대하며 사유에 헌신할 것을 요구한다. 그 길은 엄격한 규칙을 준수해야 하는 기나긴 여정일 수 있지만, 성공이 예상되는 길이다. 그로부터 몇 년 후, 《에티카》의 마지막 구절에서 확인할 수 있는 것도 바로 이러한 내용이다. "아름다운 모든 것은 희귀한 만큼 어렵고 힘든 것이다." 이러한 시각의 변화는 어디에서 비롯하는 것일까? 그것을 몇 마디로 정리하기는 어렵다. 하지만 다음과 같은 다섯 가지 측면에서 스피노자의 사유 전개 과정을 엿볼 수 있을 것이다.

신, 즉 자연

스피노자의 특수성을 밝혀줄 첫 번째 핵심은 바로 신에 대한 정의이다. 그의 철학에 있어 놀랍고도 근본적인 정의는 바로 'Deus sive Natura' 즉 '신, 혹은 원하신다면 자연'이다. 이것은 '신, 즉 자연'이라는 말로 번역할 수 있다. 신은 자연의 동의어이고, 자연은 신과 동일하다는 뜻이다. 이 두 명사는 동일한 현실을 가리킨다. '신' '자연'은 동일한 단 하나의 실체를 일컫는 두 개의 호칭이다. 거듭 강조할 필요가 있는 말이다. 이는 기묘하고도 중대한 사안이기 때문이다. 이 두 호칭은 서로 다른 그리고 서로 분리된 현실을 가리키는 것이 아니다.

이것이 바로 근본적으로 일탈적이고 혁명적인 점이면서 결국 낙관적인 면을 가진다. 우선 일탈적이라고는 말할 수 있는 것은, 스피노자가 신과 세계의 구분이라는 전통적 개념과 단절했기 때문이다. 그는 물질성이라고는 전무한 '순수 정신'으로서의 신을 거부한다. 그는 신과 이 세계가 서로의 외부에 존재하는, 즉 서로 무관하다는 기존 개념도 거부한다. 이러한 사상은 혁명적일 수밖에 없다. 왜냐하면 '신=자연'이라는 주장은 두 가지 의미로 해석될 수 있기 때문이다. 우선은 무신론적 주장으로 간주될 수 있다. 즉 신을 자연에 용해시킴으로써 신을 제거해버리는 것이다. 이 경우 스피노자가 물질세계의 존재만을 옹호한다고 생각할 수 있다. 하지만 이는 이 세계의 신격화로 해석될 수도 있다. 즉 신이 물질로 변한 것이 아니라, 물리적 현실이 신성한 실체로 변모하는 것이다.

따라서 신=자연이라는 등식은 스피노자 자신의 관점에서 보아도 결국은 마음이 놓이게 하는, 즉 낙관적이라 할 수 있을 표명이고, 어떤 식으로든 해방의 의미를 전해주고 있다. 사실 신과 자연이 결국 하나라는 것을 이해한다면, 자연의 메커니즘을 밝혀냄으로써 신과 자연의 불가피성을 파악할 수 있게 된다. 이렇게 되면 우리는 신의 완벽함이 현실의 아주 사소한 부분 속에도 존재한다는 것을 납득할 수 있다. 그렇지만 이 완벽한 신성의 존재는 그 어떤 결정의 결과, 즉 신의 의지로 자유롭게 창조된 신성한 복안이 빚어낸 결과도 아니다. 즉 어떠한 선택도 신-자연의 조종으로 이루어지지 않는다. 왜냐하면 자유 의지는—이것은 다시 고찰해보아야 할 두 번째 핵심—세계나 자연, 신이나 인간 속에는 절대 존재하지 않기 때문이다.

스피노자의 충격적인 주장은 또 있다. 인간은 스스로를 자유롭다고 생각한다. 자신이 결정하고, 따라서 자기 존재와 삶의 과정을 스스로 조직한다고 느낀다. 인간은 자신의 이 선택 능력 덕분에 사물과, 선택의 자유가 없는 생물 즉 본능에 따라 움직이는 동식물들과 근본적인 차별성을 갖는다고 생각한다. 따라서 인간은 신 역시 이러저러한 결정을 할 수 있는 자유와 의지가 있다고 생각한다. 그래서 신은 'Yes' 혹은 'No'라고 말할 수 있을 것이다. 하지만 스피노자가 보기에 이런 의지란 존재하지 않는다. 이들은 우리의 무지가 빚어낸 상상의 소산에 불과하다.

실제로 신-자연은 절대적 필연성이 지배하는 연쇄적인 인과 관계를 따른다. 그리고 인간들 역시 이 절대적 필연성의 지배를 받는다. 이 필연성은 인간의 자유로운 선택 능력 안에 있지 않다. 인간이 자신의 자유로운 선택 능력을 믿는 것은, 자신의 행동을 지배하는 실제 원인을 모르기 때문이다. 달리 말해 나를 결정짓는 의지가 바로 나라고 생각하는 무지 때문에 나는 스스로 자유롭다고 믿는 것이다. 신의 경우, 신은 자기 본질의 내적 필연성에 복종한다. 말하자면 자연을 지배하는 다른 '외부적' 요인이란 없다. 즉 자연 속에서는 자연 그 자체가 원인이 아닌 결과는 전혀 발생하지 않는다.

이 같은 내용을 예로 들어 설명하기 위해서 신-자연을 하나의 기하학적 형상, 가령 사각형으로 가정해보자. 사각형의 속성들이란 필연적으로 그 형태에서 비롯하는 것이다. 즉 그 어떤 외부적 원인이나 무언가를 바꿀 수 있는 그 어떤 의지도 개입하지 않았다. 이와 유사하게 이 세계의 속성이라는 것도 신의 본질로부터 비롯하는 것이다. 즉 신이 이 세계의 속성을 미리 결정한 것도 아니고, 그 최소한의 요인도 미리 선택한 것이 아니다. 우리의 결정이라는 것 역시, 우리를 결정짓는 원인들로부터 기계적으로 비롯하는 것이다(신의 경우와는 달리, 이들 원인이 우리 외부에 있다는 차이는 있다).

이런 식의 표현은 존재의 영역에서 도덕이나 윤리를 완전히 배제하는 것으로 비칠 수 있다. 스피노자의 철학이 물의를 빚는 가장 큰 이유는 분명 이 세 번째 핵심 때문이다. 실제로 그는 '선'과 '악'은 전혀 상응하는 것이 아니고, 공허한 표상에 불과하다고 설명한다. 드러나는 상황 속에서 사람들의 동의 혹은 혐오에 따라 이러한 환상이 만들어지는 것이다. 따라서 스피노자의 이러한 주장은 모든 사회 질서와, 미덕에 대한 보상의 가능성 또는 악행에 대한 처벌의 가능성을 원천적으로 봉쇄시키는 것으로 보일 수 있다. 하지만 이러한 생각 역시 잘못된 것이다.

정의, 욕망, 해방

:

사실 성공하지 못할 것 같은 스피노자의 이 곡예 같은 신新철학의 목표는 도덕의 토대를 완전히 무너뜨림으로써 질서와 정의를 구원하는 것이다. 스피노자는 '선'과 '악'이라는 대립적 현실 사이에서의 자유 선택—실제로는 절대 의지의 지배를 받는다—에 기초한 도덕 개념을 기만적 환상으로 간주하고, 여기에 반대하는 하나의 윤리학을 구축한다. 그의 윤리학은 현실 인식에 기초한다. 이 윤리학의 목표는 추상적 가치들에 순응하는 것이 아니라, 우리를 좌지우지하는 원인들을 인식할 때 발생하는 결과에 따라 행동하는 것이다. 이는 구체적으로 어떤 의미일까? 범죄와 처벌의 문제가 좋은 사례가 될 수 있다.

만약 살인자나 강도가 자유 의지가 없는 인간이라면, 이들을 어떤 명목으로 처벌해야 할까? 비난과 처벌은, 칭찬과 보상과 마찬가지로 자기 행동에 책임을 지는 인간 개념을 전제한 것이 아닌가? 스피노자가 보기에 확실히 해야 할 부분이 바로 이것이다. 사실 미쳐 날뛰는 개를 자기 행동에 책임지는 존재로 생각하는 사람은 아무도 없다. 그럼에도 불구하고 사람들은 그 개가 위험하기 때문에 때려눕힌다.

한 가지 더 예를 들면, 구름이 몰고 온 우박이 농작물을 망치기 때문에 구름을 질책하고 비난해야 한다고 주장하는 사람은 아무도 없다. 사람들은 구름을 비난하는 대신 효율적으로 폭풍우를 방지하려고 노력한다. 이렇게 보면 사법적 도구들과 형법은 책임감이라는 것이 전혀 없을 때에도 그 의미와 기능을 유지한다. 이들 사법적 도구는 범죄자들의 악행과, 타인에게 해를 끼치려는 이들의 의도로부터 공공의 평화를 수호하는 데 이용되는 것이다.

사실 스피노자 사상의 핵심에 자리 잡고 있는 것은 욕망이다. 이것이 바로 스피노자 철학의 네 번째 핵심이다. 그의 철학은 욕망, 즉 결핍으로서의 욕망이 아닌 확인된 바로서의 충만한 욕망의 위상을 밝혀낸다.

플라톤에서부터 욕망이란 결핍, 부족함의 표현으로 인식되어 왔다. 스피노자의 욕망은 정반대다. 즉 그는 욕망의 긍정적인 면을 주장하고, 욕망을 우리 판단과 행위의 근원으로 파악한다. 스피노자에 따르면 한 남자가 한 여자를 아름답다고 생각하는 것은 그가 그녀를 욕망하기 때문이다. 일반적으로 생각하는 것처럼 그 여자가 아름답기 때문에 욕망하는 것이 아니다.

여기서 스피노자는 또다시 전복을 야기한다. 즉 사람들이 안주하는 환상 대신에, 일반적으로 간과되고 있는 현실의 존재를 보여주는 것이다. 사람들은 스스로 자유롭다고 믿으며 자신을 유혹하는 것은 '외부의' 대상이라고 생각하지만, 사실 사람은 자기 육체와 정신에서 비롯한 자연스러운 원인들의 연쇄작용을 통해 자신의 '내부에서' 결정된다. 그렇다면 스피노자의 세계는 처음부터 끝까지 이미 결정되어버린, 자유도 빈틈도 없는 슬픈 메커니즘이라고 결론 내려야 할까? 이런 결론이야말로 최악의 오해일 것이다.

사실 이것은 쾌락의 철학이지, 우울한 철학이 아니다. 스피노자는 쾌락 속에서 우리가 행동할 수 있는 능력이 더 증대되고, 우울함에서 비롯한 존재의 축소 및 저하에 대립하는 우리 존재의 확장이 이루어진다고 본다. 그의 사상은, 필연성의 인식 즉 자연과 신의 관점을 인식한다는 것과, 쾌락에 이르는 길을 깊이 연관시키고 있다. 이 근본적 연관 관계는 진정한 인식이 개인 속에서 불러일으키는 태도의 변화와 삶의 변화에 상응한다. 이 변화를 어떻게 이해할 수 있을까? 필연성을 인식하게 되면 태도와 삶의 변화도 불가능한 것이 아닌가. 이것이 어떻게 개인의 행복을 가져다줄 수 있을까?

어떤 필연성의 인식은 그 인식의 전개에 있어 아무런 변화를 가져오지 않는다고 가정해보자. 죽음의 원인이 불치병이라는 것을 정확하게 알고 죽는 것과, 신의 의지가 내리는 처벌, 즉 나쁘다고 전제된 행위에 대한 처벌을 받는 것이라 믿으며 죽는 것은 전혀 다르다. 원인에 대한 정확한 인식—스피노자는 '진정한 인식이란 원인을 통해 인식하는 것'임을 강조한다—속에는 슬픔과 불행의 근원인 환상, 잘못된 지식, 잘못된 기대, 잘못된 두려움을 일소해주는 해방의 길이 들어 있다.

이처럼 스피노자의 사상은 한눈에 보기에도 대립적인 것들의 결합이 그 특징이라 할 수 있다. 그는 신과 이성이 동일하다는 관점에 다다른 것이다. 더 나아가 신, 즉 자연과 이성이 단 하나의 동일한 현실로 변모하는 것처럼 보인다. 그 결과 앎은 구원과 대립하는 것이 아니라 구원을 향해 나아가는 것이다. 마찬가지로 가장 절대적인 필연성이란 삶의 거부에서 오는 일시적 기분이나 책략과는 전혀 무관한 해방과 평정심의 가능성과 결합한다. 결국 현실에 대한 완전한 이해는 시각의 근본적 변화를 가져온다.

스피노자에 따르면 지복, 즉 현자의 상태란 이성을 포기한 황홀경 같은 것이 아니다. 이는 과학과 다른 상태가 아니라, 오히려 인식의 궁극적 충만함으로서 우리를 지복의 삶으로 이끄는 것이다. 여기서 지복의 삶이란 그 찰나적인 특성에도 불구하고, 그 자체로 신-자연의 영원성 속에 포함된 삶이다. '우리는 우리가 영원하다는 것을 느끼고, 경험한다'라는 스피노자의 단언은 바로 이런 의미에서 이해해야 한다. 이 영원성은 우리의 이성이, 수학적 진리처럼 시간에 종속되지 않는 진리에 도달할 때 우리가 느끼는 영원성이다.

어떤 의미에서 보면, 스피노자는 그리스어에서 아는 것이 많은 사람과 지혜로운 사람을 동시에 가리키는 '소포스sophos'의 이중적 의미를 재발견했다고 할 수 있을 것이다. 고대 그리스인들에게 있어, 많이 안다는 것과 지혜롭다는 것은 동일한 것이었고, 동일한 사유 방식의 두 얼굴이었다. 이것은 스피노자에게 있어서도 마찬가지다. 그리스인들처럼, 스피노자도 '어떻게 살 것인가?'라는 단 하나의 질문에만 답한다. 스피노자 철학의 힘은, 이 질문의 답이 단순히 삶의 방식에 대한 규범 표명에 있지 않음을 깨달았다는 데 있다. 그의 철학 속에는 세계의 실체와 영혼의 본성, 정념의 메커니즘, 인식 특유의 평정심에 대한 이해가 담겨 있다. 이것이 바로 《에티카》가 다루고 있는 내용들이다. 어떤 의미에서 보면 스피노자는 철학을 더 이상 '이상'이 아닌 현실로 만듦으로써 철학을 실현시킨 철학자이다.

스피노자에 관해서 제일 먼저 읽어야 할 것은?

《에티카》. 단 고전 주석과 부록부터 먼저 읽고, 스피노자의 편지도 함께 읽어야 한다.

스피노자에 대해서 좀 더 깊이 알고 싶다면?

질 들뢰즈 저, 박기순 역, 《스피노자의 철학》, 민음사, 2001
질 들뢰즈 저, 이진경 · 권순모 공역, 《스피노자와 표현의 문제》, 인간사랑, 2003
알렉상드르 마트롱 저, 김문수 · 김은주 공역, 《스피노자 철학에서 개인과 공동체》, 그린비, 2008
매튜 스튜어트 저, 석기용 역, 《스피노자는 왜 라이프니츠를 몰래 만났나》, 교양인, 2011

previous

스피노자가 설명하는 현자의 지복은 근대 초입에 고대의 이상, 즉 이성의 노력을 통해 얻어지는 완벽한 평정심을 부활시킨다. 이러한 사유를 통해 다시금 발견한 진리는 영원한 행복을 보장하는 데 충분해 보인다. 하지만 이것을 깨닫는 데에는 오랜 시간이 걸렸다. 스피노자의 저작은 오랫동안 너무도 많은 오해를 받아왔기 때문이다.

라이프니츠는 스피노자를 찾아가 만난 적이 있었지만, 이후 그 사실을 부인했다. 그가 양심을 속인 데에는 이유가 있다. 라이프니츠가 진리를 생각하는 방식, 존재와 신을 생각하는 방식이 스피노자와 너무 달랐던 것이다.

next

이름	라이프니츠Gottfried Wilhelm Leibniz
활동 지역 및 출신 배경	17세기 말, 독일의 과학 및 외교 분야.
연대기	1646년 라이프치히의 학자 집안에서 출생. 1661년 15세에 라이프치히 대학 입학. 1666년 약관 20세에 법학 박사 논문의 구두 심사를 받고, 조합에 관한 수학 논문을 출간. 1672년 프랑스의 루이 14세 당시 파리의 외교관으로 파견. 1676년 하노버 시市의 도서관 사서가 됨. 1685년 브라운슈바이크 시의 사료 편찬관이 됨. 1703년 《신 인간오성론》 집필 시작. 1714년 《단자론》 집필. 1716년 하노버에서 사망.
진리 개념	총체성의 문제이면서 동시에 관점의 문제. 우리가 어디에 위치하느냐에 따라 달라지는 진리는, 실제로 대립되는 것처럼 보이는 모든 판단들을 포괄하고, 모든 관점을 총괄하는 신의 관점에서 보면 단 하나임.
명언	"신의 사고 속에는 무한히 많은 가능한 세계들이 있고, 그중에서 존재할 수 있는 세계는 단 하나밖에 없기 때문에, 신의 선택은 충분한 이유가 있어야 한다. 그 충분한 이유가 신으로 하여금 저 세계가 아닌 이 세계를 선택하게끔 한다."
철학사적 위상	아마도 복잡한 철학 체계 때문에 평가절하되는 경우가 가끔 있긴 하지만, 그럼에도 불구하고 그의 체계는 가장 강력하고 가장 완전한 체계 중 하나로 꼽히고 있다.

philosopher Gottfried Wilhelm Leibniz

|11|

라이프니츠
진리란 신을 계산해내는 것이다

"신은 존재할까?" "어디 계산해보자!" 이 엉뚱한 대화는 라이프니츠의 사유 과정을 한 마디로 요약해줄 수 있다. 이 대화의 핵심은 다음과 같다. 즉 형이상학과 신에 관한 근본적 의문에 대한 답변은 기하학의 형태를 띠는데, 이 답을 구하려면 일종의 사유의 부호를 이용하여 철학적 문제를 수학 방정식 풀 듯 다루어야 한다. 다양한 형태를 가지는 이 주요 맥락은 이 전무후무한 철학자의 모든 저작을 관통하는 원칙이다.

약관 스무 살의 라이프니츠가 《조합법에 관한 논고》를 출간했을 당시, 이 젊은 천재는 이미 이 세상의 있을 수 있는 모든 문제를 해결할 수 있는 보편적 방법론을 고안해내려는 야심을 품고 있었다. 그의 사유는 신학, 계산, 조합이라는 동일한 중심점을 끊임없이 맴돌고 있다. 그는 과학적·수학적 문제들뿐만 아니라 이 문제들의 형이상학적 토대에 대해서도 고심한 철학자이다.

수학과 형이상학 간의 이 낯선 상호 교차 때문에, 라이프니츠의 저서는 늘 제대로 평가받지 못했다. 심지어 그의 책은 풍자의 대상이 되기도 했다. 사람들은 그를 연금술사나 신비주의자, 일종의 마술사로 치부했다. 너무 난해하고 복잡하며 치밀하다는 평가도 있었다. 너무 극단적이어서 엉뚱하고 우스꽝스러운 사람으로 비춰지기도 했다. 볼테르가 《캉디드Candide》를 통해 풍자한 인물도 바로 라이프니츠였다. 이 작품에 등장하는 그 유명한 팡글로스 박사는 온갖 부정이 난무하는 와중에도 세상만사는—모든 것이 늘 완벽한 것처럼—'더할 나위 없는 최상의 상태'라는 말만 끊임없이 되풀이하는 극단적 낙관주의자다. 하지만 라이프니츠는 결코 이런 말을 한 적이 없다.

물론 이 말 많은 라이프니츠가 무슨 말을 했는지 일일이 따져보기 어려울 때도 있다. 그가 쓴 글의 분량이 엄청나기 때문이다. 생전에 책을 출간한 일이 거의 없는데도 불구하고, 미출간 원고가 20만 페이지에 달할 정도로 그의 작품 세계는 방대하다. 이 원고 속에는 그의 평생에 걸친 연구가 고스란히 담겨 있다. 어릴 때부터 천재로 인정받은 라이프니츠는 생애 거의 60년 내내 연구를 했다고 해도 과언이 아니다. 그가 쓴 글만으로도 17세기 후반 당대의 지식을 총괄하는 일종의 백과사전 한 권은 족히 나올 정도이다. 그의 수학 논문들 속에는 함수와 미분계수, 거듭제곱의 개념 등 라이프니츠만의 독자적이고 핵심적인 발견 내용들이 들어 있다. 라이프니츠는 뉴턴과 더불어 미적분 계산의 창시자로 꼽힌다. 물리학과 지질학, 형이상학, 신학에 관한 연구 성과들도 만나볼 수 있다. 이 박식한 다작의 철학자가 한편으로는 외교관, 역사가, 도서관 사서, 여러 종류의 학술서 전집이나 학술잡지를 창간했다는 점도 기억해야 할 것이다. 이 팔방미인 철학자의 다른 어떤 업적보다도 중요한 것은, 그가 고대와 근대 사이에, 고대의 개념적 유산과 현대 사이에 강력하고도 치밀한 연결고리를 만들어냈다는 점이다.

범우주적 사유

1646년에 태어난 라이프니츠는 어릴 때부터 천재적인 두각을 나타냈다. 그가 여섯 살 때 어머니가 세상을 떠났고, 대학의 법학 교수인 아버지 밑에서 성장했다. 라틴어를 독학한 것으로 추정되는 이 꼬마 천재는, 아주 어릴 때부터 아버지의 서재에서 고대 그리스어와 라틴어로 된 고전들의 정수를 맛보았다. 열다섯 살에 대학에 입학하여, 스물한 살에는 법학 박사가 된 그의 법학 이력은, 까다로운 법률 사례에 대한 그의 성찰과 더불어 그의 사유와 작품의 여러 측면에서 다시 발견된다. 당대의 여러 유명 인사들도 이 젊은이를 주목했다. 그의 첫 번째 후원자는 보이네부르크Boynebourg 남작이었다.

라이프니츠는 스물여덟 살에 프랑스 파리로 간다. 그는 루이 14세를 설득하여 독일이 아닌 이집트를 침공하게끔 하라는 외교적 임무를 맡고 있었다. 그는 4년간 파리에 체류하면서, 자신의 수학 연구에 완성도를 더해갔고, 이미 파스칼의 계산기보다 더 뛰어난 계산기를 만들었다. 프랑스의 철학자 말브랑슈와 네덜란드의 과학자 호이겐스도 만났다. 독일로 돌아온 후에는, 네덜란드에 살고 있는 스피노자를 만나러

가기도 했다. 서른 살 즈음의 라이프니츠는 이미 유럽의 위대한 지성 중 하나로 꼽힐 정도였고, 당대의 과학계·철학계 주요 인사들의 대화 상대가 되어 있었다. 라이프니츠는 그 후 하노버 도서관의 사서로 임명되어 죽을 때까지 약 40년간 그 자리를 지키며 수많은 연구에 몰두한다. 그의 연구 성과들 중에서도 그를 특히 유명하게 만들어준 것은 분명 '악'에 대한 연구였다.

예순네 살 때 씌어져 그를 유명 인사로 만들어준 《변신론辯神論, Essais de Théodicée》은, 신과의 관계 속에서 악의 문제를 다루고 있다. 만약 신이 존재한다면, 그리고 이 신이 선한 존재라면, 이 세상에 존재하는 그 숱한 고통과 공포, 악행과 비참과 불의는 어떻게 설명해야 하는가? 라이프니츠는 이 문제를 풀기 위해, 수많은 여타 사상가들의 뒤를 이어, 욥기에서부터 성 아우구스티누스와 토마스 아퀴나스, 그 외 수많은 사상가들을 거쳐 파스칼까지 모두 다룬다. 하지만 그는 이미 고전이 되어버린 이러한 질문에 대해 완전히 새로운 접근 방식을 선보인다.

변신론 혹은 신의론神義論이라는 말로 번역되는 'théodicée'라는 말은 라이프니츠가 만들어낸 신조어이다. 그는 여기에 대해 별다른 설명을 하지 않았기 때문에, 당대에는 책 제목을 보고 저자 이름으로 오인한 사람들도 있었다. théodicée라는 말은 그리스어로 '신'이라는 뜻의 '테오스theos'와 '정의'라는 뜻의 '디케dike'의 합성어이다. 따라서 '신의 정의'라는 말로 해석될 수도 있고, 이 책에서는 '신이 곧 정의'라는 뜻일 수도 있다. 라이프니츠의 사상 속에는 이 두 의미가 모두 존재하는 것 같다.

어쨌든 중요한 것은 라이프니츠가 새로운 계산 방식과 분석 방식을 고안해내어, 신이 세계의 수많은 조합 방식들 중에서—하나하나의 조합 속에는 매 순간 선과 악, 빛과 그림자, 기쁨의 순간과 잔인한 순간들이 포함되어 있다 — 가장 완벽하게 조합된 세계를 선택한다는 사실을 증명하고자 한다는 것이다. 이 말은 흔히 범하는 해석의 오류와는 달리, 이 세계가 완벽하다는 의미는 아니다.

따라서 라이프니츠를 《캉디드》의 팡글로스 박사—지상의 온갖 부정과 악에 직면해서도 만사는 가능한 세계 중에서도 '더할 나위 없는 최상의 상태'라는 말만 끊임없이 되풀이한다—에 빗대 풍자한 볼테르는 착각을 한 것이다. 볼테르는 라이프니츠의 핵심, 즉 '가능한possible' 세계 중에서 최상이라는 것을 간과하고—혹은 간과한 척하고—있다. 라이프니츠가 강조하는 사실은 바로, 신에 의해 이루어지는 연속적인 선택들은 저마다 일정 정도의 완벽함을 보유하고 있다는 것이다. 개인들도 저마다 어느 정도의 완벽함을 소유하고 있지만 그렇다고 백 퍼센트 완벽하지는 못한 것과 마찬가지다. 따라서 이 계산법은 세상의 빛과 어두움의 장점과 단점을 계산하여, '가능한 세계 중에서 제일 나은 세계'를 선택하는 방법이지, 절대적으로 늘 최상인 세계를 고르는 것이 아니다.

《단자론Monadologie》은 라이프니츠의 말기 저작들 중 하나의 제목이다. 이 제목은 많이 알려져 있다. 그는 죽기 2년 전, 《철학의 원칙들》—《단자론》의 원래 제목—을 통해 유기체와 이것을 구성하는 모든 부분들 간의 관계에 대한 놀랍도록 독창적인 개념을 전개한다. 그가 말하는

'단자monades'란 자율적이고 독립적인 실체들이다. 각각의 단자는 '창문이 없음'에도 불구하고 저마다 세계를 표상représentation하고 있다.

단자를 밀폐된 캄캄한 방으로 상상해보자. '단자들은 창문이 없기 때문에 아무것도 드나들 수 없다' 혹은 단자에는 '구멍도 문도 없다'라고도 쓴다. 단자들이란 라이프니츠 이전 사상에 의거하여 파악할 수 있는 그런 영혼이나 정신이 아니다. 어두운 방과 같은 단자는 모든 것을 자기 자신의 어두컴컴한 밑바닥으로부터 이끌어낸다. 각 단자는 전 세계를 표현하지만, 명확하게 표현하는 것은 그 세계의 한 부분뿐이다.

따라서 각 유기체는 생명체든 아니든 그 자체로 하나의 세계이고, 그 내부에 외부 세계 전체가 나타난다. '아무리 막연하고 불확실한 생각이라고 해도, 대리석에게도 생각이 있다'라는 라이프니츠의 말은 이런 의미로 이해해야 한다. 이 세계는 표상에 불과하고, 이들 각각의 표상은 어느 정도 분명하고 또렷한 일종의 내적 이미지로서, 인간의 이성과 지성 속에서 가장 선명하게 나타난다. 언뜻 보아서는 무미건조하기 짝이 없고 너무 미세한, 이런 식의 체계를 통해 라이프니츠는, 영혼과 육체의 결합, 영혼 불멸 같은 형이상학의 핵심 문제들에 대한 혁신적인 접근 방식을 제시한다.

하지만 지금까지는 거대한 작품의 한두 쪽을 개괄해본 것에 불과하다. 라이프니츠의 사유 체계는 실로 범우주적이라 해도 과언이 아니다. 그는 엄청난 치밀함과 가끔은 복잡함까지 동원하여, 사유와 역사와 현실의 모든 측면을 총체적으로 포착하고자 하기 때문이다. 라이프니츠 사유의 전개 과정이 보여주는 정교함 때문에, 현대인들은 그의 예리함과 참신함을 제대로 이해하는 데 어려움을 겪어왔는지도 모른다. 이제 라이프니츠의 사유 속으로 들어가는 길을 그려보기로 하자.

파도 소리

라이프니츠를 좀 더 쉽게 이해하기 위해, 파도 소리에 귀를 기울이며 해변을 거니는 상황을 상상해보자. 이 단순한 상황을 좀 더 깊이 파고 들어가면, 라이프니츠 사유의 다양한 산물들을 이끌어낼 수 있다. 파도 소리를 듣는다는 것은, 모래사장으로 몰려드는 바닷물의 방울 하나하나의 소리를 모두 듣는다는 뜻이다. 하지만 몇 미터 혹은 몇십 미터 떨어진 곳에서 바다 밑바닥을 때리고 있는 단 한 방울의 물소리는 절대 들리지 않을 것이다. 그렇지만 실제로 우리 귀에 들리는 파도 소리는, 우리 귀에 들리지 않는 그 소리들이 모두 합쳐진 소리다.

따라서 라이프니츠가 말하는 '미세 지각', 이 경우에는 우리가 지각하지 못하는 물소리들—색깔이나 냄새, 기타 촉각 정보들도 해당된다—의 존재를 인정해야 한다. 우리는 이 미세 지각들을 듣지도, 보지도, 느끼지도 못한다. 그럼에도 불구하고 더해지고 누적된 이 미세 지각들은 문지방 효과(특정한 물질이나 생물체에 일정한 한도를 넘는 자극이 가해질 경우 새로운 현상이 나타나는 것-옮긴이)를 일으켜 결국은 파도 소리와 같은 '거대 지각'에 이르게 된다.

여기에는 연속(성)이라는 전제가 암묵적으로 설정되어 있다. 이 지각들은 서로 결합해야 하고, 그 개수는 아주 미세한 한 요인을 다른 요인에 덧붙이는 미적분 방식을 통해 점차적으로 '극소 지각'을 만들어내야 한다.

이 파도 소리의 사례에는 또 다른 주요 전제가 들어 있다. 즉 '충분 원인' 원칙 또는 라이프니츠가 이따금 언급한 '"왜"라는 거대 전제'가 그것이다. '세상에 원인 없는 결과는 없다'라고 말이다. '원인이 없다면' 우리도 파도 소리를 들을 수 없다. 또 파도 소리는 수많은 물방울들로 이루어지기 때문에, 우리는 필연적으로 단 한 방울의 물소리를 듣게 된다. 원인 없는 결과는 없기 때문이다.

만약 이 세상에 백 퍼센트 아무 원인 없이 무엇인가가 발생한다면, 이성이 그 무엇인가를 인식할 수 있는 가능성도 더 이상 존재하지 않을 것이다. 이 세계가 인식 가능하고 이해 가능한 것이라면 그것은 결과에 대한 충분한 이유가 항상 존재하기 때문이다. 물론 이 말은 세계가 실질적으로 인지되고 현실적으로 이해된다는 말이 아니라, 세계가 그렇게 될 수 있음이 확실하다는 의미다.

파도 소리의 사례는 라이프니츠의 전체 사유 체계의 또 다른 주요 측면과 연결된다. 구성단위와 무한의 관계가 그것이다. 우리 귀에 들리는 이 파도 소리는 단 하나의 소리를 만들어낸다. 우리는 특정한 일관성을 지닌 총체적인 하나의 소리를 듣지만, 사실 그 소리는 모래사장 위에 부서지는 수백만 혹은 수십억 개의 물방울에 해당하는 무수한 미세 지각들로 이루어져 있다.

이 관계는 라이프니츠의 사유 모든 전개 과정에서 발견된다. 즉 그의 가장 주요한 입장은 언제나, 구성단위와 무한을 함께 고려하는 데 있다. 그의 목표는 일어날 수 있는 것들, 즉 가능한 것들을 서로 조합함으로써 그 무한한 조합의 다양성을, 이 세계의 현실을 반영하는 하나의 일관성 속에서 사유하는 것이다. 이런 관점에서 보면 라이프니츠는 진리에 대한 사고 자체를 새롭게 정립하고 있다. 분명히 해야 할 것은 이것이 어떠한 방식으로 이루어지느냐 하는 것이다.

우리가 흔히 말하는 '절충주의'라는 것을 만들어낸 사람이 바로 라이프니츠라고 말한다면, 그것은 틀린 말이기도 하고 옳은 말이기도 하다. '절충주의'가 연속적인 철학 체계들 속에서 하나를 선택하는 것, 즉 전체에서 약간의 부분을 채택함으로써 진리를 일종의 패치워크로 변모시킨다는 의미라면, 이는 틀린 말이다. '절충주의'가 잡동사니적 사유, 즉 모든 작품과 모든 사상과 모든 학파를 뒤섞어놓으려는 사고라면, 이것은 라이프니츠가 말하고자 하는 바가 아니다. 오히려—이것은 단위와 무한의 관계 설정에 상응한다—라이프니츠가 생각하는 절충주의란, 진리라는 핵심부는 각각의 철학 체계 속에 포함되어 있고, 이 체계는 자기가 주장하는 것에 의해 진리가 되고, 자기가 부정하는 것에 의해 거짓이 된다는 사실이다.

따라서 중요한 것은, 모든 주장들을 모두 파악하여 명백히 가장 모순되는 시각들을 조합하고자 노력하는 것이다. 이러한 사유 전개는 조합적 사고와 유사하지만, 라이프니츠가 평생 종사했던 외교 업무와도 무관하지 않다. 결국 사유 속의 라이프니츠는 항상 외교관이기도 했다. 그는 대립적 입장들을 양비론적 타협을 통해 화해시키려고 하지 않았다. 대신 한눈에 보기에도 서로 상반되는 사고의 영역과 관점들이 어떻게 공존할 수 있을지 알아내려고 애썼다. 이 속에서 그는 분석적 문체를 준비한다. 이는 이후 헤겔의 철학을 통해 계승되어 새롭게 변모한다.

이 모든 것에도 불구하고, 라이프니츠의 이 난해한 사상은 특유의 신비로움과 힘을 유지하고 있다. "라이프니츠는 겉치레와 번듯한 철학자를 필요로 하는 점잖은 독일에서는 위험인물이다. 그는 무모하고, 그 자체로 너무나 수수께끼 같은 사람이다." 하노버의 지도자라는 겉모습—법률가, 외교관, 능수능란한 논쟁가, 다방면에 걸친 호기심의 장본인—너머에는 다소 수수께끼 같은 이 철학자의 체계가 확실히 자리하고 있다. 수수께끼의 원인이, 그의 저작이 여러 편의 소논문들이나 편지글, 시사적 글들로 잡다하게 분산되어 있기 때문은 아니다. 수학 법칙의 지속적 사용과 신을 옹호하는 그의 역할 때문은 더더욱 아니다.

난해함은 라이프니츠의 철학적 목표 그 자체에 있다. 라이프니츠는 다른 무엇보다 세계의 구성단위와 세계의 무한한 다양성, 만물의 조화와 개인의 특수성, 단일한 현실과 무수히 많은 관점들을 총체적으로 사고하는 데 성공한 것이 분명하다. 라이프니츠의 철학적 좌우명은 이렇게 요약될 수 있을 것이다. '만물은 늘 동일하다. 그렇지만 그 모든 것은 방법에 의해 서로 달라진다.'

라이프니츠에 관해서 제일 먼저 읽어야 할 것은?

《형이상학 서설》.

라이프니츠에 대해서 좀 더 깊이 알고 싶다면?

질 들뢰즈 저, 이찬웅 역, 《주름: 라이프니츠와 바로크》, 문학과지성사, 2004
라이프니츠 저, 배선복 역, 《모나드론 외》, 책세상, 2007
이정우 저, 《개념-뿌리들: 라이프니츠와 현대》, 그린비, 2012

p r e v i o u s

라이프니츠가 인식하는 진리는 수학적 형태를 가진 현저히 현대적인 개념이다. 이러한 진리는 여러 가지 면에서 그리스적 사유 체제의 특성을 지닌다. 결국 너무 기계적이고 까다로운 이 진리는 그 난해함 때문에 몇몇 소수의 전유물이 되었고, 만인이 공유하기에는 어려움이 많다.

계몽주의 철학자들이 끊임없이 표명하고 확산시키고자 한 진리는 접근 가능하고 사람들을 자유롭게 해줄 수 있는 진리와, 누구나 쉽게 다룰 수 있는 비판적 도구들이다. 이는 대중적 철학, 혹은 진리를 추구하는 또 다른 모험들이라고 말할 수 있다.

n e x t

제4부

계몽주의의 진리, 만인을 위한 진리

진리는 보편적이어야 하고 인간을 자유롭게 해야 한다

계몽주의 시대는 진리를 인식하는 방식과 시각에 있어 급진적인 변화를 가져온다. 진리의 성격은 비판적으로 변모한다. 즉 진리의 가장 중요한 기능은 권력의 술책과 권력자들의 거짓말, 혹세무민하는 미신을 무효화시키는 것이다. 이때부터 진리는 개인의 품행, 집단의 믿음, 현실 정치 등 어느 관점에서 보나 인간을 자유롭게 해방시켜야 하는 것으로 인식된다. 따라서 이제부터 중요한 것은 확고부동한 객관적 형태의 진리가 아니다. 영원한 진리의 포착 역시 더 이상 관심사가 아니다. 비판적 진리란 종교와 제도와 체제를 체에 걸려 선별하는 방식으로서, 권위주의와 굴종 상태의 종결을 목적으로 한다. 진리는 기만과 전제 정치에 대해 문제 제기하고 이를 무너뜨리는 수단이 된다.

이것이 바로 볼테르와 디드로, 흄과 루소의 업적이다. 물론 이 철학자들 사이에는 커다란 차이점이 있지만, 자유는 진리에서 비롯한다는 사고가 이들의 공통분모인 것만큼은 분명하다. 진리를 가로막는 것은 아무것도 없으며, 진리를 백일하에 드러내고 누구나 거기에 다가갈 수 있도록 만들기 위해서는 모든 걸림돌을 극복해야 한다는 것이다.

실제로 계몽주의자들의 진리는 누구에게나 널리 적용될 수 있는 것이다. 특별한 입문 과정이 필요한 것도 아니고, 소수의 특정인들만 향유할 수 있는 것도 아니며, 비밀스러운 발언도 아니다. 이 진리의 목표는 하층민에서부터 귀족에 이르는 모든 인간을 가르치고 깨우치게 하는 것이다. 적어도 원칙적으로는 그러하다. 계몽주의 철학자들은 어떤 과정이나 절차도 없이 전 인류에 직접 호소한다. 이들에게 있어 자신들이 수호하는 진리란 조국도, 국경도 없다. 지구 상의 모든 인간에게 직접 호소하여 자유를 찾을 수 있게 해주어야 하는 진리다.

사실 계몽주의 철학의 중심 사상은, 모든 진보는 다 같이 함께 이루어진다는 것이다. 과학적 진리, 정치적 진리, 역사적 진리들은 공동으로 하나의 동일한 진보를 추구하고 촉진시킨다. 그 형태는 다양하지만 결국은 하나로 수렴되는 이 진보란 지식의 증대, 도덕적 능력의 증대, 부의 증가, 정의의 가능성의 증가 등과 관련된다. 이 모든 진보가 단 한 번에 이루어진다. 즉 학문의 진보를 가능케 하는 것은 기술의 진보도 가능케 하고, 더 나아가 자유로운 비판을 증가시킨다. 이를 통해 지식의 공유가 확산되고, 이는 곧 더 많은 자유와 평등과 박애를 보장한다.

이로써 행복이라는, 유럽에서는 '처음 탄생한 신新사고'는 프랑스혁명 지도자 생 쥐스트(1767~1794)의 말처럼, 늘 상존하는 주요 의제로 변모한다. 이후 이 진보 개념을 물려받은 19세기는 그 폭을 더욱 확장시키고, 사회적이고 정치적인 성격을 더욱 강화한다. 하지만 진보의 개념이 최초의 형태를 갖추는 것은 바로 계몽주의의 세기, 즉 18세기다.

그렇지만 이 진보에 대해 모두가 만장일치로 찬성하는 것은 분명 아니다. 루소는 지식이 우리 내면의 자연의 소리를 간과한다는 점을 강조하며 진보에 대해 문제를 제기한다. 그에 따르면 자연의 소리라는 진실은, 사악한 논리들을 동원하여 억누르지 않는 한 우리 마음에 호소하는 그런 진리다.

흄의 회의주의 역시 진보로부터 한 걸음 물러선 입장을 보인다. 이 영국 철학자는 종교적 미신에 맞서 싸우고 표현의 자유를 위해 투쟁하면서, 동시에 과학적 진리가 왜 '논점선취의 오류論点先取 誤謬'(증명을 요하는 사항을 전제 속에 채용하는 오류로, 전제 속에 결론과 같은 뜻의 말을 쓰고 있는 것을 의미한다-옮긴이)인지를 보여주고, 진정한 인식이라는 사고 자체가 얼마나 허술하고 허구적이기까지 한지를 보여준다. 이처럼 계몽주의 철학 안에서도 진리에 대한 새로운 개념은 조금씩 미세한 균열을 일으키고 있다.

이름

볼테르Voltaire

본명은 프랑수아 마리 아루에. 스물다섯 살 경에 필명으로 사용하기 시작한 '볼테르'를 평생 고수했다.

활동 지역 및 출신 배경

파리, 런던, 포츠담, 제네바, 페르니가 주 활동 무대지만, 성, 감옥, 유배지, 궁정 생활 등 파란만장하다.

연대기

1694년	파리에서 출생.
1711년	법학 대학에 입학하지만, 학업에는 흥미 없었음.
1716년	오를레앙 공公의 섭정을 비방하는 시를 쓴 혐의로 투옥.
1718년	옥중에서 완성한 비극 《오이디푸스》의 성공적 상연.
1726-1728년	기사 로앙Rohan과의 언쟁으로 또다시 바스티유에 투옥됨. 출옥 후 런던으로 망명.
1729년	복권을 모조리 다 사들이는 방식으로 재산 축적.
1734년	《철학 서한》 출간.
1745-1746년	정계에서 출세, 아카데미 프랑세즈 입성.
1750-1753년	프러시아 체류.
1758년	프랑스-스위스 국경 지역 마을인 페르니에 정착.
1764년	《관용론》 출간.
1778년	파리로 금의환향한 후 사망.

진리 개념

아이러니, 유머, 재기발랄함을 통해 드러날 수 있는 것. 합리적인 관점에서 보면, 건축가로서의 신의 존재에 도달하는 것이며, 인간들을 분리시키는 것이 아니라 한데 집결시켜야 하는 것.

명언

"지상의 천국은 내가 있는 바로 이곳이다."

철학사적 위상

당대 유럽에서 가장 유명한 사상가로 철학적 지정이란 무엇인지 구현해 보였으나, 개념의 창시자라기보다는 사상의 유포자에 더 가깝다. 하지만 시대를 넘어서 확대되고 여전히 유효한 그의 역할을 간과해서는 안 된다.

philosopher — Voltaire

|12|

볼테르
진리를 위한 투쟁을 시작하다

충격적인 문체와 놀라운 명료함과 표명 방식, 모든 것을 대담하고 경쾌하게 말하는 독특함, 심지어 비극적이기도 한 이런 방식이 바로 한눈에 본 볼테르의 특징들이다. 번뜩이는 기지는 물론, 아이러니가 늘 그와 함께한다. 지칠 줄 모르는 도발적 감각, 디테일에 대한 예리하고도 매력적인 감각, 사상을 상황에 짜 맞추는 능력, 사고를 이미지와 이야기로 풀어내는 재능. 이러한 것들이 바로 볼테르의 주요 특징이다. 하지만 이 모든 것들도 그를 완전히 설명해주지는 못한다.

사실 이 사람은 무엇보다 권력을 조롱하고, 인간의 보편화된 어리석음을 웃음거리로 만드는 타고난 반체제주의자이다. 단 몇 마디로 누군가를 풍자하거나 압축시키는 그의 재주는 타의 추종을 불허한다. 그의 글 속에서는 갖가지 이론들도 연극 속 등장인물이 되고, 사상 논쟁도 한 편의 코미디로 변한다.

볼테르의 이러한 자질은 잘 알려져 있다. 이는 서한문의 역사에 길이

남을 대작을 통해 무수히 다양한 형태로 나타난다. 책 100권 분량은 족히 되는 이 작품 속에는, 영원히 늙지 않는 걸작들(예를 들면, 콩트)과 노련한 성공작들(연극, 운문)이 어깨를 나란히 하고 있다. 하지만 이런 점들이 볼테르의 철학자로서의 위상을 확실히 보증해줄 수 있을까? 그는 과연 철학자일까라는 질문을 던지는 순간 우리는 다소 당혹감을 느끼지 않을 수 없다. 그 이유는 간단하다. '그렇다'라고 대답할 수 있는 확실한 근거들도 많고, '아니다'라고 대답할 수 있는 근거들도 이에 못지않기 때문이다.

정통 철학자들이 봤을 때, 볼테르를 온전한 철학자로 대우할 수 없는 이유는 많았다. 사실인즉, 그가 철학 개념상의 진정한 혁신을 가져왔다고 전혀 볼 수 없다는 것이다. 철학 체계를 세운 것도 아니고, 오히려 모든 체계들을 서로 싸우게 만들려고 골몰하면서, 정작 본인은 독단적 태도들을 우습게 여겼다. 철학의 그 정교하고 기술적인 가공 작업은 준엄한 정신적 노동으로 노력만큼의 결과가 나오지 않는 경우도 많다. 그런데 볼테르는 이러한 태도와는 거리가 멀다. 이런 점에서 보면 그를 시인, 극작가, 역사가, 논쟁가, 서간문 작가 등으로 부르는 것은 적절하지만 결코 철학자는 아니라고 쉽게 결론 내려야 할 것이다.

그렇지만 당대의 그는 분명 철학자로 불렸다. 그 이후에도 마찬가지다. '철학자-볼테르'는 '철학자들의 시대'라고 일컬어지는 당대의 저명인사 중 한 명이다. 이러한 상황에서는 당대의 철학적 지성을 구현하고, 독재의 전횡과 미신에 맞선 계몽주의자들의 투쟁을 선도했으며 《철학 서한》과 《철학 사전》 및 100여 편에 달하는 논문과 풍자문을 쓴 작가를 그저 문학의 범주에만 한정시키기도 곤란하다. 또 모든 형태의 권력과 종교와 지식을 시험대에 들게 하는 이성의 절대적 힘을 수호하고자 발 벗고 나선 사람을 철학자와 따로 구분하는 것도 불가능해 보인다.

한편으로는 철학자이고 다른 한편으로는 철학자가 아닌 볼테르의 모습을 모순으로 받아들여야 할까? 하지만 이러한 난제는 표면적인 것에 불과할지 모른다. 사실 이 사람은 새로운 철학 개념을 창조했다기보다는 새로운 '태도'를 만들어냈다고 볼 수 있다. 달리 말해 볼테르는 철학자들로 하여금 그때까지는 존재하지 않았던 새로운 태도를 채택하게 만든다. 그것은 정확하게 어떤 태도일까? 이를 이해하기 위해서는 사교계 인물에서 마침내 정의의 판관으로 거듭난 볼테르의 인생 역정을 되돌아보아야 할 것이다.

성공이 최우선

1694년, 비교적 평범한 집안에서 태어난 프랑수아 마리 아루에는 열 살에서 열두 살 즈음에 이미 타고난 문학적 재능을 발휘하기 시작한다. 그에게 시적 기교는 식은 죽 먹기였다. 다른 아이들은 겨우 시를 해석하기 시작하는 나이에, 볼테르는 즉석에서 여러 편의 시를 지어내는 능력은 물론, 각운을 맞추는 재능과 모든 종류의 서정 단시 창작 능력도 뛰어났다. 그는 법률 공부보다는 살롱 출입과 사교계에서의 성공을 분명 더 좋아했다. 사실 이 젊은이는 다른 어떤 것보다도 유명세와 성공을 원했다. 그에게 성공이란 문인들의 왕국에서 큰 명성을 떨침과 동시에 돈을 많이 번다는 의미였다. 볼테르는 평생 동안 문학적 성공만큼이나 경제적 성공에도 엄청난 노력을 쏟는다. 그의 집요한 노력은 성공적인 결과를 낳았다. 하지만 일관성 있고 계획적인 노력은 결코 아니었다.

사실 이 야심가는 끊임없이 위험을 감수하고, 자기 스스로 불로 뛰어드는 모순적 인간이었다. 오를레앙 공의 섭정 초기, 이미 유명세를 타고 있었던 그는 스물네 살 때인 1718년에 필명을 사용하기 시작하면서 도를 지나치게 된다. 권력자들을 비웃고, 정부를 조롱하고, 만만찮은 고위 인사들을 날카롭게 비판한 볼테르는 골치 아픈 사태를 거듭 자처하게 된다. 그는 기어 올라가던 나무의 밑으로 굴러 떨어지는 위험을 감수하며, 해학과 익살을 위해서라면 자기 운명까지도 내걸었다. 그 결과는 금세 나타났다. 바스티유 감옥에 투옥되었다가 출옥 후 런던으로 망명까지 떠나게 된 것이다.

1726년에서 1728년까지의 런던 체류 기간 동안, 볼테르는 프랑스에서는 제대로 이해하지 못했던 여러 철학자들을 재발견하게 된다. 특히 존 로크와 아이작 뉴턴이 대표적이다. 이때부터 이 출세지향주의 문필가는 여러 철학 사상의 전문가로 변하기 시작한다. 이후 그는 자신의 동반자가 된 '퐁퐁 뉴턴'(프랑스어로 '퐁퐁pompon'은 방울술이라는 뜻이다-옮긴이), 즉 샤틀레 부인의 도움으로 지적 소양을 완성시켜나간다. 볼테르가 그녀에게 이런 별명을 붙여준 이유는, 그녀가 뉴턴의 저서들을 프랑스어로 번역할 만큼 뉴턴에 대해 정통했고, 방울술이 달린 드레스를 좋아했기 때문이다.

볼테르에게 충격적으로 다가왔던 것, 그리고 그를 철학 논쟁에 뛰어들게 한 것은 바로, 파리와 런던 사이의 말하자면 '가능성의 격차'였다. 도버 해협을 사이에 둔 두 나라의 서로 다른 이론적 지형은 그에게 현실 참여에 대한 첫 번째 동인을 제공해준다. 그는 특히 이러한 대립적 상황을 이전과는 전혀 다른 어조로 묘사한다. 잠시 이 어조에 대해 살펴볼 필요가 있다. 1734년 《철학 서한》은 실로 엄청난 파장을 불러일으킨다. 맹렬한 비난이라는 결과를 가져온 이 작품은 결국 금서가 되고 만다.

그렇다면 이 작품이 전개시킨 사상들 속에, 당대의 대중을 충격으로 몰아넣을 수 있는 내용들이 그렇게 많이 들어 있는 걸까? 사실은 그렇지 않다. 퀘이커교도의 사상과 존 로크의 철학, 뉴턴 과학의 핵심 내용 정도는 프랑스에도 이미 알려져 있었다. 더욱이 극단적 교조주의와 종교적 광신에 대한 비판과 독설도 보편화되어 있었다.

그렇다면 《철학 서한》은 왜 그렇게 격렬한 반응을 불러일으킨 걸까? 그것은 바로 그의 어조와, 이 어조를 통해 확실하게 드러난 극단적인 오만불손함 때문이다. 이는 전례가 없는 사건이었다. 반란분자들도 그 정도로 거침없지는 않았다. 작품 전반을 지배하는 저자의 어조, 즉 강도 높은 반어법과 능청스러움, 심지어 코미디언을 연상시키는 그 어조는 누구나 쉽게 알아챌 수 있었다. 여러 사상들을 섭렵하던 그가 탁상공론을 집어치우고, 무례하고 거침없이 대중에게 직격탄을 날린 것이라고 할 수 있었다. 이미 알려진 사상들이었지만, 볼테르에 와서 그 사상들은 누구도 주목하지 않았던 칼 같은 단호함을 갖추게 된 것이다. 이 거침없고 냉철하고 더할 나위 없이 교육적인 어조를 비껴갈 수 있는 것은 아무것도 없었다. 이 어조 속에서는 모든 것이 뒤죽박죽이었다.

볼테르의 《철학 서한》 속으로 들어가는 것은 친구를 만나러 카페를 찾는 것과 비슷하다. 정확히 말하면, 그 친구의 이야기를 들으러 가는 것이다. 사실 처음으로 퀘이커교도를 만나는 것보다 더 놀라운 일이 무엇이랴? 그 퀘이커교도는 첫눈에 봐도 호기심이 넘치는 사람이다. 희한하게 생긴 모자를 굳이 쓰고 있거나, 시종일관 반말을 하는 태도는 희극적이기까지 하다. 그런 그가 생각보다 훨씬 분별력 있고 양식 있는 사람임이 점차 드러난다. 이야기가 진행될수록 기독교에 대한 날선 비판가이자, 데카르트와 파스칼에 대한 정당한 공격가로서의 면모도 눈에 띈다. 뿐만 아니라 쾌활함과 글쓰기의 희열 같은 것도 느껴진다. 그저 야유나 익살맞은 조롱에 불과할 수도 있는 것이 자유로운 지성의 확실한 입장 표명으로 변모하는 것이다.

천재 볼테르는 복잡한 문제의 핵심을 단 몇 마디로 요약할 줄 알았다. 자칫 무거울 수 있는 논쟁도 생생한 표현력을 통해 쉽게 이해시킬 줄 알았다. 물론 그가 교육적 진리나 아이러니한 조롱 방식을 처음 시도한 것은 아니다. 언제 어디서나 있었던 이러한 표현법이, 볼테르에 의해 새로운 차원을 획득한 것이다. 진리와 지성이라는 것이 볼테르를 통해 비로소 각성과 탈신화화의 도구로 변모하기 때문이다. 쓸데없이 진지하고 맹목적인 것들에 대한 조롱을 통해서 볼테르는, 근대 유럽의 한가운데에, 새로운 유형의 철학 행위를 고안해낸다. 처음에는 오로지 유희와, 풍자만으로 반역을 꾀하던 그는 결국 철학의 풍경 속에, 처음으로 대중의 개입이라는 형식을 창조해내기에 이른 것이다.

성공 이후, 정의

볼테르의 이 대중적인 언어 감각은 그의 말년에 이루어졌던 논쟁들 속에서 그 절정의 빛을 발한다. 연륜이 쌓일수록, 이 야심가의 어투에도 근본적인 변화가 찾아왔기 때문이다. 볼테르는 그가 쟁취하고자 했던 것들을 모두 얻었다. 전 유럽에서 그를 모르는 사람이 없었고, 그의 극작품이나 역사 관련 저서들 덕분에 존경받는 위치에도 올랐다. 또한 상당한 재산가였던 그는 페르니의 성을 사들여 수십 명의 지인들이 묵을 수 있도록 했다. 거의 매일같이 유럽의 지식인들이나 왕족들과 서신 교환도 했다. 예순네 살의 볼테르, 《캉디드》의 저자로서 절정의 성공 가도를 달리던 이 사람이 과연 자기 집 정원이나 가꾸는 늙은이에 만족할 수 있었을까?

물론 아니다. 그 나이에 볼테르는 자기 인생에서 가장 결정적인 논쟁에 착수한다. 장 칼라스Jean Calas라는 툴루즈 지방의 한 신교도를 변호하고 나선 것이다. 자기 아들을 살해했다는 누명을 쓰고 처형당한 칼라스는, 대중의 선입견이 낳은 맹목적 편견의 무고한 희생자였다. 편견이 정의를 앗아가버린 결과였다. 볼테르는 이 무고한 희생자의 명예 회복을 위해 행동을 개시한다. 이 행동이 볼테르에게 경제적으로나 사회적으로 이득이 될 것은 전혀 없었다. 법률의 이름으로 살해당한 이 무고한 인간을 기리기 위해, 정의를 위해 시작된 이 투쟁은 볼테르에게 최악의 불상사가 될 수도 있었다. 볼테르 역시 이를 모르지 않았지만, 그는 멈추지 않았다.

이 투쟁을 통해 볼테르는 새로운 모습으로 거듭나게 된다. 실제로 그는 일신의 성공—물론 나쁜 것은 아니지만, 이기적인 면을 부정할 수 없다—에서 인류를 위한 보편적 가치를 향해 나아간다. 동원할 수 있는 모든 수단을 이용하여 투쟁했던 칼라스 사건과 그 이후 시르방 Pierre-Paul Sirven(1709~1777, 신교도인. 딸의 자살 문제로 누명을 쓴 이 아버지를 구한 것도 볼테르였다-옮긴이) 사건을 통해 볼테르가 수호하고 보여준 것은 바로 똘레랑스, 관용이었다. 그가 사면 복권시키고자 그토록 애썼던 것은 비단 개인과 그 가족들만이 아니라, 인간의 다양한 근본 가치들이었다.

지식인의 탄생

'근대적 지식인' 역시 이 페르니 성의 성주가 매일같이 써나간 책 한 권 한 권, 글자 하나하나를 통해 새롭게 탄생한 개념이다. 이는 분명 철학적 행위다. 개념의 창시자들만을 철학자로 인정할 정도로 철학자의 범위를 극단적으로 제한하지 않는 한, 보편적 가치의 이름으로 글과 말로써 대중 논쟁에 뛰어드는 행위 역시 철학자의 속성으로 인정해주어야 한다. 더욱이 이러한 태도에 동반될 수 있는 논쟁적, 정치적, 이데올로기적 차원도 배제해서는 안 된다.

이러한 근대적 지성인의 모습을 구현해낸 볼테르는 철학이 이 땅에 출현한 이후 존재해온 어떤 태도를 확대, 재생산하고 있다. 하지만 이런 식의 체제 비판과 정치 단체 직접 개입은, 순종적 시민들을 찔러대는 등에에 비유되던 소크라테스 시절에도 존재하지 않았던가? 해학, 도발, 풍자는 플라톤이 '미친 소크라테스'라 부르던 디오게네스의 무기가 아니던가? 매섭고 신랄한 아이러니는 고대의 볼테르라 할 수 있는 루키아노스의 작품에도 나타나지 않았던가? 고대 철학자가 아니더라도, 볼테르 이전의 라블레나 몽테뉴 역시 비웃음의 시선을 철학적 발언의 수단으로 사용했다.

볼테르는 자신이 믿는 진리가 제대로 자리 잡을 수 있도록 그릇된 믿음을 추방했다. 여기서도 볼테르가 생각하는 철학자의 임무는, 새로운 개념을 만들어내는 것이 아니라 정신을 왜곡시키는 탈선과 방황을 제거하는 것이다. 이런 관점에서 보면, 볼테르는 근대성 속에서 자기 나름의 '계몽주의적 소탕 작전'을 시작한 셈이고, 이후 다른 철학자들은 보다 급진적인 방식으로 이 작전을 이어가게 된다.

볼테르는 자신이 죽은 지 200년 이상 지난 후에도, 관용과 이성을 위한 자신의 투쟁이 여전히 최고의 관심사가 될 것이라고는 분명 예상하지 못했다. 철학적 투쟁은 결국 편견의 종말, 나아가 보편적 관용과 화합의 도래로 귀착되어야 한다는 것이 그의 생각이었다. '나는 전쟁 중이다'라고 볼테르는 말하곤 했다. 하지만 그는 저 멀리 있는 승리를 기원하고 있었다. 그 승리는 분명 철학자의 종말로 나아갈 것이다. 이들의 존재를 정당화시켜주고 이들의 추진력이 되어주는 서로 다른 원인들—불평등, 불의, 독단주의, 편견 등—이 교육과 자유, 관용과 상호이해라는 결과 덕분에 점차 사라지게 된다면, 철학자들의 현실 참여는 불필요하기 때문이다.

결국 볼테르는 이성적이고 합리적 행위들의 도래를 원했다. 그는 인간에게는 환상적 미신과 맹목적 증오를 타파할 수 있는 능력이 있다고 전제했다. 하지만 실상은 그렇지 못함을 우리는 매일같이 확인할 수 있다. 오히려 광신의 회귀와 편견의 재출현, 도그마의 대립을 목도하고 있다. 이렇게 보면 볼테르는 그렇게 현재진행형도 아니고, 그렇게 절대적이지도 않다.

볼테르에 관해서 제일 먼저 읽어야 할 것은?

《철학 서한》.

볼테르에 대해서 좀 더 깊이 알고 싶다면?

볼테르 저, 이봉지 역, 《캉디드 혹은 낙관주의》, 열린책들, 2009

볼테르 저, 이효숙 역, 《자디그 또는 운명》, 연세대학교출판부, 2011

p r e v i o u s

볼테르는 효과적 투쟁을 위해 날카롭고 신랄한 풍자를 자처한다. 그래서 개념이 아닌 우스갯소리를 더 좋아한다는 비난을 받기도 한다. 요컨대 그는 새로운 진리를 만들어냈다기보다는, 오류와 허위적 사고에 맞서 싸웠다.

볼테르의 논쟁 능력보다는 좀 더 부드럽고 좀 더 즐거운 사상을 선호할 수도 있다. 절대적 힘과 미소가 함께하는, 좀 더 많은 지식을 원할 수도 있다. 이는 디드로와의 만남을 통해 가능하다.

n e x t

이름	디드로Denis Diderot
활동 지역 및 출신 배경	18세기 프랑스의 지방 수공업자 집안 출신. 이후 떠돌아다니며 글로 생계를 유지하는 작가 생활을 하다가, 러시아의 여제 예카테리나 2세 덕분에 여유로운 삶을 찾게 된다.
연대기	1713년 프랑스 랑그르에서 출생. 1728-1732년 파리에서 수학. 1732-1743년 방랑 생활, 빚과 수공업 일. 1747년 달랑베르와 함께 《백과전서》 추진. 1759년 6권이 출간된 이후 《백과전서》는 의회의 압력으로 간행이 중단됨. 7권부터는 비밀리에 출간. 1765년 러시아의 예카테리나 2세로부터 연금 수령. 1773-1774년 러시아 기행. 1784년 71세에 파리에서 사망.
진리 개념	무엇보다 물리적이고 물질적인 문제이며, 물질이 갖추고 있는 감성과 연결되어 있으며, 문명의 발전에 기여하는 것.
명언	"단 하나의 미덕은 정의이고, 단 하나의 의무는 행복해지는 것이며, 단 하나의 명제는 생명을 과대평가하지 말고 죽음을 두려워하지 않는 것이다."
철학사적 위상	디드로 작품의 역설적 측면이 그가 죽고 나서 한참 후에야 알려지기 시작했기 때문에 뭐라고 분명히 규정짓기는 어렵다. 실제로 그는 생전에 작품을 거의 출간하지 않았는데, 작품 때문에 화를 입을 수도 있었기 때문이다. 앙시앙레짐, 즉 구체제하에서 철저히 무신론자였던 이 철학자의 그러한 선택은 충분히 이해할 만하다.

philosopher
Denis Diderot

|13|

디드로
대중적 사상가가 출현하다

황홀, 매혹, 환희…. 이 용어들은 디드로라는 사람과 그의 작품을 이야기할 때 자주 등장하는 말이다. 이 용어들의 의미는 디드로의 동시대인들이 생각하는 바와 동일할 뿐만 아니라, 오늘날의 독자들이 느끼는 바와도 동일하다. 이 용어들은 정확하게 무슨 뜻일까? 이 용어들의 정당한 의미는 어떻게 입증될 수 있을까? 특히 철학의 영역에서 환희라는 용어는 흔히 볼 수 있는 것이 아니다.

일반적으로 환희라는 개념이 무엇을 연상시키는지에 대해 먼저 살펴볼 필요가 있다. 행복함과 감격이 결합한 감정, 이 감정이 상상력과 이어진 상태, 지성을 배제한 행복한 도취감, 육체에서 일부 비롯하는 황홀감…. 이런 것들이 바로 환희에 대한 가장 기본적인 정의다. 상상의 세계로 이끌거나 들뜨게 만드는 이야기, 가슴을 뜨겁게 달구는 특별한 즐거움 없이는 환희도 없다. 이처럼 환희란 열정과 감성, 흥분과 빠져듦의 특별한 어울림을 전제한다. 이런 점들이 바로 디드로와 연결되는 부분일지도 모른다.

사실 독자를 자유자재로 움직이고, 길을 잃게 만들며, 열광적이면서 동시에 당황스럽게 만드는 능력에 있어서는 그를 따를 자가 없었다. 당대의 모든 사상가들 중에서도 연출가와 극작가로서의 타고난 재능은 단연 독보적이었다. 하지만 그가 살았던 시대, 즉 자유가 성장하던 계몽주의 시대는 소재에 대한 창의력과 수완이 뛰어난 문인들이 넘쳐나던 시기였다. 볼테르에서 루소, 돌바크에서 엘베시우스, 라메트리에서 달랑베르에 이르는 수많은 사상가들이 추상적인 철학에 살아있는 생명력을 불어넣었다. 말하자면 철학이라는 냉랭한 귀부인의 양 볼을 발그레 물들여준 것이 바로 이들이었다. 결국 디드로와 더불어 사상들은 구체적 형상을 가지고 살아 움직이며, 마치 사람들처럼 경계하는 시선으로 서로를 훑어보기도 하고 서로 어우러지기도 한다. 이런 식으로 철학은 이야기 속에서 모험을 감행하고, 이미지로 탈바꿈하며, 뜻밖의 대화 속에 끼어들기도 한다. 일종의 철학적 환희, 즉 문체의 환희는 이렇게 탄생한다.

사실 여러 가지 문체들 속에서 태어나는 환희라고 말하는 편이 더 적절하다. 왜냐하면 디드로는 환희에 들뜬 상태에서 문체와 말투와 어조를 자유자재로 바꾸었기 때문이다. 장편소설, 중단편 소설, 희곡, 비평, 팸플릿, 에세이, 서간문, 서정시 등등. 그에게는 이 모든 문학 장르가 사람들을 매혹시키고 열광시키고, 놀래킬 수 있는 소재였다. 《입싼 보석들》—여기서 보석이란 말을 할 줄 아는 여성의 성기다—에 등장하는 자유사상가, 《수녀》—여기서는 수도원의 규율과 육체적 욕망이 갈등을 일으킨다—의 신중한 선동자, 《라모의 조카》—일탈적 인간의 탄생—의 명인, 《운명론자 자크와 그의 스승》—겉으로 보기에는 구성도 목표는 없는 작품—의 시대를 앞서간 현대 작가 등을 통해 나타나는 천재 작가 디드로는 문필가면서 지성인이고, 사상 제조업자 겸 세련되고 날카로운 글쟁이였다. 이는 그 누구도 부인할 수 없는 사실일 것이다.

그렇다면 이런 의문이 들 수도 있다. 이 교육자 겸 논쟁가 겸 작가는 엄밀히 말해 철학자인가? '엄밀히 말해'라는 표현이 관건이다. 철학자라는 명칭을 엄격한 논문 저자나 철학 체계 창시자, 개념 창안자로 한정해야 한다면, 디드로는 철학자의 대열에 합류할 수 없을 것이다. 하지만 계몽주의 시대처럼 문체주의자, 사상 유포자, 수많은 방법을 동원하여 당대의 의식을 진보시키고자 애쓴 다양한 형태의 저자들도 철학자로 칭할 수 있다고 한다면, 디드로는 단연 선두에 위치한다.

백과전서파의 도전

디드로에게 철학자라는 훌륭한 지위를 부여해야 하는 중요한 이유는 '백과전서'를 살리기 위한 평생에 걸친 그의 투쟁이다. 처음의 계획은 영국의 체임버스 〈백과사전〉을 편역하는 정도였을 것이다. 하지만 디드로는 처음의 의도와는 전혀 딴판으로, 내용을 더욱 다듬고 출판하여 판매까지 촉진하는 기획을 주장하고 나선다. 그것은 편집상의 모험이며 동시에, 독단주의들에 맞서 사상의 자유를 얻기 위한 '전투 장치'이며, 지적·과학적 교육을 위한 더할 나위 없이 훌륭한 도구였다. 디드로는 최고의 문필가들과 최고의 실력을 갖춘 학자들뿐만 아니라 기술자와 엔지니어, 재능이 뛰어난 장인들까지 불러 모은다.

이 대작의 독창성은 대중이 사용할 수 있게끔, 모든 분야에 걸쳐 동원 가능한 인간의 모든 지식을 총망라한다는 데 있다. 개별 직종에 따라 다양한 나름의 도구나 장치들까지 모두 포함시켰고, 당시 막 세상 빛을 보기 시작한 공업에 의해 주목받게 된 각종 제작 절차들도 간과하지 않았다. 《백과전서》가 보여준 것은, 인간의 탁월함에 대한 유례없는 한 편의 파노라마였다. 그 속에는 인간의 행동 능력을 개선시키기 위해, 수 세대에 걸쳐 장인들과 과학자들이 무수한 구체적 작업을 통해 생각해내고 현실화시킨 것들이 한눈에 집약되어 있었다.

《백과전서》가 사상사와 이데올로기 투쟁에서 담당했던 주요 역할과는 별개로, 이 《백과전서》는 이를 집필하고, 지켜내고, 성공적으로 완성해낸 주역에 대해서도 많은 것을 알려준다. 22년에 걸친 사전 편찬 작업을 자신의 주요 과업으로 삼기 위해서는, 1,000편에 달하는 항목을 자신이 직접 집필하기 위해서는, 논쟁과 투쟁의 한복판에서 꿋꿋이 자기 뜻을 관철시키기 위해서는, 종류에 상관없이 새로운 발견에 대한 남다른 호기심이 제일 우선되어야 한다. 디드로는 다른 사람을 매혹시키기 이전에, 디드로 자신이 새로운 지식의 회오리바람에 먼저 휩쓸려 버린 것으로 보인다. 남다른 앎의 욕구, 배움이 주는 환희와 그것을 널리 퍼뜨릴 때의 환희가 그를 행동으로 이끌지 않았을까?

지식을 공개적으로 유포시키는 이러한 방식은 당시에는 아주 이례적이었다. 직업 분야나 수공업 기술 및 공업 기술 분야에서는 특히 더 그러했다. 당시 지식의 유포나 전달은 지역적으로 한정되어 있는 것이 보통이었다. 그러한 지식의 유통망이 어느 날 갑자기 개방되어 모든 이들이 보편적으로 누릴 수 있게 된 것이다. 이를 통해 지리적으로 떨어진 지역들이 서로 만나게 되고, 분산되어 있던 지식들도 한데 어우러지기 시작한다.

전문가들이 대중에게 직접 말을 하게 되었고, 인쇄된 책자를 통해서 편리한 기계 장치들과 그 기능들이 가시적으로 소개되었다. 진보는 더 이상 추상적 사유나, 막연하고 애매한 관념이 아니었다. 진보는 사전을 한 장 한 장 넘길 때마다, 경험을 통해 완성된 모든 것들, 이성과 관찰을 통해 구축한 모든 것들을 통해 스스로를 증명하고 있었다.

과학과 기술, 비판의 자유, 도덕적·사회적 진보는 함께 이루어진다는 계몽주의 철학의 신념을 가장 눈부시고 찬란하게 증명해주는 것이 바로 이 《백과전서》였다. 계몽주의적 낙관론이 지향한 것은, 이 다양한 유형의 진보들이 서로 이어져 있고, 결국은 단 하나로 수렴된다는 믿음이었다. 다시 말해 지식의 증가는 정치적 해방의 증대를 가져오고, 인간은 보다 자유로운 존재가 됨으로써 그에 따른 필연적 결과로, 도덕적으로 좀 더 나은 인간이 된다는 것이다. 이러한 연쇄 작용이 가속화되기 위해서는 철학이 대중성을 띨 수밖에 없었다.

대중적 사상가

:

가장 바람직한 의미에서 '대중적' 사상가인 디드로의 면모는 여러 차원에서 찾아볼 수 있다. 우선 출신 배경부터가 그러하다. 그는 귀족도 부르주아도 아닌 수공업자 집안 출신이다. 랑그르에서 칼 따위의 쇠붙이를 만들어 파는 아버지 덕분에, 디드로는 실용적인 관찰 감각과 제작 기술에 대한 감각을 어릴 때부터 익힐 수 있었다. 이후 왕족들과 접촉하고, 러시아 예카테리나 2세의 자문관이 되었을 때에도, 그는 늘 서민들과 가까이 있었다. 서른 살 때 아버지의 반대를 무릅쓰고 결혼한 부인, 나네트 역시 고상함과는 거리가 한참 멀었다. 디드로 자신도 생계 유지를 위해 번역일, 교정일, 가정교사 등등 안 해본 일이 없었다.

디드로는 러시아 여제에게 그의 사후 장서 전체를 넘기는 대신 평생 연금을 받기로 계약하기 전까지, 줄곧 경제적 어려움을 겪어야 했다. 말하자면 그는 국가의 검열에 휘말려 겪는 고초보다 경제적 궁핍을 해결하는 것이 더 큰 문제였다. 나라의 작품 검열에 관해서는 디드로 나름의 원칙이 있었다. 이는 1749년 《맹인에 관한 서한》을 출판했다는 죄목으로 뱅센느 감옥에 넉 달 동안 갇혀 있으면서 깨달은 것이었다. 이 사건 이후, 디드로는 국가적 보복이 따르는 작품은 살아생전 절대 출판하지 않겠다고 결심한다. 따라서 1752년에는 《백과전서》가 금서가 되고 이후 발행정지 명령까지 떨어지기는 했지만—1759년, 출판물에 대한 왕의 윤허允許가 효력 정지되었다—이 책 때문에 투옥되거나 죽을 위험까지는 감수하지 않아도 되었다.

반면 무신론적 입장 표명이나 기독교에 대한 공개적 비판, 전제군주제에 대한 혐오는 그에게 심각한 위험을 초래할 수 있었다. 이런 이유 때문에 무신론자이자 유물론자인 디드로, 귀족의 특권과 절대 왕정을 반대하던 디드로는 살아생전에는 이런 사상들이 담긴 책들을 더 이상 출판하지 않기로 한다. 그 결과 디드로의 저작 대부분은 그의 사후 출판용이었다. 그중에는 19세기에 출판된 것들도 있고, 20세기 중반에 와서야 출판된 것도 있다. 따라서 대담하고도 노골적인 가설과, 철학을 만인이 접근할 수 있는 대상으로 만들기 위한 의지가 함께 공존하는 디드로의 사상적 다양성과 규모는 조금씩, 단계적으로 이해되어왔다고 볼 수 있다.

디드로를 '대중적' 사상가라고 부를 수 있는 이유는 무엇보다 이러한 그의 의지 때문이다. 그는 철학이 최대한 많은 다수에게 다가갈 수 있기를, 대중이 철학적 성찰이라는 실천을 통해 새로운 모습으로 거듭나기를 진정으로 희구했다. 이러한 야망이 그의 저서들뿐만 아니라 그의 문체, 그의 사전 편찬 작업의 의미를 푸는 중요한 한 가지 열쇠라는 점은 분명하다. 물론 이러한 철학을 구축하고자 하는 시도가 디드로에게서 처음 나타난 것은 아니다. 이런 의도는 18세기 전반에 걸쳐, 특히 독일에서 나타났다.

하지만 디드로의 야심은 새로운 차원과 형태를 가진다. 그는 이 야심의 정치적 측면을 강조했다. 그는 러시아 예카테리나 2세를 위해 준비한 대학 개혁에 관한 논문에서 이 계획의 구체적인 적용 방안을 양식화하기 시작했다. 비록 이러한 계획들이 그의 생전에는 사문死文에 머무를 수밖에 없었지만, 이후 데스튜트 드 트라시Destutt de Tracy 또는 카바니스Cabanis—최고의 그랑 제콜인 '에콜 노르말 쉬페리외르'를 비롯해 프랑스 공화국 체계에 필요한 여타 기관들을 설립한다—즉 대혁명기 프랑스 철학자들의 과업을 분명히 예고하고 있다.

디드로 철학의 대중화는 그만큼 환희의 문제와 직접적 관계를 맺고 있다. 눈에 띄는 볼거리나 상상력, 거기다 어느 정도의 극단성이 동반되지 않으면 매력적인 사유를 만들어내기는 어려울 수밖에 없다. 디드로가 대학 교수가 아닌 매혹적인 마법사가 되기로 한 것 역시 이런 교육적 이유 때문이고, 결국은 지극히 정치적인 이유 때문이었다.

무모한 가설

그럼에도 불구하고 디드로를 설명해주는 이 '환희'라는 개념의 가장 결정적인 의미는 아직 분명하지 않다. 사실 디드로로부터 감성을 부여받음으로써 '마법에 걸린' 혹은 '매료당한' 대상은 자연 그 자체, 좀 더 정확히 말해 생명이 없는 물질이다. '돌멩이들도 느낄 줄 안다' 또는 '사람과 동상은 본질적으로 다를 바가 없다'라는 디드로의 글을 처음 읽으면, 누구나 터무니없고 정신 나간 소리라고 생각할 것이다. 디드로 자신도 이 점을 잘 알고 있었기에, 그는 이러한 사고가 그저 순전히 가정이고 상상의 표명일 뿐이라는 해명을 늘 조심스럽게 되풀이했다. 하지만 이러한 가정은 합리적으로 증명될 수 있는 이론적 시도이다.

제일 먼저 기억해야 할 점은, 디드로가 초기 저작에서부터, 절대적인 무신론적, 유물론적 철학자의 면모를 드러낸다는 것이다. 볼테르는 자연계를 창조한 존재로서 신의 존재를 마음 속 깊이 믿었고, 루소는 절대 신을 찬양했다. 디드로는 이 철학자들과는 달리, 자연을 단지 곧 흩어 없어질 원소들의 일시적 조립체로 보았다. 그의 첫 번째 저서인 《철학 단상》의 내용은, 돌바크 남작이나 사드 후작의 사상보다는 덜 과격했지만, 실상은 위의 내용과 전혀 다를 바가 없다. 즉 창조자가 없는 이 세계는 단지 물질로만 구성되어 있고, 결국 존재하는 것은 물질, 즉 육체뿐이기 때문에, 흔히 생각하는 육체와 구분되는 순수 영혼이나 비물질적 영혼 따위는 허구에 불과하다는 것이다. 이러한 맥락에서 보면, 디드로의 독창성은 도덕과 미학의 존재에 대한 유례없는 해결책을 제시하는 데 성공했다는 데에 있다.

《맹인에 관한 서한》에서 중점적으로 다루고 있는 것은, 당시 사상가들의 엄청난 관심을 끌었던 한 가지 문제다. 태어날 때부터 맹인인 사람, 즉 기하학적 형태를 손의 감촉을 통해서만 식별하는 사람이 어느 날 갑자기 시력을 찾는다면 그 형태들을 당장 알아볼 수 있을까? 이는 현대인이 보기에는 너무 억지스럽고, 현실적으로 '결정적 실험'(가설의 진위를 판가름하는 실험이라는 뜻의, 베이컨이 만든 철학 용어-옮긴이)이 될 수 없는 질문이다. 하지만 디드로의 시대에는 상황이 좀 달랐다면, 그것은 특히 로크와 뒤이어 흄이 전개한 경험주의 철학의 엄청난 영향력 때문이다.

이들 철학자에 따르면, 외부 세계로부터 온 것이 아니기 때문에, 우리의 감각을 거칠 수밖에 없는 우리 정신 속에는 아무것도 존재할 수 없다. 우리의 생각과 사고는 우리가 듣고, 보고, 맛보고, 만지는 등 모든 것들로부터 직·간접적으로 비롯한다. 그 유명한 경구 'nihil in intellectu nisi quod fuerit prius in sensu' 즉 '감각 속에 존재해본 적 없는 정신 속에는 아무것도 존재하지 않는다'의 의미도 바로 이것이다. 그런데 이런 관점에서 보면 사각형 혹은 삼각형의 이미지, 즉 눈에 보이는 그대로 지각되는 이미지는 맹인의 정신 속에서는 절대로 형성될 수 없다. 맹인이 기억하고 있는 것은 손으로 느낀 감각뿐이다. 그렇다면 이런 문제가 제기될 수 있다. "정신은 혼자 힘으로 이 감각에서 다른 감각으로 옮겨갈 수 있을까?" "정신은 자발적으로 그 두 감각을 연결 지을 수 있을까?" 디드로는 우리의 도덕관념조차 감각의 지배를 받는다는 입장을 굽히지 않는다.

그런데 디드로가 표방하는 유물론 속에는 그가 보기에도 한 가지 약점이 있었다. 모든 것이 물질이고, 분자들의 조합만이 생명, 감각, 사고, 의식, 의지의 원인이라면, 이러한 현상들이 부동의 물질로부터 어떻게 발생하는지에 대해서는 절대 알 수 없다는 것이다. 분자들의 조직과 조합이라는 일반론적 설명은, 디드로가 보기에는 확실히 미진했다. 즉 하나의 분자가 어떤 위치에 있을 때에는 감각이 없는데, 다른 곳에 위치하게 되면 즉 그 위치가 달라졌다는 이유만으로 어떻게, 왜, 느낄 수 있게 되는가?

디드로는 논리적이기는 하지만 다소 뜻밖의 결론에 이른다. 만약 감각이 외부에서 분자 속으로 들어갈 수 없다면, 감각은 분자 하나하나

속에 이미 존재하는 것이라고 전제해야 한다는 것이다. 이 말의 의미는 곧, 돌멩이도 생각을 하고 식물들도 욕구가 있다는 것이다. 유기적 생명체들 속에서, 하물며 포유류와 인간들 속에서 발휘되는 성질들은 사방 어디에나 존재하지만, 잠재적이고 억제된 불활성의 상태로 존재한다. 서로 연결되어 있는 이 힘들을 움직이는 활성체로 만드는 것은 복합 생명체의 소관이다.

엘리자베스 드 퐁트네Elisabeth de Fontenay의 멋진 표현대로 이 '마술적 유물론'의 목적은 자연 전체에 생명력과 감성을 불어넣어주는 것이다. 이 생명력과 감성은 외부로부터 주어지는 것도 아니고, 땅에서 솟아나는 것도 아니다. "육체는 커지기도 하고 줄어들기도 한다. 움직이기도 하고 쉬기도 한다. 하지만 육체가 자력으로 살아가지 못한다면, 어떤 식으로든 변화가 일어나 육체가 생명력을 가지게 된다고 생각하는가? (…) 그것은 있을 수 없는 일이다. 감성과 생명력은 항구적인 것이다." 이것은 디드로가 1759년, 그러니까 《달랑베르의 꿈》을 쓰기 10년 전에 쓴 내용이다. 같은 해 1759년, 돌바크 남작 집에서의 저녁 식사 자리를 디드로는 이렇게 이야기하고 있다. "나머지 저녁 시간은 나의 그 상식 밖의 모순 명제를 웃음거리로 삼는 시간이었다. 사람들은 내게 살아 있는 아름다운 배와, 생각하는 포도를 대접했다." 디드로의 사상은 이 저녁 식사 이후로 동일한 방향으로 정립되어 나간다.

그의 모순과 역설은 갈수록 더 확대되고 분명해지며 견고해진다. 디드로는 《백과전서》의 '탄생하다, 태어나다Naître'라는 항목에 대해 다음과 같이 자신 있게 설명한다. "생명력은 생명체 속의 원초적이며 본질적인 하나의 자질이다. 생명체는 이 생명력을 결코 획득할 수도, 상실할 수도 없다." 1765년, 그는 이러한 주장의 효력을 더욱 확대시킨다. "내 견해로는, 감성이란 물질의 보편적 속성이다." 이 말은《달랑베르의 꿈》의 첫 부분에서 독자의 시선을 사로잡는 한 문장, '돌멩이도 분명 느낄 수 있다'와 너무도 유사하다.

그 유명한《달랑베르의 꿈》3부작의 제1부〈달랑베르와 디드로의 대담〉에서 디드로는 옛날 플라톤이 유일하게 사용했던 방식을 다시 시도한다. 당대 실제 유명인들 사이의 가상 대담 형식이 바로 그것이다. 고대 아테네인이라면 누구나 잘 아는 소크라테스와 프로타고라스 또는 알키비아데스가 서로 대화하게 만든 것이 플라톤이라면, 디드로도 달랑베르와 함께 등장하여 물질의 보편적 감성—돌멩이 속에 구속되어 있다가, 생명체 속에서 해방되는—이라는 대담한 가설을 전개한다.

디드로를 매혹적인 철학의 마법사라고 부를 수 있는 것은 바로 이런 점들 때문이다. 즉 그는 이 세계에 생명력을 다시 불어넣고, 과학에 의해 사라졌다고 믿었던 세계의 감성을 회복시킨다. 종교적 신념의 쇠락이 초래한 '마법 풀린 세계', 환멸의 세계에 대해 디드로는 모든 분자들의 보편적 운동, 어디에나 존재하는 생명력으로 대응하는 것이다.

삶의 스승

디드로의 가장 위대한 특수성은 유물론적 모럴리스트이자 유물론적

탐미주의자라는 것이다. 이것은 단순하지도 평범하지도 않은 속성이다. 이 까다로운 속성은, 우리가 단지 불활성 분자들의 집합체에 불과하다면 인간의 존엄성과 그 존엄성을 존중해야 할 필연성의 근거는 무엇인지 알 수 없다는 데에서 비롯한다. 물론 이러한 의문은 디드로의 문제만은 아니다. 이것은 현대 생물학과 물리학에서도 여전히 제기되는 문제다. 즉 두 '인간'이 실제로는 분자 덩어리라는 두 개의 애매한 실체에 불과하다면, 이 두 '인간' 간의 관계를 지배하는 규범은 어디에서 비롯할까? 미학적 규범들 역시 윤리적 규범만큼이나 규명하기 곤란하기는 마찬가지다. 다시 말해 작품이나 관객이나 모든 것이 물질의 배열에 불과하다면, 아름다움이라는 것은 도대체 어디에서 비롯할까 하는 문제가 제기된다.

이렇게 보면 유물론은 미학적, 윤리적 원칙을 근본적으로 뒤흔드는 것처럼 보인다. 하지만 이것은 일시적 인상에 불과하다. 계몽주의 철학자들은 저마다 방식을 달랐지만, 하나같이 이런 편견을 타파하기 위해 노력했다. 디드로는 다른 어떤 철학자에게서도 찾아볼 수 없는 탁월함으로 이 문제를 해결한다. 즉 자연의 도덕성, 가족 간의 효심, 물질에 내재된 감성의 미덕 등의 개념을 동원하는 것이다. 미학적 감성 역시 미덕을 감상했을 때 강화되는, 자연의 결과물이다.

디드로가 쓴 수많은 내용들 중에서 단 한 문장만을 기억해야 한다면, 그것은 단연 《생리학의 기초》의 마지막 몇 줄이 될 것이다. 무신론적이고 철저하게 유물론에 입각한 이 책은 다음과 같은 세 가지 충고로 끝을 맺고 있다. "단 하나의 미덕은 정의이고, 단 하나의 의무는 행복해지는 것이며, 단 하나의 명제는 생명을 과대평가하지 말고 죽음을 두려워하지 않는 것이다." 이러한 혜안은 인간들 간의 관계 및 자기 자신과의 관계는 자연 발생적인 하나의 법칙으로 존재한다는 확신에 기인한다.

이러한 관점에서 보면 이 철학적 마법사는 삶의 스승이기도 하다. 디드로는 육체에 감성이 자리 잡고 있고, 감성이 물질을 관통하며, 정념도 우리의 사고를 이루는 것임을 가르쳐준다. 아무리 강조해도 지나치지 않은 교훈이다. 1769년 9월 11월 디드로는 소피 볼랑Sophie Volland에게 《달랑베르의 꿈》에 관해 편지를 쓴다. '이보다 더 심오하고 이보다 더 무모할 수 없다'라고. 사실 이 말은 어느 누구보다 디드로 자신에게 제일 적절한 표현이다.

디드로에 관해서
제일 먼저 읽어야 할 것은?

어떤 작품도 상관없음. 모두가 필독서!

디드로에 대해서
좀 더 깊이 알고 싶다면?

드니 디드로 저, 김계영 역, 《달랑베르의 꿈》, 한길사, 2006
드니 디드로 저, 황현산 역, 《라모의 조카》, 고려대학교출판부, 2006
드니 디드로 저, 정상현 역, 《입싼 보석들》, 고려대학교출판부, 2007
드니 디드로 저, 이은주 역, 《맹인에 관한 서한》, 지만지, 2010
드니 디드로 저, 백찬욱 역, 《살롱》, 지만지, 2010
드니 디드로 저, 이봉지 역, 《수녀》, 지만지, 2012

p r e v i o u s

재기발랄한 유물론자, 감각적 무신론자, 문체의 달인인 디드로는 계몽주의 철학자의 모습을 가장 완벽하게 구현하고 있다. 그가 자연에게 감성과 감정을 마련해준 것은 사실이지만, 이후 낭만주의자들이 주장하게 될 내밀한 불안이라는 것이 그에게는 없다. 낭만주의가 자연 속에서 발견하는 전제는 디드로의 전제보다 좀 더 타당하다.

인간의 마음에 호소하는 자연, 인위적인 문명 세계나 관례 따위에서 자유로운 단순하고 순수한 진리를 이야기해주는 자연. 무엇이 진리인지 단숨에 아는 마음, 심지어 이성은 그것이 진리가 아니라고 주장할 때조차 진정한 진리를 파악할 줄 아는 마음. 이것은 디드로와는 전혀 다른 또 다른 마음의 풍경이다. 그것이 바로 루소가 말하는 마음이다.

n e x t

이름	루소Jean Jacques Rousseau
활동 지역 및 출신 배경	계몽주의 시대 스위스의 제네바, 프랑스의 그르노블, 샹베리, 파리, 이탈리아의 베니스. 수공업계와 하층민, 문학 살롱, 시골에서의 은둔 생활.
연대기	1712년 스위스 제네바에서 출생. 1725년 조각가의 집에서 견습 생활. 1728년 제네바를 떠남, 바랑스 부인과의 만남. 1742년 파리에 정착, 철학자들과의 교류 시작. 1751년 《과학예술론》 출간. 1755년 《인간 불평등 기원론》 출간. 1758년 디드로와 결별. 1762년 《에밀 혹은 교육론》과 《사회계약론》 출간. 1766년 런던 기행, 흄과의 관계가 악화됨. 1776년 정신착란의 위기, 학대를 당하고 있다는 과대망상에 시달림. 1778년 프랑스 북부의 에름농빌에서 사망.
진리 개념	무엇보다 감각적이고 정서적이며, 지성에 의해 인식되는 것이 아니라 느껴지는 것, 우리 마음속에서 우리에게 이야기하는 자연의 목소리이며, 인간 역사상 수많은 악행들을 바로잡을 수 있는 것.
명언	"나는 곧 내 마음이다."
철학사적 위상	인류학, 역사학, 교육학, 정치 철학, 법률 등 다양한 분야에 지금까지도 그의 영향력이 미치고 있다는 점에서 아주 중요한 위상을 차지한다.

philosopher
Jean Jacques Rousseau

|14|

루소
진리의 목소리를 자연에서 발견하다

신중하고, 감수성이 예민하고, 상처받기 쉬운 성격의 루소는 다른 한편으로는 급진적이고, 단호하고, 비타협적인 인물이기도 하다. 단 이러한 양면성은 하나의 동일한 흐름과, 동일한 동기들을 통해 설명될 수 있다. 다시 말해 그의 혁신성과 참신함은 바로 그의 예민한 감수성 때문이다. 실제로 그는 혼자 힘으로 문학과 철학 분야에서 동시에 혁신을 불러일으킨 사람이다. 그는 철학을 그 근본에서부터 뒤흔들어놓았다. 하지만 그 특이한 방식 때문에, 언뜻 보아서는 제대로 파악하기가 어려울 수 있다.

루소의 사상 전개 방식이 가지는 특수성을 이해하기 위해서는, 루소의 눈에 비친 인간이 '선한 존재'라는 말에만 주목해서는 안 된다. '인간을 타락시키는 주범은 바로 사회'라는 그의 생각도 함께 고려해야 한다. 이후 수많은 학생들이 루소의 이 경구를 완전히 이해했다고 생각하며 지겹도록 되풀이해왔다. 하지만 엉뚱하게 해석하는 경우가 대부분이다. 루소의 이 말을 제대로 파악하고, 루소만의 특이함을 막연하게나마 이해하기 위해서는 다른 지점에서부터 다시 출발하는 것이 바람직하다.

그럼 어디에서부터 다시 출발해야 할까? 마음에서부터다. 왜냐하면 '나는 누구인가?'라는 질문에 루소는 데카르트처럼 '생각하는 그 어떤 것'이라 하지 않고, 직접적으로 '나는 내 마음이다'라고 분명하게 대답하기 때문이다. 즉 반성적 성찰이 아닌 감정이 자기 자신이라는 것이다. 마음이라는 수단을 통해, 우리 속에서 말을 하고 있는 자연의 목소리를 들을 수 있다는 말이다. 이처럼 루소는 감정에 최고 우선권을 부여한 최초의 철학자이다. 루소 이전에는, 감정, 감각, 정념은 다소 열등하고 위험한 것으로 간주되었다. 모름지기 철학자란 이러한 것들을 의심하고 경계해야 하는 법이었다. 이런 감정들은 족쇄를 채워 이성으로 철저히 통제해야 하는 대상이었다. 그런데 루소와 함께 상황은 급변한다.

'마음' '감정' '직관' '양심의 목소리'는 모두 루소가 사용한 표현들이지만, 정확히 똑같은 뜻으로 사용한 것은 아니다. 하지만 이들은 분명 '감성'이라는 단 하나의 근원으로 수렴되고, 이때부터 이 근원은 특별한 권리를 누리게 된다. 루소에게 있어 가장 중요한 것은 인간이 자기 자신 속에서 느끼는 이 순수한 목소리다. 따라서 루소는 우리 안의 목소리가, 우리가 책에서 읽는 그 어떤 것보다 더 결정적이라고 생각한다. 자연의 지혜, 양심의 목소리, 신성 그 자체는 그 어떤 매개체나 책 없이도 솔직하고 허심탄회하게 우리에게 나타난다. 따라서 반성적 성찰과 지식은 더 이상 철학의 필수 불가결한 토대가 아니다. 오히려 스스로에게 매몰된 지성은 자연의 목소리를 약화시키고 막아버릴 위험이 있다. 우리가 우리 자신의 마음과 멀어지게 만들 수도 있다. 또 지성은 인위적 장벽을 설치할 수도 있고, 우리가 우리를 타락으로 밀어넣을 덫을 칠 수도 있다.

인간을 무감각하게 만드는 이성

루소에 의해 시작된 이 혁명의 가장 분명한 사례는 바로 '자연의 순수한 움직임, 모든 사유에 선행하는 움직임', 즉 연민이다. 고통받는 생명을 바라보고 있으면, 적어도 악독한 인간이 아닌 이상, 우리도 고통을 느낀다. 그 생명이 느끼는 감정 때문에 우리도 감정을 느끼는 것이며, 그를 구하러 달려가는 것은 심사숙고의 결과가 아니라 자연 발생적으로 그렇게 되는 것이다.

비참한 처지의 동포를 눈앞에 두고, 우리는 심사숙고부터 하지 않는다. 그 사람이 누구인지, 그 불행의 원인이 무엇인지 따지지도 않는다. 우리는 우리 마음이 시키는 대로 행동한다. 그 고통을 덜어주기 위해, 우리의 능력 안에서 저절로 행동한다. 설사 그 고통에 의심이 가더라도, 인류의 대재난들뿐만 아니라 일상의 사건 사고들이 불러일으키는 수많은 형제애적 행위들을 떠올리는 것이다.

하지만 이성이 우리 속의 이 원초적 움직임을 막아버린다면, 우리는 철저히 비인간적으로 타락하게 된다. 루소는 철학자란 자기 집 앞에서 동포의 참수형이 벌어지는 동안에도 잠을 잘 수 있는 사람이라고 넌지시 암시한다. 이성에 의해 자연의 목소리가 무력화되었기 때문이다. 루소를 격분하게 만든 것이 바로 이것이다. 이는 그의 극단적 비타협성의 근본 원인 중 하나이기도 하다. 즉 그는 무감각, 냉혹함, 차가운 가슴을 묵과할 수 없었던 것이다.

이전 철학과 비교해볼 때, 루소에게서 찾아볼 수 있는 또 다른 새로움은 도덕의식을 이성과 분리시킨 점이다. 도덕의식은 논리적 절차나 이론적 장치에서 비롯하는 것이 아니라는 것이다. 도덕의식은 우리로 하여금 선과 악을 직접 구분하게 해주고, 성찰을 통해서가 아닌, 즉각적이고 자연 발생적으로 우리에게 우리의 의무를 가르쳐준다. 루소에게 있어, 이 자연의 목소리는 곧 신이 우리에게 하는 말이다. 우리는 그 말을 우리 마음속에서 읽어낼 뿐, 그것에 대해 논리적으로 숙고할 필요가 없다. 요컨대 도덕적 진리는 증명되기 이전에 느껴지는 것이다.

이러한 마음의 절대 우위는, 같은 움직임 속에서 주관성의 우위이기도 하다. 나는 의무와 선과 악, 진리를 객관적 이상 세계 속에서 찾는 것이 아니라, 오히려 나 자신과 나의 삶 내부에서 내 감정과 내 말을 통해 느낀다. 마음과 주관성이 결합한 이 이중의 움직임은 다양한 결과를 초래하는데, 이 결과들이야말로 루소의 사상 전개에 있어 결정적 논점들이다. 가령 인간의 역사에 대한 비판이 그것이다. 왜냐하면 인류의 진화는 인간을 우리 마음의 움직임으로부터 멀어지게 만들기 때문이다. 그 진화의 결과 우리는 기교와 책략, 불감증, 비인간적인 정념의 소용돌이 속으로 휩쓸려 들어왔고, 자연의 목소리에 귀를 막게 되었다.

역사에 대한 이러한 비판은 분명 사회에 대한 비판이기도 하다. 루소는 사회를 인위적 책략과 관습의 남용으로 보았다. 그 속에서는 비상식적인 경쟁이 박애적 연대 의식을 대체해버리고, 동정과 연민은 이기주의의 파도 속에 무너져버린다. 철학에 대한 비판도 간과해서는 안 된다. 루소는 철학 역시 합리주의의 과도한 팽창, 감정의 단순한 이치에 대한 궤변의 승리라고 보았다. 결국 순수 자연이라는 관점에서 보면, 인간의 문화는 언제나 경멸적 의미로 이해될 수밖에 없다.

루소의 이러한 직관은 그의 첫 번째 저서이자 그를 유명인으로 만들어준《과학예술론》속에 이미 나타나 있다. 이 책은 그가 일종의 계시를 받은 이후 구상한 작품이다. 1750년 디종 학술원이 주최한 학술 공모전의 주제를 보는 순간 어떤 비전이 그의 뇌리를 꿰뚫고 지나간다. 그 주제란, '학문과 예술의 권리 회복이 풍습의 순화에 기여했는지'에 대한 질문이었다. "그 주제를 보는 순간 나는 또 다른 세상을 보았고, 나는 전혀 다른 인간이 되었다." 나무 밑으로 굴러 떨어진 듯한 충격을 받은 그는, 새롭게 깨어난 자신의 모습을 계속 유지하게 된다.

《과학예술론》은 기술 문명에 대한 단순한 이의 제기이기도 하지만, 더 나아가 자연으로부터 점차 멀어지고 있는 인간의 모습에 대한 묘사이며, 점점 더 어두워지는 우리 영혼에 대한 성찰이다. 오늘날 우리는 당시의 이러한 성찰과는 사뭇 다른 뉘앙스를 루소로부터 발견할 수 있다. 사실 루소의 말은 점점 타락해가는 영혼에 대한 성찰이면서, 동시에 기계문명의 폐해, 과학의 비정상적인 팽창이 가져올 수 있는 재난 혹은 실제 발생한 변고 소식이 매일같이 들려오는 그런 시대에 살고 있는 사람들에게도 호소력을 지닌다.

루소가 제시하는 혁명적 시도는 결국, 자연의 원초적 순수성을 우리 영혼과 풍속과 전 세계 역사 속에 되살리자는 데 그 목적이 있다. 자연의 순수성이란 절대로 죽지 않는 것이기 때문이다. 단지 역사와 사회에 의해 은폐되고 묻혀, 색이 바래고 형태가 일그러져 있을 뿐이다. 그 순수성을 되살리는 것은 얼마든지 가능한 일이다.

1754년, 《인간 불평등 기원론》에서 루소는 고전주의 시대 법률가들이 전개했던 '자연 상태'라는 그 유명한 가상의 상황을 재설정하고, 홉스의 정치사상을 변형시켜, 사회 없는 인간의 상황을 상상하고 있다. 루소에게 있어, 인간은 이 '순수한 자연'이라는 상황 속에서 모든 사회적 고리를 끊고 살아가는 존재다.

숲 속 여기저기 흩어져 고독하게 방황하는 이 인간이라는 동물들은 과일과 도토리를 따 먹으며 살아간다. 언어와 기술 문명은 전혀 찾아볼 수 없고, 집단의식이라곤 전무한 이곳의 인간들은 이 자연 상태를 떠나야 할 하등의 이유가 없다. 이 원시 상태의 균형을 무너뜨리고 거기서 벗어나게끔 부추기는 내적 동인 따위는 없다. 물론 인간을 닮은 이 동물들이 제대로 된 완전한 인간이 될 수 있는 가능성은 온전히 존재하고 있다. 그럼에도 불구하고 이러한 가능성을 현실화시킬 수 있는 것은 하나도 없다. 그렇다면 루소는 인간들이 어쩔 수 없이 집단을 형성하여 공동생활을 하고, 서로 이야기를 나누고, 재화나 서비스를 교환하며, 자신들이 새롭게 알아낸 것들을 서로에게 전수하도록 강제하는 외부적 재난—화산폭발, 홍수, 갑작스런 기후 변화—을 상상할 수밖에 없다.

그 결과 이들은 기술과 역량을 새롭게 개발해내고, 뒤이어 사유 재산도 생겨나게 된다. 이것이 바로 불행의 시작이다. 자연으로부터의 이러한 탈출은 인간 정신을 조금씩 황폐하게 만들고 타락을 조장한다. 인간은 진보와 개발, 새로운 것의 발견과 지식을 통해 점점 더 비인간적이고 폭력적으로 변해가고, 가장 최근의 단계 즉 전제정치와 독재에 이를 정도로 그 비인간화는 계속되어왔다. 그리고 이는 결국 혁명을 야기한다.

인간의 인위적 마음에 순수성이 회복되고, 인간 문명 속에 자연이 다시 등장한다는 것은 루소 자신의 인생이 보여주는 기본적 흐름과 일치한다. 이것이 무슨 의미인지 곧 이해할 수 있을 것이다. 즉 루소의 경우, 그의 내면적 삶의 움직임을 그의 사상과 별개로 간주하기는 불가능하다. 따라서 루소 스스로 그랬듯이, 그의 인생 역정을 되돌아볼 필요가 있다.

고독한 삶

루소의 인생 역정은 책 한 권으로는 다 이야기할 수 없을 정도로 파란만장하다. 루소 자신도 《고백록》에서 자기 삶의 몇 가지 일화들을 수백 쪽에 걸쳐, 제한적으로나마 들려주고 있다. 그 일화들 속에 나타나는 상세한 우여곡절들보다는 그런 식으로 자기 이야기를 한다는 것 자체가 더 중요하다. 루소에게 있어, 모든 것을 고백한다는 행위는 타인들로부터 호감을 사기 위한 불가피한 행위로 보였다. 하지만 이러한 자기 고백의 욕구는 분명 당시 주변 사람들, 특히 당대 철학자들과의 오해를 초래한 중대한 한 가지 요인이었다. 그 결과 루소의 인생은 이들과의 불화와 반목, 만남과 결별로 점철되었다.

원하든 원하지 않았든, 루소의 인생을 지배했던 것은 고독이다. 루소의 어머니는 그가 태어나고 며칠 뒤 세상을 떠났고, 그를 키우던 아버지는 제네바를 떠나야 했으며, 고작 열 살의 루소는 목사의 집에 기숙학생으로 들어가야만 했다. 시계수리공 아버지를 둔 루소는 평생을 가난한 하층민, 서민의 삶을 살았다. 이후에도 그는 귀족의 하인, 비서, 음악가, 가정교사, 악보 필사가 등의 직업을 전전한다.

루소의 삶은 명예와 재산, 호화로운 삶을 추구하고 또 성취했던 볼테르의 삶과는 정반대의 양상을 보여준다. 루소는 지극히 미천한 서민 신분을 유지하면서, 이곳저곳을 걸어서 끊임없이 여행했고, 파리에서 제네바까지 도보로 되돌아가기도 했다. 이 길고 긴 방랑길을 통해 그는 자연과 남달리 긴밀한 관계를 형성하며, 고독한 취향, 몽상가적 기질도 함께 기르게 된다. 문학 살롱은 그와는 전혀 어울리지 않는 곳이었고, 당대 지식인들의 관습 역시 낯설기는 마찬가지였다. 루소는 디드로와 달랑베르의 《백과전서》에 음악과 정치에 관한 몇 가지 항목을 쓰고 난 후, 이 철학자들과 결별한다. 볼테르와 불화가 있었던 것이다. 독일에서 다시 만난 흄과의 관계도 단절된다.

1762년에 함께 출간된 《고백록》과 《에밀》에서 알 수 있듯이, 말년의 루소는 이 자연의 목소리와 다시 만나려는 목표에 사로잡혀 있었다. 우리 속에 끈질기게 자리하고 있는 이 목소리는, 우리의 무관심이나 비굴함 때문에 일시적으로 드러나지 않을 때에도 그 존재는 의심의 여지가 없이 확실하다. 거짓 없는 자기 고백, 즉 자기 드러내기를 통해 그 목소리와 재회할 수도 있고, 일상의 강제적 교육과는 다른 교육 방식을 통해 이 목소리를 보존할 수 있다.

바로 여기에서 루소의 남다른 특성이 분명히 드러난다. 이 특성들을 통해 루소는 이후 낭만주의의 아이콘, 나아가 현대성의 대변인으로 평가받는다. 즉 권력에 홀로 대항하는 인간상, 권력에 맞서는 있는 그대로의 인간상, 모사꾼에 맞서는 고결한 인간상, 사악함과 대조되는 순진한 인간상, 폭군에 저항하는 혁명가의 인간상이 바로 루소가 보여주는 현대성의 속성들이다. 여기에 한 가지 더, 자기 수호신에 대항하는 병든 자의 속성을 추가해야 할지도 모른다. 자기 삶의 종착역을 향해 미친 바닷속을 거듭 표류하는 자가 바로 루소이기 때문이다.

계몽주의 비판

루소는 다양한 면모를 가진 가운데, 계몽주의 철학자들에 대한 비판만은 일관된 부동의 입장이었다. 루소는 계몽주의 철학자들의 낙관주의를 극단적 허위로 보았다. 그는 단숨에 과학과 기술 문명의 적수로 부상한다. 그가 과학과 기술 전체를 싸잡아 비난한 것은 아니다. 그는 이 진보가 필연적으로 인류의 진보, 정신적 진보를 가져온다는 사고를 비판한 것이었고, 이 비판은 타당성이 있다. 루소의 철학적 성찰의 핵심은, 모든 진보에는 반드시 부정적 측면이 동반된다는 것이다.

이는 오늘날의 사례를 통해 명확히 이해할 수 있다. 가령 자동차와 엘리베이터 덕분에 현대인들은 힘들이지 않고 좀 더 멀리, 좀 더 빨리 이동할 수 있다. 물론 루소도 이러한 장점을 부인하지는 않을 것이다. 사람들이 흔히 생각하는 것과는 반대로, 루소는 진보가 처음부터 끝까지 모두 부정적이라고 주장하지는 않는다. 과학 기술은 분명 장점도 있지만, 늘 그 대가가 따른다는 것이다. 실제로 우리 주변 어디에나 엘리베이터와 자동차가 자리한 이후, 우리 몸의 지구력은 점점 떨어지고 운동량도 적어졌으며, 조금만 움직여도 숨이 가쁘거나 쉽게 피로해지고, 체력도 점점 약해졌다.

따라서 계몽주의 철학자들이 추종하는 사고, 즉 정신적 진보와 과학 및 기술의 진보가 평행하게 진행된다는 사고는 포기해야 한다. 오히려 우리의 지식이 늘어날수록, 우리의 지혜는 줄어든다. 이것이 바로 루소가 어떻게든 이야기하고자 했던 바이다.

한 가지 더 지적하자면, 우리는 더 나은 존재라기보다는 최악의 존재다. 루소에 따르면, 우리의 지식은 우리를 보다 지혜롭게 만드는 것이 아니라, 더 비인간적이고 더 이기적이고 더 사악하게까지 만든다. 인간은 점점 더 많은 지식으로 무장해왔다. 하지만 이와 더불어 우리의 영혼은 점점 더 비정상적으로 왜곡되고, 메말라왔다. 우리 영혼의 흉측함은 지식과 기술의 눈부신 발전이 이루어질수록 더욱 심해진다.

이처럼 루소는 모든 진화는 동시에 이루어진다는 사고와 단절한다. 과학으로부터 보다 합리적인 교육과 인간성의 개선을 기대하는 것은 무의미하다. 이는 헛된 미망에 불과하다. 하지만 루소의 이런 사고는 계몽주의 사상에 대한 비판에 그치지 않는다. 혁명이란 당대와의 대립을 넘어서 좀 더 급진적이고 더 근원적인 변화이다. 사실상 루소는 인식 혹은 앎이 덕성을 증대시킨다는 고대의 개념, 즉 소크라테스와 플라톤으로부터 시작된 개념과 단절하고 있다. 많이 안다고 해서 꼭 지혜로운 것은 아니다.

그렇다면 우리는 어떻게 지혜에 도달할 수 있을까? 또 인간의 이러한 타락, 자연으로부터의 소외, 제대로 된 삶으로부터 너무나 멀리 와버린 이 상황은 어떻게 가능했던 걸까? 루소가 직면한 주요 문제는 바로 이것이었다. 그는 우리가 어떻게 '자연의 인간'으로부터 '인간의 인간'으로 이행했는지를 알기 위해 노력했다. 사실 이 두 인간상 간의 차이는 너무 크다. 이 차이는 원시인—원초적 자연 상태에 가까우며, 단순하고 선하고, 그 동류들과 밀접한 관련을 맺고 사는 사람들로 추정된다—과 궁정 대신—군주의 일시적 총애를 얻기 위해 가장 친한 친구도 기꺼이 배신할 수 있는 사람으로 판단된다—을 비교함으로써 가늠할 수 있을 것이다. 이처럼 한 유형에서 다른 유형으로의 이행은 역사의 가혹한 소용돌이에서 비롯한다. 즉 역사의 귀결점은 불행과 타락, 전제정치다. 그 결과 자연의 목소리는 타락한 인위성 속에 거의 대부분 묻혀버린다.

타락한 풍속의 원인이 이렇게 밝혀지고 나면, 남은 문제는 과연 그 타락을 치유할 수 있는지 알아내는 것이다. 치유가 가능하다면, 그 방법은 무엇인지도 알아야 할 것이다. 만약 우리 속의 자연이 결코 파괴되지 않는 것이라면, 이 자연인을 사회 속에 어떻게 되살릴 것인지를 알아내는 것이 관건이다. 이 거대한 과업은 정치적 측면과 교육적 측면에서 동시에 전개된다. 교육은 자연의 소리를 듣는 방법을 다시 가르쳐야 할 것이고, 그 목소리를 왜곡하거나 거기에 저항하지 않도록 노력해야 한다.

이 교육이 바로 《에밀》의 임무이다. 《에밀》은 현대 교육학의 탄생을 알리는 주요 사건이다. 지식은 바깥에서부터 아이들에게 다가가는 것이 아니라, 속박당하거나 강요당하지 않는 아이들이 자기 자신 속에서 스스로 지식을 발견하는 것이다.

정치 영역에서는, 《사회계약론》이 바람직한 규약을 제시하고 있다. 이 규약에 따르면 인간은 누구나 지배하면서 동시에 지배당하고, 자신의 자유를 포기하지 않는다. 이 고전적 정치 철학과 더불어 루소는 현대 민주주의 분석의 핵심 개념들, 가령 '일반 의지' 또는 '주권자'(국민을 의미하는 용어) 같은 개념들을 만들어내는 데 그치지 않는다. 실제로 그는 사회 한복판에서 자연의 자유를 회복시켜줄 정치적 해결책을 표명한다. 루소가 제안하는 사회계약 모델은, 단 한 사람(군주)—만인의 주인—의 이익을 위해서가 아니라, 개인이 속한 공동체의 구성원 모두의 이익을 위해서, 개인으로 하여금 힘의 사용을 포기하도록 하는 것이다. 이렇게 되면 개인은 통치를 받으면서 동시에 통치를 하게 되고, 결과적으로 완전히 안전을 누릴 수 있게 된다.

루소 사상의 현실적 구현체인 공화국 헌법을 선포했던 프랑스대혁명이 발발한 지 200년 이상이 지난 지금, 루소의 사회계약 모델은 지구상의 거의 모든 지역으로 확대되었다. 따라서 루소의 사회계약설의 장점과 한계에 대한 논쟁은, 현대 정치사상의 거의 모든 영역과 관련된다.

결과적으로 루소의 전체적인 목표는, 흔히 생각하는 것처럼 과거로 회귀하자는 것도 아니고, 잃어버린 자연을 되찾자는 것도 아니다. 볼테르는 인간을 네 발로 걷게 만들려 한다며 루소를 비난했다. 논쟁이라는 명목에서 비롯한 오해가 아닐 수 없다. 사실 루소는 사회 이전의 상태, 즉 인류가 더 이상 되돌아갈 수 없는 상태로 되돌아가자는 주장을 하는 것이 아니다. 그는 최초의 순수함으로부터 순수한 미래를 만들어내고자 했다. 과거로 돌아가자는 것과는 아주 다른 의미다. 이러한 목표에 다가가기 위해서는 과거의 상태로 회귀하는 것이 아니라, 지금 우리 속에 있는 것으로 돌아가야 한다. 자연이 바로 지금, 우리 자신의 마음속에 있다. 따라서 저 깊은 곳에 묻혀 보이지 않던 그 마음을 끄집어내어, 거기에서 새로움을 길어내고, 근원적 가치를 되찾아야 한다.

루소에 관해서 제일 먼저 읽어야 할 것은?

장 자크 루소 저, 김중현 역, 《학문과 예술에 대하여 외》, 한길사, 2007

루소에 대해서 좀 더 깊이 알고 싶다면?

장 자크 루소 저, 김중현 역, 《에밀》, 한길사, 2003
장 자크 루소 저, 이용철 역, 《고백록 1》, 《고백록 2》, 나남, 2012
장 자크 루소 저, 최석기 역, 《인간불평등기원론/사회계약론》, 동서문화사, 2007
자크 데리다 저, 김성도 역, 《그라마톨로지》, 민음사, 2010
장 스타로뱅스키 저, 이충훈 역, 《장 자크 루소: 투명성과 장애물》, 아카넷, 2012

p r e v i o u s

계몽주의 사상의 아들인 루소는 계몽주의의 적이기도 하다. 그는 과학과 이성의 진리가 인류에게 일정하고 유익한 진보를 보장해준다고 믿지 않는다. 오히려 과학과 역사의 폐해들을 고발하면서, 그것을 바로잡음으로써 자연의 진리와 사회의 진리가 새롭게 일치할 수 있도록 만들어야 한다고 주장한다.

결별 이전, 자기를 찾아 런던에 온 루소와 만난 흄 역시 과학적 진리와 이성의 능력에 대한 기존의 인식에 이의를 제기한 사람이다. 그럼에도 불구하고 흄의 접근법은 루소와 완전히 다르다. 그 분야에 있어, 흄의 비판은 루소의 비판보다 더 급진적일 수도 있다.

n e x t

이름 | 흄David Hume

활동 지역 및 출신 배경 | 18세기 스코틀랜드, 프랑스의 투렌, 파리, 런던. 도서관 사서, 대사관의 서기관, 《백과전서》 편찬 참여.

연대기

1711년 에든버러의 소귀족 집안에서 출생.
1734년 프랑스의 투렌 지방에 체류, 23세 때 《인성론》 집필 시작.
1739년 《인성론》 중 두 권 출간. 최악의 평가를 받음.
1742년 《도덕·정치철학 논집》으로 성공을 거둠.
1752년 에든버러 변호사 협회 도서관의 직원으로 일함.
1758년 《인간오성론》 출간.
1762년 파리 대사관 서기관, 디드로와 달랑베르를 주로 만남.
1768년 에든버러로 낙향.
1776년 에든버러에서 사망.

진리 개념 | 사유가 아닌 감각에 기초하는 것, 우리 이성의 신념에 관한 것, 확실성보다는 개연성을 통해 파악됨.

명언 | "철학자가 되어라. 하지만 당신 철학의 한복판에서는 늘 한 사람의 인간이 되어라."

철학사적 위상 | 흔히 생각하는 것보다 훨씬 중요한 위치를 차지한다. 언뜻 보기에는 사상사의 큰 틀에서 동떨어진, 단순히 회의주의와 경험주의의 대표주자로 보일 수 있다. 하지만 흄은 앵글로 색슨 철학 전반에 상당한 영향력을 행사하고 있고, 형이상학적 진리에 대한 급진적 비판에 필요한 요건들을 제시한다.

philosopher
David Hume

|15|

흄
기존 가치들을 통째로 뒤흔들다

우리는 철학자들의 겉모습에 현혹되는 경우가 종종 있다. 데이비드 흄이 그 가장 대표적인 경우일 것이다. 그는 누구보다도 자연스럽고 온화한 성격을 타고난 것처럼 보인다. 사람들이 묘사하는 그는 친절한 소년, 믿을 만한 친구, 변함없는 성격의 마음 좋은 아저씨다. 싸움이라고는 할 줄 모르고, 꿍꿍이 따위는 전혀 없어 보이는 솔직한 인상의 소유자가 바로 흄이다. 지인들은 그의 유쾌한 분위기와, 그 누구와도 친절하게 이야기를 나누는 그의 변함없는 태도를 입에 침이 마르도록 칭찬했다. 그의 한결같은 품성은 죽을 때까지 계속되었다. 위중한 병세와 죽음을 목전에 둔 고통 속에서도, 그는 찾아오는 이들 모두를 웃으며 맞이했고, 자신을 걱정하는 이들을 오히려 안심시켰다.

그의 친구이자 동료인 유명한 경제학자 아담 스미스가 이야기하는, 지상에서의 마지막 날의 흄의 모습은 특히나 더 감동적이다. 대장암으로 곧 죽게 되리라는 것을 알면서도 흄은, 시종일관 침착함을 잃지 않았다. 그는 사람들과 농담을 주고받으며, 회복될 거라는 헛된 희망으로 애써 위로하는 이들의 의중까지 꿰뚫고, 자기 죽음을 슬퍼하는 친구들을 위로했다. 이 흔치 않은 광경은 흄이라는 사람이 얼마나 행복한 기질의 소유자였는지 짐작케 한다.

그렇다면 흄의 어떤 부분에 현혹되지 말아야 한다는 것일까? 바로 그가 쓴 글이다. 어떤 면에서 그의 글은 흄 자신만큼이나 솔직하고, 쉽고, 친절하다. 하지만 읽어가다 보면, 아주 신랄하고, 지극히 비판적이고, 어떤 의미에서는 철학사가 배출한 그 어떤 철학자보다도 파괴적이라는 것을 금세 알아챌 수 있다. 요컨대 현재 우리의 인식 방식, 우리의 사유 방식, 우리 이성의 절차들에 대해 의문을 제기하는 흄의 세심하고 친절한 비판의 칼날을 피해갈 수 있는 것은 아무것도 없다. 흄의 철저한 분석을 거친 뒤에는 안정된 사유 체계란 있을 수 없다.

조숙한 사색가

모든 것을 무너뜨려버리는 이 친절한 사상가는 평범한 집안 출신이었다. 데이비드 흄은 1711년, 스코틀랜드 에든버러의 소귀족 집안에서 태어났다. 어릴 때부터 남다른 두각을 나타냈던 그의 조숙한 철학적 자질은 분명 그의 철학 인생에서 가장 인상적인 부분이다. 사실 그는 법률 공부에 반감을 느낀 후, 스무 살 남짓한 나이에 장사로 생활비를 벌기 시작했고, 이후 프랑스로 건너간다. 그가 은둔에 가까운 생활을 하며 오랫동안 정착해 살았던 곳은 프랑스의 투렌 지방이었고, 《인성론》 이라는 대작을 집필한 곳도 바로 여기였다. 흄은 겨우 스물여섯 살의 나이에 이 삼부작의 출간을 완료했다. 따라서 이 젊은 철학자는 아주 젊은 시절 이미 자신의 사상을 정립하고 거작을 완성한 철학자라는 대단히 희귀한 경우에 속한다. 이후 그의 올된 천재성은 철학 인생 초창기의 직관 주변을 크게 벗어나지 않는다. 때로는 이 직관을 무미건조하게 변화시키기도 하고, 개괄적으로 개론화하기도 하며, 다양한 소논문들을 통해 돈을 벌기도 했지만, 그 근본 원칙에 있어서는 변화가 없다.

실망스럽기는 하지만, 이것이 바로 흄의 철학 인생을 대략적으로 옮긴 내용이다. 사실 그가 3년이라는 시간을 투자하며 많은 기대를 했고, 또 흄 철학사의 중요한 지표 중 하나로 평가받는 이 《인성론》 삼부작도 출간 당시에는 아무런 반향을 얻지 못했다. 흄 자신도 '이 책은 출판계의 사산아였다'라고 회고한 바 있다. 이 처녀작의 실패로 인해 흄은 제일 먼저 자신의 철학적 야심을 재고하기에 이른다.

이 실패 이후, 흄은 가정교사와 서기관 일을 하며 생계를 유지했다. 빈과, 이탈리아의 토리노에 살면서 기존의 《인성론》 제1권의 개정판이라 할 수 있는 《인간오성론》을 출간한다. 하지만 반응은 처음 판본과 별반 다르지 않았다. 에든버러로 돌아온 그는 《정치론》과 《도덕 원리에 관한 연구》를 집필한다. 이후 에든버러 변호사 협회 도서관의 직원이 되었고, 이를 계기로 《영국사》를 쓰게 된다.

말년의 흄은 런던에 정착한다. 프랑스 대사관의 서기관으로 일하게 되면서 경제적 상황은 이전보다 나아졌다. 그의 책 판매량이 크게 늘어나면서, 생활은 더욱 평정을 찾는다. 그의 명성은 계몽주의가 풍미하던 유럽 전역으로 확대되었고, 그를 만나러 런던으로 왔던 루소와의 불화는 수많은 해석을 낳기도 했다. 그는 1776년에 사망한다.

온화한 성격에, 이렇다 할 화려한 이력도 없는 이 사람이 썼다는 공격적이고 파괴적인 글은 과연 무엇일까? 그렇게 해서 그가 무너뜨린 대상은 또 과연 무엇일까? 그의 공격 대상은 바로 형이상학이다. 흄은 서구 형이상학의 체계를 산산조각 내고 무화無化시키고자 했다. 이러한 파괴와 이를 가능케 하는 회의주의를 막아줄 일종의 둑을 쌓으려고 애쓴 사람이 바로 칸트다. 칸트의 뒤를 이어, 헤겔과 독일 이상주의가 또 다른 방식으로 합리성을 재구축하고, 경험론의 유령을 쫓아 보내려고 애쓴 것도 모두 흄 때문이다. 흄에 맞서기 위해서다.

경험주의란 무엇인가? 인간의 모든 사유는 경험—고대 그리스어로 엠페이리아empeïria. 이 말에서 '경험'이라는 뜻의 experience가 유래했다—에서 비롯한다고 주장하는 사상의 유파이다. 경험론의 기본 명제를 표명한 경구는 라틴어로, 'nihil est in intellectu quid non fuerit nisi prius in sensu' 즉 '감각 속에 존재해본 적 없는 정신 속에는 아무것도 존재하지 않는다'이다.

이러한 경험론은 흄에게 있어 새로운 회의주의를 전개시켜나갈 수 있게 하는 중요한 도구였다. 고대의 회의론은 주로 진리에 접근할 수 있는 인간의 능력을 의심하는 데 그쳤다. 계몽주의의 회의론은 인간 이성—일종의 종교처럼 맹신하게 되고, 습관화되는 이성—의 불완전함과 한계에 초점을 맞춘다. 흄 그 자신은 온건한 사람으로 보이지만, 그의 회의론은 어떤 면에서 고대의 회의론보다 더 극단적이다. 그는 어떤 경우에도 원인에 대한 사고나, 초자연적인 기적이라는 사고를 인정하지 않았다.

흄의 철학적 사유는 '선'과 '악'이라는 사고를 이용해 전혀 다른 방향으로 진행된다. 즉 흄은 이 세상에 '선'과 '악'에 해당하는 것이란 전혀 없다는 것을 고찰한 이후, 선과 악이라는 사고에 정당성을 되돌려주게 된다. 이러한 사상의 전개는 1751년, 런던에서 출간된《도덕 원리에 관한 연구》에서도 계속 이어진다. 이 책은 첫인상과는 달리 아주 특이한 책이다. 흄은 이 책에서 규범적 태도가 지배적인 도덕 영역에서는 찾아보기 힘든 관찰과 묘사라는 전개 방식을 채택하고 있다.

그가 증명해 보인 것은 무엇일까? 이타적 행위를 포함해 소위 도덕적 행위라고 하는 것들의 주요 동인은 바로 이해관계라는 것이다. 그렇다고 흄의 결론이 모든 도덕을 공리주의로 탈바꿈시키는 것은 아니다. 인간에게는 누가 뭐라고 해도 부정할 수 없는, 이해관계를 초월한 자비와 형제애적 성향 또한 존재하기 때문이다.

도덕에 관한 성찰에 있어, '승인' 혹은 '만장일치의 동의' 등 그때까지 한 번도 고려되지 않았던 요소들을 개입시킴으로써, 흄은 인간 본성과 현실 삶의 모든 측면을 고려하는 윤리학의 윤곽을 드러내 보인다. 결국 그는 사유는 회의주의와 이타주의, 반도덕주의와 박애주의, 무관심과 연민의 결합이라는 아주 특이한 조합으로 귀결된다. 이러한 결합은 사실상 오늘날에도 유례없는 특이한 사유로 평가받고 있다.

급진적 비판 단계들

흄의 철학적 시도의 규모와 깊이, 눈에 띄게 쉬워 보이는 그 외형이 갖는 진정한 힘을 이해하기 위해서는, 다섯 가지의 주요 논점을 지적할 수 있다. 제일 먼저, 우리 인식의 기원은 무엇보다 우리의 감각이다. 모든 것은 경험에서 비롯한다. 우리가 알고 있는 것은 어떤 식으로든, 감각이라는 매개를 통해 우리 정신 속으로 들어온다. 고대 쾌락주의자들이나 17세기의 로크와 같이, 흄은 타고난 생각이란 없다고 주장한다. 우리의 오성은 무엇보다 평평한 테이블과 같아서 우리의 감각을 통해 전달된 소여所與(인식에 있어 사유 작용에 앞서 전제되는 것으로, 사유에 의해 가공되지 않은 주어져 있는 것-옮긴이)들이 그 위에 쓰여진다.

하지만 흄은 경험이 우리에게 제공하는 현실의 두 가지 주요 유형을 '인상'과 '관념'으로 구분함으로써, 선배 철학자들보다 훨씬 더 나아간다. 인상이란 우리가 보고, 듣고, 맛볼 때의 우리의 모든 지각(작용)을 통합한다. 이것은 직접적인 생생함과 강도를 가진, 우리의 현재 감각들이다. 흄에게 관념이란, 어느 정도 흐려지거나 약화되었다가 다시 반응하는 이차적인 인상들이다. 정리하면 이렇다. 나는 무엇인가를 맛보거나 본다. 그리고는 차츰차츰 이차적 상태로 넘어가 소금의 관념, 설탕의 관념, 빨강의 관념, 파랑의 관념을 품게 된다. 이 관념들은 스스로를 인상의 종합이라고 생각한다. 실제로 지각된 것들의 힘과 생기와 반짝임이 관념 속에는 결코 존재하지 않는다.

이처럼 흄은 이전의 철학적 관점을 그 기저에서부터 뒤흔든다. 옛부터 감각은 경멸의 대상이었던 반면, 관념은 찬양의 대상이었다. 하지만 흄은 감각이야말로 더 생생하고 더 강력한 것이라는 입장을 견지한다. 위에서 말한 색깔의 관념처럼 관념은 어떻게 보면 빛이 바래고, 생기를 잃은, 과거의 감각이다. 이러한 흄의 사상은 그때까지 철학자들이 생각해 온 익숙한 세계의 보이지 않는 이면을 확실히 드러낸다. 흄의 철학적 혁명은 이뿐만이 아니다.

흄의 두 번째 논점은 앞의 내용보다 더 급진적이다. 그는 형이상학의 가장 핵심적이고 고전적인 사유 방식인 인과론적 사고에 문제를 제기한다. 흔히 말하는 '원인'이란 무슨 뜻일까? 불가피한 결과를 가져올 수 있는 능력을 소유한 어떤 것이라고 할 수 있다. 다시 말해 인과 관계란 필연성의 관계다. 가령 강풍을 동반한 번개가 치고, 비를 내리게 할 수 있는 적절한 기후 및 기압 조건들이 서로 맞물리면 반드시 비가 오게 되어 있다. '구름이 폭풍우의 "원인"이다'라는 말은, '구름이 끼면 필연적으로 폭풍우가 뒤따른다'라는 뜻이다. 이것이 바로 우리의 일상적 사고방식이다. 원인과 결과 사이에는 흄의 말처럼 '필연적 결합'이 존재한다고 생각하는 것이다.

그런데 흄은 이러한 사고 자체에 의문을 제기한다. 아주 단순한 그 방식이 우리를 당혹스럽게 만든다. 그의 견해를 정리하면 다음과 같다. 구름에 대한 생각, 구름에 대해 내가 생각하고 있는 바를 요모조모 아무리 따져보아도, 비가 구름의 필연적 결과라고는 결코 생각할 수가 없다. 내가 실제로 관찰한 바에 따르면, 구름과 비를 필연적으로 연결시켜주는 신비의 능력은 없다. 단지 구름이 몰려오고 그다음에 비가 온다는 사실뿐이다. 내가 깨달은 변함없는 사실은 바로 연속해서 발생하는 현상들뿐, 그 이상도 그 이하도 아니다. 하지만 내가 A현상(구름과 저기압)과 B현상(비)의 무한한 병치를 지적했다고 해서, 내가 A와 B사이에 '필연적 결합'이 존재함을 알고 있다고 확실히 주장할 수 있는 것은 절대 아니다. 내가 말할 수 있는 것은 단지 이것뿐이다. A 뒤에 B가 따라오는 것을 늘 보아왔기 때문에, 나는 A가 보이면 B를 예상한다.

흄의 당구공 사례는 이러한 논증을 확실히 이해하는 데 도움이 될 수 있다. 첫 번째 당구공이 두 번째 당구공에 부딪혀 두 번째 공이 굴러가는 것을 본 나는 '첫 번째 공이 두 번째 공의 움직임을 야기한 원인이다'라고 말할 것이다. 하지만 현실적으로 내가 본 것은, 굴러가던 첫 번째 공이 두 번째 공에 부딪혔고, 두 번째 공이 움직이기 시작한다는 것이 전부이다. 나는 이 두 가지 현상 간의 '필연적 결합'을 인식할 수도, 지각할 수도 없다. 내가 확인할 수 있는 사실은, 현상이란 늘 그래왔다는 것뿐이다. 즉 하나의 현상이 발생하고, 그다음에 두 번째 현상이 발생한다는 것이다. 이 두 현상의 병치는, 첫 번째 현상에 의해 두 번째 현상이 불가피하게 발생한다는 말과는 다르다.

이렇게 되면 원인이라는 사고 자체가 의문시될 수밖에 없고, 결과라는 개념 역시 중요성을 잃고 만다. 원인과 결과에 해당하는 것이 전혀 존재하지 않는다는 것을 깨달았기 때문이다. 흄은 필연적 결합으로서의 인과 관계 대신, 우리의 이성이 습관적으로 A현상 뒤에는 B현상이 이어질 것으로 기대한다고 주장한다. 하지만 이성의 이러한 습성과, 사물에 내재된 필연성, 즉 우리는 전혀 알 수 없는 그 필연성은 엄격하게 구분되어야 한다. 우리의 경험이 미치지 못하는 아주 극단적인 도약을 통해서만 우리를 그 필연성을 확인할 수 있다. 이처럼 흄의 시도는 우리가 확실하다고 믿는 것, 그 확신들에 대한 총체적인 비판이기도 하다.

내일도 태양은 뜰까?

흄의 회의론의 세 번째 논점은 귀납적 비판을 통해 이 질문의 답을 찾아간다. 귀납법이라고 하면 '태양은 지금까지 늘 그래왔기 때문에 내일도 뜰 것이라고 우리는 생각한다'라는 결론에 이르는 보편화 혹은 일반화의 방식을 말하는 것인가? 우리는 검증된 수많은 경험들을 통해, 우리 눈에 가장 정당해 보이는 하나의 일반법칙을 유추해낸다. 그렇기 때문에 '매일 뜨는 태양은 내일도 뜰 것이다. 왜냐하면 이전에도 늘 그래왔기 때문이다'라고 확신하는 우리는 스스로 옳다고 생각한다. 그런데 흄은 이것도 문제 삼는다. 그는 늘 일어나는 경험이라고 해서 그것이 미래에도, 아니 5분 후에도 똑같이 일어난다는 필연성은 분명 존재하지 않는다는 것을 보여주려 한다.

내일도 태양이 뜬다는 아주 확실한 가능성을 있음을 우리는 분명 인정할 수 있다. 하지만 우리는 그것이 백 퍼센트 확실하다고는 말할 수 없다. 지금까지의 은하계 운동 이치가 다음번에도 똑같으리라는 것을 증명할 방법이 있을까? 누가, 무엇이 증명해줄 수 있을까? 이렇게 의심을 하기 시작하면 분명한 결론은 불가능하다. 왜냐하면 물리적 세계의 항구성, 자연 법칙의 지속성, 현상의 규칙성이란 우리 이성의 '믿음' 일 뿐, 절대적 확실성이 결코 아니기 때문이다. 이런 분야에 있어, 우리는 우리 자신이 절대적으로 확실하게 보장할 수 있는 지식을 갖고 있지 않다. 물론 일상에서 내일 태양이 뜬다는 것을 정말로 의심하는 사람은 없다. 손에서 놓친 물건이 하늘로 솟구치지 않고 땅으로 떨어진다는 것을 의심하는 사람도 없다. 하지만 우리의 일상을 준비하고 조직하는 데 필요한 이 자연스럽고 무의식적인 믿음과, 우리가 확실하게 표명할 수 있는 진리는 구별해야 한다.

우리는 2+2는 언제나 4라는 것을 확신할 수 있다. 이것은 논리적 진리의 문제다. 반면 경험적 진리의 경우, 우리가 과학적 법칙을 통해 일반화시키고자 하는 '자연법칙'에 대해서는 그렇게 단정적으로 확신할 수 없다. 이처럼 흄이 문제 삼는 것은 과학적 진리라는 사고 자체다. 우리가 가진 것은 확신이라기보다는 습관이다. 우리의 삶은 확실한 지식보다는 관례와 인습에 기초하고 있다.

이점 역시 전통 철학의 입장에서 보면, 도저히 인정할 수 없는 결론이다. 이성이 믿음과 다를 바가 없다면, 이성은 형이상학으로부터 부여받은 그 순수함과 투명성을 졸지에 상실하고 만다. 이성은 더 이상 '신성한' 것이 아니다. 이성은 흄과 더불어, 이 세계에 존재하는 하나의 사실, 하나의 현실에 불과해진다. 즉 우리는 이성의 기능을 관찰하고 이해할 수는 있지만, 그렇다고 이성의 관할 영역이 무엇이고, 그 귀결점이 어디인지 꼭 안다고는 할 수 없다. 따라서 우리가 확인할 수 있는 것은, 우리는 내일도 태양이 뜰 거라고 믿고 있고, 물리적 법칙은 늘 일정하고 보편적이라고 믿을 필요가 있다는 것이다.

가장 중요한 핵심은 이것이다. 우리 이성의 이러한 욕구는 우리에게 진리를 보여주거나 증명해주지 않는다. 최악은, 이성 그 자체에는 거의 이해할 수 없는 어떤 부분이 있다는 것이다. 이런 식으로 흄은 철학과 과학이 쌓아올린 체계의 주요 기둥들을 하나하나 허물어뜨린다. 그리고 여기서 멈추지 않는다. 그의 네 번째 논점은 바로 우리에게 '자아'가 있다는 확신, 우리가 항구적 존재성을 갖춘 '실체적substantiel' 개인이라는 확신에 대한 문제 제기다. 이 항구적 존재성이란 개인이 지각하는 모든 감각과 상태와 인상들로부터 독립된 존재성이다.

자아에 대한 흄의 이런 식의 비판은, 그가 전혀 알지 못했던 고대 인도의 불교사상과 유사하다. 불교사상가들의 자아 개념을 간단히 정리해보면, 나는 '내 속에서' 기억과 감각과 쾌락과 의식적 사실들을 발견하는 것이지, 순수 상태의 '자아'라는 것은 어디에도 존재하지 않는다. 내가 '자아'라는 이름으로 알고 있는 것은 늘 이런 저런 감각들로부터 영향을 받는다. 이러한 논리에서 비롯하는 결론은 상당한 중요성을 가진다. 나의 모든 사고와 감각을 책임지는 고정적 지주支柱로서의 실체적 자아가 존재하는 것이 아니라, 일종의 '주관성 계수coefficient de subjectivité'가 부여된 감각들만 존재할 뿐이라는 결론이기 때문이다.

이런 관점에서 보면 내가 '나의' 감각을 느끼는 것은 사실이지만, 이 말이 곧 자아-실체, 자아-지주, 자아-주체, 즉 이 다양한 사실 및 여건들을 모두 결정하는 자아의 존재를 의미하는 것은 아니다. 이처럼 인과의 개념, 이성의 진리 획득 능력 자체에 의문을 제기한 흄은 급기야 자아 자체와 고전적 주체 개념까지 문제 삼는다. 흄의 마지막 다섯 번째 논점은 바로 도덕과 종교에 대한 비판이다. 이들 개념 역시 후덕하고 부드러운 인상의 흄의 공격을 피할 수 없다.

그는 도덕규범들이란 결코 합리적이고 논리적으로 증명되고 정당화될 수 없다고 주장한다. '선'과 '악', '도덕'과 '비도덕'은 분명 상황과 관점에 따른 감수성과 감정, 관습과 필요의 문제일 뿐, 이성이 관여할 수 있는 문제가 결코 아니다. 인간성에 작은 생채기 하나 내는 데 그치지 않고 인간성을 아예 파괴해버리고자 한다고 해서 그것이 이성에 반反하는 문제는 아니다. 논리적 계산이나 논리적 능력은 결코 도덕적 우열을 판가름할 수 없다. 흄에 이르러, 윤리와 합리성은 별개의 영역으로 분리된다.

결과적으로 흄을 거치고 나면 흄 이전까지 철학이라 불리던 모든 것들 중에서 제대로 남아 있는 건 별로 없다. 영화 〈배리 린든Barry Lyndon〉(스탠리 큐브릭 감독의 1974년 작품. 계몽주의 시대를 배경으로 한 아일랜드 출신 청년의 성장담이다. 시대상의 철저한 고증으로 유명하다-옮긴이) 속의 영국처럼, 과학의 진보와 종교 비판, 합리주의의 맹렬한 독주로 대변되는 계몽주의 시대의 유럽 한복판에서 에든버러, 런던, 빈, 파리를 오가며 살았던 사람 좋은 흄은, 지극히 단순해 보이는 논리와 거친 듯한 사유 방식, 그 어질고 순한 호인의 미소로 서구 형이상학을 황량한 폐허로 만들어버렸다.

흄에 관해서
제일 먼저 읽어야 할 것은?

《인간오성론》.

흄에 대해서
좀 더 깊이 알고 싶다면?

데이비드 흄 저, 이태하 역, 《기적에 관하여》, 책세상, 2003
데이비드 흄 저, 이태하 역, 《자연종교에 관한 대화》, 나남, 2008
질 들뢰즈 저, 한정헌 · 정유경 공역, 《경험주의와 주체성: 흄에 따른 인간본성에 관한 시론》, 난장, 2012

p r e v i o u s

흄 이후, 안정적이고 견고한 체계를 유지하는 진리란 거의 없어 보인다. 그는 사상의 명확성, 인과 관계, 자아 개념, 도덕적 판단의 합리성 등 기존 철학 체계의 상당 부분을 허물어뜨렸다.

이 모든 것에 대한 반격이 시작된다. 칸트의 방대한 철학 작업은 상당 부분, 흄에 대한 반격을 위한 것이고, 철학이 입은 피해를 최소화하기 위한 것이다.

n e x t

제5부

현대의 진리, 불안정한 진리

모든 진리를 의심하기에 이르다

진리의 뒤안에는 무엇이 있을까? 진정한 사유가 존재하고, 이러한 사유를 찾아내기 위해 최선을 다하는 것이 바람직하다는 확신은 어떻게 생겨났을까? 이러한 확신은 편견일까 아니면 깨달음일까? 또 진리는 인간의 이러저러한 이해관계에 이용되는 것일까? 진리가 시대에 따라 달라진다는 사실은 결국 어떻게 받아들여야 할까? 항구적인 진리는 존재하지 않는다는 것으로 받아들여야 할까? 아니면 부분적 요소들은 총체적 움직임 속에 모두 통합시켜야 한다는 것으로?

현대 철학을 관통하는 대표적인 의문들이 바로 이러한 것들이다. 비유적으로 표현하자면 철학자들의 시선이 무대 전면이 아닌 무대 뒤쪽, 즉 진리의 뒤쪽으로 옮겨져 그 뒤안을 주시하여 진리의 감춰진 이면들을 들추어보고자 한다는 의미다. 이전 세대의 철학자들은 진리를 추구하는 철학자 또는 진리를 의심하는 철학자였다. 회의주의자들처럼, 인간의 진리 획득 가능성을 부정하는 철학자들도 있었다. 그 후로는 진리라는 개념 자체를 주시하고, 진리의 가능성과 그 실재성에 의문을 제기하게 되었다.

현대 철학에서는 역사적 맥락이라는 것도 무시할 수 없다. 19세기는 과학적 진보와 정치적 격동, 미학의 급격한 변화로 이야기할 수 있는 시기다. 역사의 갑작스런 개입은, 역사가 철학적 사유에 있어 중대한 한 가지 주제가 되었다는 것, 즉 철학은 사상의 진화, 국민의 진화, 정치 체제의 진화, 과학의 진보를 함께 고려해야 한다는 것만을 의미하지는 않는다. 역사는 무엇보다, 단지 몇 세대에 걸쳐 모든 영역의 전복 사태와 혼란을 통해 표면화되었고, 이러한 급진적 변화는 진리와 관련된 상황도 완전히 탈바꿈시켰다.

인간의 이성이라는 개념 자체, 이 개념에서 비롯한 여러 진리 개념들이 채 몇 년 되지도 않는 시간 동안 일련의 혁명적 변화를 겪게 된다. 그 첫 번째 혁명의 주인공이 바로 칸트이다. 칸트는 인간 사유의 한계를 명확히 지적한다. 앎의 타당성과 유효성에 한계를 정함으로써, 그는 진리와 거짓을 판별할 수 있는 인식의 영역과, 신앙 행위만이 존재하는 믿음의 영역을 구분한다. 칸트는 이러한 관점에서 현대 철학의 문을 열었다. 이런 이유로 칸트 사상은 시간상으로는 계몽주의 시기에 완성되었지만, 성격상으로는 그 이후의 철학에 더 가깝다. 왜냐하면 칸트 사상의 추진력은, 독일 이상주의(피히테, 셸링)의 위대한 저작들에서부터 20세기 초반 마르부르크학파의 신칸트주의에 이르기까지 현대 철학 전반을 관통하기 때문이다.

칸트가 진리의 영역을 정해놓고, 그 제한된 영역을 더욱 강화하려고 노력한 반면, 헤겔은 진리 추구의 과정과 절차의 무제한적이고 개방적인 속성을 강조한다. 인간이 만들어낸 원칙들과 역사의 총체성을 함께 사유하고자 하는 목표를 설정한 헤겔 덕분에, 진리는 단순히 고정된 실체가 아니라 하나의 절차, 여정, 진화 과정으로 간주되기 시작한다.

정치 분야에 있어서도, 민주적 혁명에서 프롤레타리아 혁명으로의 이행이 일어난다. 민주적 혁명의 토크빌은 민주주의의 미래에 도사리고 있는 기회와 위험들을 일찍이 간파했고, 프롤레타리아 혁명의 마르크스는 진리 사유의 정치적 조건들을 중요하게 고려한다. 이론만으로는 진리 획득의 열쇠를 손에 넣을 수 없다는 것이 마르크스의 사상이다. 진리의 표상을 변화시키는 것은 바로, 현실 역사의 진화 과정, 사회·경제적 대립 관계들, 권력 투쟁, 지배·피지배 계급의 충돌 등이라는 것이다.

진리 개념의 급진적 변화는 니체에 이르러서도 계속된다. 니체는 일종의 예술가적 진리라는 것을 주장한다. 니체에 이르면, 이 진리라는 개념은 더 이상 논리와 합리적 증명의 영역이 아닌, 정념과 충동, 본능과 욕망의 관계 속에서 표현된다. 그 결과 진리와 거짓의 범주 자체가 의미를 상실하게 된다. 즉 어떤 화가나 음악가가 다른 화가나 음악가보다 더 '진실되다'거나 더 '거짓되다'라고 말할 수 없다. 니체에 따르면, 모든 철학 체계에 대해서도 이와 똑같은 다양성을 적용해야 한다. 예술가들이 여러 가지 다양한 세계를 만들어내는 것처럼, 다양한 철학들이 다양한 세계를 구축해내는 것이다. 이제 진리는 수많은 극단적 모험들 속에 내던져진다.

Une brève histoire de la philosophie

이름	칸트Immanuel Kant
활동 지역 및 출신 배경	18세기 중반, 발트 해의 쾨니히스베르크(지금의 칼리닌그라드). 대학 강의만으로 먹고산 대학 교수. 고향을 떠나본 적이 거의 없었고, 고향에서 죽었다.
연대기	1724년 쾨니히스베르크에서 출생. 1755년 대학에서 강사로 가르치기 시작. 1770년 정식 대학 교수 임용. 1772년 《순수이성비판》 연구 시작. 1781년 리가Riga에서 《순수이성비판》 출간. 1785년 《도덕형이상학원론》 출간. 1788년 《실천이성비판》 출간. 1790년 《판단력비판》 출간. 1795년 《영원한 평화를 위하여》 출간. 1804년 쾨니히스베르크에서 사망.
진리 개념	어떤 판단들(수학)의 경우, 오로지 이성에 달려 있고, 다른 판단들(물리학)의 경우, 이성과 경험에 달려 있음. 도덕적 의무의 경우 진리는 즉각적으로 접근 가능함.
명언	"내가 무엇을 알 수 있는가? 내가 무엇을 해야 하는가? 내가 희망할 수 있는 것은 무엇인가? 인간이란 무엇인가?"
철학사적 위상	현대 철학 사상 전반에 걸쳐 큰 영향력을 가진다. 현대 철학은 칸트의 영향력하에 구축되거나, 그의 사상에 대한 반격이거나, 그의 문제 제기를 문제 삼는 것이라는 점에서 어떤 식으로도 칸트의 영향력으로부터 벗어나지 못한다.

philosopher
Immanuel Kant

|16|

칸트
철학 속에 영원한 평화를 구축하려 하다

철학사에 '칸트 이전'과 '칸트 이후'라는 것이 정말 존재하는 것일까? 일반적으로 이런 식의 구분은 분명 경계해야 할 대상이다. 하나하나 따져보면, 모든 철학자는 각자 나름의 결정적인 철학사적 중요성과 의의를 가지기 때문이다. 그래서 우리는 중대한 철학서가 한 권 나올 때마다, 이제부터는 이전과 다른 시각으로 철학을 바라보아야 한다거나, 새롭게 제기된 문제를 더 이상 간과해서는 안 된다는 식의 주장을 종종 하게 된다. 하지만 이러한 주장이 너무 일방적인 경우도 많다. 왜냐하면 이런 식으로 철학사적 단절을 천명하는 것은 여러 사상들 간의 밀접한 상관관계를 간과하는 것이기 때문이다.

그럼에도 불구하고 칸트의 경우에는 이런 식의 결정적인 철학적 변화를 이야기해도 무방하다. 유럽 사상에 있어 칸트 이전의 철학은, 《순수이성비판》《실천이성비판》《판단력비판》이라는 세 권의 핵심 저서에 표명된 칸트 철학 이후와 분명한 차별성을 갖기 때문이다. 이러한 변화는 언뜻 보아서는 구분해내기가 좀처럼 쉽지 않다. 철학의 밑바닥부터 꼭대기까지의 전면적 변화를 가져온 급진적 혁명으로도 보이지 않는다. 칸트가 초래한 근본적인 쇄신은 겉으로는 매우 완만하게 보이지만, 그 결과에 있어서는 철학의 근본적인 변화를 의미한다.

칸트는 비본질적인 문제들을 철학으로부터 분리시키고, 출구 없는 미로에 빠져들기를 거부한다. 요컨대 칸트는 정당하고 타당한 사유의 한계를 명확히 규정함으로써, 진리에 대한 견해와 정의 자체에 변화를 가져온다. 따라서 그의 역할은 주로 우리 이성의 능력과, 이성이 획득할 수 있는 결과에는 무엇이 있는지 그 목록을 작성하는 데 있다. 이성은 무엇을 알 수 있는가? 이성은 어떤 영역에서, 어떤 진리에 접근할 수 있는가? 이성은 어떤 한계를 가지는가? 이 질문들이 바로, '내가 알 수 있는 것은 무엇인가?'라는 첫 번째 질문에 대답하기 위해 《순수이성비판》에서 다루고 있는 의문들이다.

'나의 의무는 무엇인가?'라는 질문은 또 다른 근본적 질문이다. 이성은 우리로 하여금 우리의 의무를 인식하게 하는가? 이성은 우리 행위에 대해 명확히 가르쳐주는가? 이것은 《실천이성비판》이 다루는 문제이다. 마지막으로 칸트는 《판단력비판》에서 상당 부분을 미학의 문제에 할애하고 있다. 특히 '미美'의 본질과 이 '아름다움'이 어느 정도의 범위 안에서 '문화적'인지, 좀 더 쉽게 말해 '보편적'인지를 파악하는 문제를 다루면서 개별적 '미'의 교육과 사회적 여건에 초점을 맞추고 있다. 칸트 사상의 또 다른 주요 측면은 역사 분야, 즉 자유, 군주제와 공화국의 차이, 국제 평화, 국제기구 건설 등과도 관련되어 있다.

이 주목할 만한 사상가는 그 난해함으로 이미 정평이 나 있다. 이러한 난해함의 본질에 다시 한 번 주목할 필요가 있다. 사실 칸트의 분석 구조가 특별히 복잡한 것은 아니다. 칸트를 난해한 철학자로 만드는 것은 무거운 문체와, 친절함이라고는 눈을 씻고 찾아봐도 없는 문장 구조이다. 하지만 그것이 다는 아니다. 그는 특수 용어, 어떻게 보면 기술적인 용어를 의도적으로 선택한다. 처음 칸트를 읽으면서, '초월적' '초월적 미학' '선험적 종합 판단' '범주적 명령' 따위의 낯선 용어들을 접하게 되면, 모호하고 막연한 인상을 받을 위험이 크다. 이 경우 칸트 사상으로의 진입은 처음부터 봉쇄당할 수도 있다. 그렇지만 이들 용어 하나하나에 대한 정확한 정의를 참조한다면, 이 특수 용어들의 유용성을 간파할 수 있다. 그렇게 되면 칸트는 일상적이고 투명한 용어를 사용하지만 결국은 그 사상 자체가 난해하다는 점에서 우리의 뒤통수를 치는 다른 철학자들보다 더 쉽게 이해될 수 있다.

단조로운 인생?

:

서구 철학을 그 근본에서부터 뒤흔든 이 사람은 대기만성형 철학자였다. 전해지는 몇 가지 이야기에 따르면, 그는 놀라울 정도로 규칙적인 생활을 했다. 그가 1724년에 태어나고 1804년에 죽었으며 평생 떠나본 적이 거의 없는, 발트 해의 쾨니히스베르크라는 도시 주민들은 매일같이 칸트가 지나가는 시간을 보고 시계를 맞추었다는 일화가 전해질 정도이다. 평생 딱 한 번, 그 시간을 어긴 적이 있었는데 그날이 바로 프랑스혁명 발발 소식을 전해들은 날이라는 이야기도 있다.

하지만 흔히 알려진 이러한 이미지는 실제 칸트와는 거리가 있다. 이 이미지는 성인이 된 이후, 특히 유명인사가 된 노년기 칸트의 모습에 해당한다. 그의 저서가 세간의 인정을 받기 시작한 것은 오랜 성찰과 복잡한 인생 역정 이후 즉 인생 후반부의 일이고, 우리가 그러한 사실들을 쉽게 간과했을 뿐이다. 마구馬具 장인의 아들로 태어난 칸트는 열 세 살이라는 어린 나이에 어머니를 잃었다. 그는 독일의 한 지방에서 학업을 계속했지만, 당시의 독일은 지적 활동에 그다지 개방적인 곳이 아니었다. 칸트가 열여섯 살이 되던 1740년까지 프로이센을 통치한 프레데릭 기욤1세가 읽는 글이라곤 성경과 군대 서류뿐이라는 말이 있을 정도이다.

이러한 분위기에서 독실한 경건주의 기독교 집안 출신의 젊은이가, 그것도 별 볼일 없는 지방 도시에서 공부를 업으로 삼는다는 것은 선뜻 이해하기 어려운 엉뚱한 선택이었다. 남다른 호기심에 불타던 이 젊은 지성은 오랫동안 방황하지 않을 수 없었다. 라이프니츠와 볼프의 제자 밑에서 수학한 가난한 대학생, 이후로는 스스로 생활을 꾸려나가야 하는 대학 교수가 바로 칸트였다.

대학 교수를 지낸 철학자는 칸트가 처음이었다. 게다가 그는 철학만 가르친 것이 아니었다. 그는 물리학과 논리학, 지리학, 자연과학에 이르는 다양한 과목을 가르쳤다. 일주일에 16시간에서 20시간가량을 강의했고, 교단에 선 기간은 총 41년에 달한다. 그가 가르친 학기 수만 따져보아도 그의 엄청난 노동량을 짐작할 수 있다. 그의 호기심을 끌었던 수많은 주제들 중에는 스웨덴보르그의 책도 눈에 띈다. 스웨덴보르그는 오컬티즘과 비교秘教와 가까운, 스웨덴의 신비주의자이다.

따라서 칸트 사상의 흐름은 외고집의 기나긴 여정으로, 대단한 인내력의 결과로 보아야 한다. 그렇지 않았다면 칸트는 절충주의 성향의 철학 교수에 지나지 않았을 것이다. 비좁은 소도시의 일개 대학 강사였던 젊은 시절의 칸트는 잔뜩 취해 집을 찾아가지 못할 때도 가끔 있었다. 하지만 그는 그 천재성과 노력을 바탕으로 유럽 철학에 결정적 전환점을 제공한 주인공이 되었다. 베를린 한림원의 귀중본 중 그의 저서는 29권을 차지하고 있다.

칸트가 자신의 주요 저서를 집필하기 시작한 것은 그의 나이 쉰이 훌쩍 지나서였다. 칸트 자신도 자신의 목표 달성에 얼마만큼의 시간이 필요할지 제대로 가늠하지 못했던 것이다. 한 가지 예로, 그는 집필 초기 단계에 지인에게 보낸 편지에서 석 달 후면 《순수이성비판》을 발표할 수 있을 거라고 이야기한다. 하지만 책이 완성된 것은 그로부터 9년 후였다. 칸트는 같은 편지에서 《실천이성비판》 역시 석 달 정도면 완성될 것이라고 말했지만, 이 책은 17년 후에야 세상의 빛을 보았다. 이처럼 그는 사색과 성찰을 참고 견딜 줄 알았고, 시간의 힘만을 믿는 안일함에 굴하지 않았으며, 꾸준함과 신중함을 증명할 줄 알았던 것이다. 이러한 노력의 대가로 그는 진정한 현대의 문을 연 가장 중요한 작품에 도달할 수 있었다.

코페르니쿠스적 전환

:

《순수이성비판》을 통해 칸트는 말하자면 철학 세계 속에 지속 가능한 평화를 구축하고자 했다. 형이상학은 저마다 진리를 손에 넣었다고 주장하고, 반대편 이론들을 반박했다고 주장하는 일종의 전쟁터 kampfplatz였다. 양립 불가능한 입장들이 끊임없이 서로 대립했다. 이 끝나지 않는 싸움에 종지부를 찍기 위해, 칸트는 진리의 구축 자체를 문제 삼는다. 그는 무엇이 진리이고 무엇이 거짓인지를 단번에 찾아내기보다는 먼저 진리가 가능할 수 있는 조건들과 우리 이성의 활동이 어디까지 타당할 수 있는지 그 한계를 검토하기 시작한다. 이 새로운 의문들에 대한 대답을 내놓기 위한 기나긴 성찰의 여정 속에서, 칸트는 자기 사유의 깊이가 더해질수록 새롭게 등장하는 문제들을 해결해야만 했다.

예를 들어, 우리가 알고 있는 것들 중에서 어떤 소여들이 외부로부터 왔고, 우리 감각이 제공하는 소여들을 조직하는 우리 능력에 좌우되는 것은 어떤 요인들인지를 정확히 구분해야 했다. 흄 같은 경험주의자들은 우리의 모든 앎은 전적으로 경험으로부터, 그리고 우리가 감각을 통해 느끼는 것으로부터 비롯한다고 주장한다. 칸트의 경우에는 감각과 지적 능력 즉 오성의 결합을 강조한다. 감각은 순전히 수동적이다. 즉 감각은 우리가 지속적으로 경험하는 색깔, 소리, 형태 등을 받아들인다. 하지만 이 경험이 일정한 형태를 가지고, 일정한 구조를 이루고, 일정하게 조직화되고, 소여들을 비교·조합할 수 있으려면, 반드시 오성이 자기 고유의 범주들을 통해 감각이 제공하는 것들에 대해 작용해야만 한다. 이렇게 보면 칸트는 라이프니츠의 공식, 즉 오성 속의 모든 것은 오성 그 자체만 제외하고 경험에서 비롯한다는 공식의 연장선상에 있다.

하지만 칸트는 자기 스스로 '코페르니쿠스적 혁명'이라고 부르게 될 어떤 전환을 통해, 주체 쪽에서 바라본 시간과 공간이라는 것을 사용함으로써 라이프니츠보다 더 멀리 나아간다. 그렇다면 사물 쪽에서 보는 시간과 공간은? 이것도 생각할 수 있다. 하지만 칸트의 작업은, 시간과 공간은 감각의 형태들이라는 점을 강조한다. 우리는 시간과 공간이라는 두 가지 필터를 통과한 것만을 알 수 있다. 따라서 우리는 시간과 공간 속에서의 사물의 상태를 알 수는 있지만, 우리 감각의 형태와는 독립된 사물 '그 자체'의 상태에는 접근할 수 없다. 여기서 감각의 형태란 우리가 현실을 지각하는 도구인 안경과도 같은 것으로, 그것 없이는 현실을 지각할 수 없는 것이다.

요컨대 우리는 이 세계 만물의 외형, 즉 '현상'—'~처럼 보이다' '눈에 띄다'라는 뜻의 그리스어 파이노마이phaïnomaï에서 유래—만을 알 수 있을 뿐이다. 우리로부터 독립된 '사물 그 자체'라는 것은 불가지의 상태로 남아 있다. 따라서 우리는 사물이 '어떠한지' 알 수 없고, 그 사물이 시간과 공간 속에서 우리에게 나타나는 그 방식만을 알 수 있을 뿐이다.

이렇게 간단히 요약하고 보면 칸트의 사유는, 사유의 과정보다는 그 결과가 더 중요하다. 칸트는 결국 앎과 믿음 간의 결정적 구분을 감행하기 때문이다. 앎의 영역에 속하는 것, 즉 우리가 어떤 방식으로든 알 수 있는 것들이란, 경험의 영역 속에서 이루어진 합리적 지식들이다. 기하학에 있어 공간에 대한 순수 경험이나 산수에 있어 시간의 순수 경험처럼, 그 경험이 순수한 것이라고 해도 상관없다. 반면 모든 경험의 영역을 완전히 배제하면, 이성은 헛돌 수밖에 없고, 스스로 착각을 하고, 결과를 얻었다고 믿는다. 하지만 경험 바깥의 이성은 아무런 확실성 없이 사색하게speculer 만들 뿐이다.

자세히 들여다보면 칸트 사유 방식의 복잡성이 제대로 드러나겠지만, 그러한 복잡성이 어떠한 것이든 간에, 결국 칸트는 과학적 원칙들과 형이상학적 사변 사이에 확실하고 분명한 경계선을 그어놓았다. 즉 과학적인 것은 경험의 영역에 속하고, 형이상학적인 것은 앎(인식)이 아닌 믿음의 영역에 속한다. 합리적 믿음이라는 것이 있을 수도 있겠지만, 이것은 확실한 현실에 부합하는 앎은 결코 아니다. 그 결과 칸트는 가령, 신의 존재에 대한 합리적 증거들을 철저히 비판한다.

따라서 칸트는 《순수이성비판》을 통해 우리 인식 능력의 메커니즘과 과학적 조작 방식을 명확히 밝힘으로써 인식에 대한 새로운 이론을 만들어냈다. 앎과 믿음의 구분을 통해 그는 형이상학 논쟁을 무의미한 말싸움, 출구 없는 전쟁으로 일축한다. 이러한 논쟁의 목적이 이성이라는 방식을 통해서는 접근 불가능한 것이기 때문이다. 다행히도 도덕에 있어서 칸트는 이와는 전혀 다른 모습을 보여준다.

도덕률의 명확성

'나의 의무는 무엇인가?'라는 질문에 대한 평가는, 한눈에 보아도 그 자체로 도덕성의 기준에 대한 질문이라고 볼 수 있다. 나는 나의 의무를 어떻게 알 수 있을까? 쉽게 깨달을 수 있는 것인가? 도덕률은 교육의 문제인가, 전통의 문제인가, 개인적 선택의 문제인가 아니면 도덕률은 하나의 보편성, 절대적 명확성, 완벽한 가시성可視性을 확보하고 있는가? 이런 의문들에 대한 칸트의 답변은 아주 분명하다.

칸트에 따르면, 도덕률이란 인간이라면 누구나 직관적으로 또 즉각적으로 알 수 있는 것이다. 따라서 어떤 행위의 도덕성은 어떤 식으로도 학문이나 교육의 문제가 아니다. 그 누구에게나 하나의 단순하고 직접적인 도덕성의 기준이 늘 존재한다는 것이다. 즉 '나는 내 행위의 좌우명을 보편율로 변화시킬 수 있는가?'라는 문제다. 나의 행위가 도덕적이기 위해서는, 나는 내 행위의 규칙을 만인에게 타당하게 적용되는 하나의 법칙으로 변화시킬 수 있어야 한다. 내가 만인에게 보편적인 법칙이라고 이성적으로 제안할 수 있는 법칙이 내 행위 속에 들어 있다면, 그것은 도덕성이 있는 것이다. 여기에는 그 어떤 예외도 없다. 그 누구도 자기 자신에게만 타당한 규범, 자신만이 그 도덕성을 주장하는 그런 규범을 상상할 수 없다.

칸트는 도덕률의 이러한 무조건성을 설명해주는 간단한 사례들을 정리했다. 다음의 사례는 열 살짜리 어린아이도 이해할 수 있다고 칸트는 이야기한다. 한 남자가 있다. 그 나라의 왕이 이 남자에게 날조된 증거를 가지고 올 것을 요구한다. 속임수를 아는 사람은 아무도 없다. 이 허위 증거만으로 왕은 자기의 정적 중 하나를 숙청시킬 수도 있다. 남자가 위증을 하기로 작정하여 무고한 사람이 숙청당하게 된다 하더라도 이 남자는 무사히 대가를 지불받고, 가족의 안전까지도 보장받을 수 있다. 반대로 무고한 사람을 희생시키지 않기 위해 위증을 거부한다면, 남자는 투옥되거나 사형장으로 끌려가게 될 것이다. 재산도 몰수당하고, 가족들도 고통받게 될 것이다.

남편의 죽음을 걱정하는 아내와 어린 자식들이 남편과 아버지에게 왕의 뜻에 굴복할 것을 눈물로 호소하는 장면도 상상할 수 있을 것이다. 그가 어떤 선택을 하게 될지는 알 수가 없다. 그 남자만이 알 수 있는 내면의 결정 사항이기 때문이다. 하지만 그가 어떤 선택을 '해야 하는'지는 쉽게 알 수 있다. 그의 행동이 도덕적이기 위해서는, 그는 위증을 거부해야 한다. 거짓말을 강요하는 규범을 보편적인 규범이라 할 수는 없기 때문이다. 보편적 규범이 될 수 있는 것은 단 한 가지, 즉 '증거는 진실이어야 한다'라는 규범뿐이다. 그렇지 않다면 앞으로는 그 어떤 증거도 의미가 없고, 그 어떤 약속도 효력이 없기 때문이다.

칸트는 여기서 훨씬 더 멀리 나아간다. 하나의 행위는 다른 어떤 이해관계나 개인적 안위를 고려해서가 아닌, 오직 보편율의 존중에 의해 촉발되어야만 도덕적 행위가 될 수 있다는 것이다. 만약 이 남자가 자신의 행위에 한 점 부끄럼이 없고자 위증을 거부한다면, 이것은 엄밀히 말해 도덕적인 방법이 아니라, 자기애自己愛와 자만심에 의한 행위이다. 즉 그 유일한 기준은 다른 모든 고려사항과는 별개인 의무감 단 하나뿐이다.

이러한 극단적인 견해가 갖는 장점은 도덕성이라는 것을 전통이나 관습, 행복이나 불행, 이해관계나 심지어 이타성 등으로부터 완전히 분리시켜놓았다는 것이다. 이 논리의 가장 큰 문제점은 위의 사례처럼 그렇게 순수한 경우가 현실적으로 존재할 수 있느냐 하는 것이다. 칸트는 이에 대해, 그 어떤 도덕적 행위도 완벽하게 이루어진 적은 없을 것이라고 말한다. 사실 더할 나위 없이 존경스러운 행위들, 겉으로 보기에는 순수 의무에 완벽히 부합하는 행위들이 순수하게 규범에 복종한다는 동기 이외의 다른 동기는 없다고 어떻게 확신할 수 있는가?

도덕률의 보편성을 주장하는 철학자 칸트는, 《판단력비판》에서 '미'의 보편성을 주장하는 철학자이기도 하다. 사회적, 문화적, 역사적, 인류학적으로 확고히 정해진 사항들은 미학의 문제를 이런저런 방식으로 분류하며 끊임없이 칸막이를 치는 것처럼 보인다. 이러한 결정론들에도 불구하고 칸트는 '아름다움이란 어떤 개념의 도움 없이 모든 사람들을 보편적으로 만족시켜 주는 것이다'라고 주장한다. 즉 인간이라면 누구나 자신의 교육 정도나 언어, 민족에 상관없이 다른 인간이 만들어낸 작품의 아름다움을 즉각적으로 느낄 수 있다는 것이다. 아마존의 인디언들도 모차르트의 음악을 감상할 수 있고, 음악 애호가라면 인디언 카누 몰이꾼의 이중창을 이해할 수 있다.

칸트의 모든 의문들은 하나의 질문, 즉 이 모든 의문들을 한꺼번에 포함하고 있는 한 가지 질문으로 수렴된다. 그것은 바로 '인간이란 무엇인가?'라는 질문이다. 계몽주의 사상가이기도 한 칸트는 이성이란 본질적으로 전쟁을 혐오한다는 생각을 가진 평화주의 사상가이기도 하다. 이러한 사상을 기반으로 한 그의 정치적 저작들과 《인간학》은 엄청난 이바지를 했고, 지금도 여러 면에서 현재성을 유지하고 있다. 이것은 그의 또 다른 철학 분야가 아니라, 국제 관계에 있어, 비판적 철학의 임상학이라고 할 수 있는 분야에 대한 설명이다.

《영원한 평화를 위하여》는 코즈모폴리터니즘(범세계주의)에 관한 칸트의 견해 중 핵심 내용을 담고 있다. 이 책의 중심 내용은, 전 세계는 이 세상의 국가들을 모두 염두에 둔 하나의 연방제 공화국이 될 수 있다는 것이다. 이런 관점에서 보면, 제1차 세계대전 이후 창설된 국제연맹이나 제2차 세계대전 이후 창설된 국제연합 등 20세기에 등장한 각종 국제기구들은 칸트의 이 영원한 평화 계획으로부터 영감을 받았다고 볼 수 있다.

여기서 칸트는 '철학의 효과는 이성의 건강이다'라고 쓰고 있다. 이것은 형이상학의 한계를 구분하는 칸트적 방법론과 일치하는 것이면서 동시에 도덕성이 무엇인지를 밝히고자 하는 그의 목표에도 부합한다. 그는 이 건강한 이성이 육체적 운동으로 얻어지는 것이 아니라는 점을 분명히 하고 있다. "철학은 이성을 훈련시키는 것도 아니고, 보다 나은 상태의 이성을 가능케 하는 운동도 아니다. 철학은 이성의 건강함을 회복시키고 보장해주어야 하는 일종의 약물 치료이다."

바로 이런 점 때문에 칸트는 개인이 '자기 이성을 공동으로 사용'할 필요성을 여러 차례 강조한다. 위협이나 처벌의 위험 없이 자신을 표현하고, 검열 받지 않고 자신의 사상을 공개하며, 필요하다면 권력이나 종교 단체도 비판하며, 위험을 무릅쓰고 반대 의견에 맞서는 것이야말로 이성의 공용화가 목표로 하는 바이다. 따라서 철학자들의 입을 막을 수도 없고, 막아서도 안 된다. 이는 인간 이성에 재갈을 물리는 행위이다.

현재성을 잃지 않는 이러한 투쟁의 맥락에서, 《계몽주의란 무엇인가?》라는 제목의 유명하면서도 쉽게 접근할 수 있는 이 책은 각자가 미성숙성, 종속성, 피지배 상황으로부터 벗어나 자신만의 사고 능력과 자기표현 능력을 주장해야 할 필요성을 역설하고 있다. '과감하게 알아야sapere aude' 하고, 과감하게 배우며, 과감하게 사고해야 한다. 이것이야말로 칸트가 지금의 우리에게 끊임없이 가르쳐주고 있는 교훈이다.

이상이 칸트가 계획하고 수립한 철학의 그 특별한 제스처를 가장 간단하고 명확하게 이해한 내용이다. 칸트의 철학적 치료술이 목표로 하는 것은 대상 없고 근거 없는 철학 연구는 집어치우고, 과학이라 자처하는 괴상한 몽상들을 과감히 포기하는 것이다. 이러한 치료법은 일종의 해독 작용과 비슷하다. 이것은 인간 지성이 목표로 하는 바들의 과감한 축소를 전제한다. 하지만 칸트의 이러한 절제와 겸허함이 갖는 중독성 역시 무시할 수 없다. 이것이 무슨 의미인지는 앞으로 점차 이해하게 될 것이다.

칸트에 관해서 제일 먼저 읽어야 할 것은?

《계몽주의란 무엇인가?》.

칸트에 대해서 좀 더 깊이 알고 싶다면?

임마누엘 칸트 저, 백종현 역, 《순수이성비판 1》, 《순수이성비판 2》, 아카넷, 2006
임마누엘 칸트 저, 백종현 역, 《판단력비판》, 아카넷, 2009
임마누엘 칸트 저, 박환덕 · 박열 공역, 《영구평화론》, 범우사, 2012
임마누엘 칸트 저, 백종현 역, 《실천이성비판》, 아카넷, 2009
임마누엘 칸트 저, 백종현 역, 《윤리형이상학》, 아카넷, 2012
질 들뢰즈 저, 서동욱 역, 《칸트의 비판 철학》, 민음사, 2006
미셸 푸코 저, 김광철 역, 《칸트의 인간학에 관하여: 실용적 관점에서 본 인간학》, 문학과지성사, 2012

previous

칸트가 타당한 진리의 영역을 제한한 것은 사실이지만, 그래도 칸트에게는 움직일 수 없는 고정점들과 영원한 기득권들이 존재한다. 그가 역사를 염두에 두었다 하더라도, 칸트의 역사는 진리라는 개념 자체에 있어 근본적 역할을 담당하지 못한다.

반면 헤겔의 경우, 진리는 그 자체로 역사적 과정의 문제다. 즉 진리란 시간과 사건들 속에서 전개될 때에 비로소 이해될 수 있다. 이것이 의미하는 바는 정확하게 무엇일까?

next

이름	헤겔Georg Wilhelm Friedrich Hegel
활동 지역 및 출신 배경	튀빙겐, 프랑크푸르트, 예나, 밤베르크, 뉘른베르크, 하이델베르크, 베를린 등 18세기 말과 19세기 초반에 걸친 독일 여러 지역. 미천한 집안 출신의 위대한 대학 교수.
연대기	1770년 슈투트가르트에서 출생. 1788-1793년 튀빙겐의 신학교에서 고등교육 수학. 1797-1800년 프랑크푸르트에서 가정교사 생활. 1800-1807년 예나에서 강사 생활. 1807년 《정신현상학》 출간. 1807-1808년 밤베르크의 신문사 편집장. 1808-1816년 뉘른베르크 고등학교 교장, 《논리학》 출간. 1816-1818년 하이델베르크 대학 교수. 1820년 《법철학》 출간. 1831년 콜레라로 베를린에서 사망.
진리 개념	대립적 요소들을 통합하고 단일화시키는 것. 시간 속에서 전개되는 것이며, 발전 및 진화 과정 끝에 비로소 파악되는 것.
명언	"현실적인 것은 모두 합리적이고, 합리적인 것은 모두 현실적이다."
철학사적 위상	적어도 두 가지 이유에서 아주 결정적인 위상을 차지한다. 첫 번째, 헤겔은 다른 모든 철학 체계들을 아우르고 정리한 것으로 평가받는 궁극적이고 위대한 철학 체계를 완성했다. 두 번째, 그의 변증법적 사유는 마르크스·레닌 사상의 근원이며, 현대 역사에 큰 획을 그은 혁명적 사건들을 촉발시켰다.

philosopher Georg Hegel

|17|

헤겔
역사 속에서 진리를 발견하다

터놓고 말해서, 헤겔의 사상은 난해하기 짝이 없다. 그의 글은 무겁고 속도도 느려 보일 때가 많다. 게다가 개선의 기미도 전혀 안 보인다. 그러다 보니 헤겔의 사유 세계에 섣불리 도전해볼 엄두가 안 나기도 하고, 아예 포기해버리고 싶을 때도 있다. 하지만 이런 생각은 심각한 선입견이다. 그 난해함은 그만한 이유가 있다. 더욱이 그 난해함은 극복 불가능한 것이 절대 아니다. 일단 처음의 선입견을 극복하고 나면, 그 다음 단계는 집중력과 관심의 문제다. 그렇게 단계를 거쳐가다 보면, 마지막에 드러나는 광경은 실로 장엄하다.

요점은 이러하다. 즉 헤겔이라는 철학자는 다른 사람의 호감을 사기 위해 애쓰는 사람도 아니고, 청중의 마음을 사로잡으려고 노력하는 사람도 아니다. 그의 책 첫 장을 넘기는 순간, 그가 그럴듯한 윤색을 얼마나 혐오하는지 단번에 알 수 있다. 헤겔이 볼 때, 노력과 수고를 필요로 하는 사유 과정을 손쉬운 오락쯤으로 보이게 하는 것은 사유 자체를 약화시킬 뿐이다. 역설적이게도, 헤겔의 이런 태도는 독자에게 일종의 혜택이다. 즉 헤겔을 마주한 독자는 인내심과 선의로 단단히 무장해야 한다는 것을 즉각적으로 감지하게 되는 것이다. 사실 헤겔의 글 속에는 신비로운 연금술 따위는 없다. 자신의 사상을 미화하고자 하는 그 어떤 의도도 없다. 오히려 그는 모든 것을 드러내 보이는 철학자이다. 그의 사상 자체가 난해하기 때문에 그의 말이나 글도 난해할 수밖에 없지만, 대신 그는 철저하고 명확하게 이야기한다. 따라서 헤겔의 눈부신 사상의 궤적을 이해하기 위해 용기를 갖고 한 발 한 발 따라가보는 것은 충분히 해볼 만한 작업이다.

사실 헤겔의 목표는 사유를 통해 모든 것을 다 파악하는 것이다. 그의 철학은 전체 역사의 주요 부분을 간추리고, 과거의 모든 사상을 재고한다. 헤겔 사상의 특수성은 바로 철학의 궁극적·최종적 체계를 만들어내는 것이다. 즉 영역과 분야를 막론하고 지금까지 이야기되고 이루어진 모든 것들을 총괄할 수 있을 뿐만 아니라, 이 역사를 움직이는 흐름까지도 함께 고려할 수 있는 그런 철학 체계를 만들어내는 것이다. 그런 이유로 헤겔의 저서는 논리학, 철학사, 종교 분석, 예술에 대한 성찰들을 모두 포괄하면서 동시에 이들을 그 기본에서부터 새롭게 하고, 결국에는 이 거대한 체계 속에 과학과 정치학, 법학까지 모두 포함하는 결과를 낳는다.

헤겔의 철학 체계는 이같이 다양한 요인들이 장기판 위의 네모 칸처럼 고정되고 무기력한 한계 속에 갇혀 있는 그런 틀이 아니다. 헤겔은 무엇보다 역사의 운동, 그 움직임에 주목한다. 그는 지식과 믿음을 둘러싼 일련의 정황들, 제국의 흥망성쇠, 문명의 진화 등을 역사의 총체성 속에서 사고하고자 한다. 그리고 이 역사적 총체성을 그 움직임과 내적 역동성 속에서 포착하려고 노력한다. 따라서 이 철학자는 해석이 분분한 추상적 망상을 추구하는 정신, 오직 원칙과 전제에만 사로잡힌 지성들의 정반대에 위치하고 있다. 그는 현실에서 진행되고 있는 역사의 전개 방향과 그 절차 자체를 생각하고자 한다. 겉으로 보기에는 끊임없이 모습을 달리하는 혼란스러움 그 자체인 역사의 풍경 속에서, 헤겔은 납득할 만한 하나의 진행 과정을 포착해내고자 한다.

헤겔에 대한 평가가 분분한 것은 분명 이런 점 때문이다. 헤겔은 무신론적 사상가로 평가받기도 하고, 정반대로 현대 신학 부흥의 기원이라는 평가를 받기도 한다. 혁명적 노동 사상을 만들어낸 장본인으로 보는 시각이 있는가 하면, 보수적이고 심지어 반동적 사상가의 전형으로 보는 시각도 있다. 어떤 경우에는 이상주의자로, 또 다른 경우에는 주관성의 철학자로 간주된다. 헤겔이 가진 이 수많은 얼굴들은 서로 대립되는 것이면서 동시에 모두 다 사실이라고 볼 수 있다. 그만큼 헤겔 철학은 다양한 측면을 가지고 있다. 그중 몇 가지를 살펴보기 전에, 제일 먼저 염두에 두어야 할 것은 그가 역사와 시간, 그 둘의 관계를 사유한 철학자라는 점이다.

역사의 지진계

헤겔 그 자신도 역사의 격동기에 태어났다. 1770년생인 그는 역사의 결정적 중요성과 다양한 문명의 중요성, 폭넓은 인간 진보의 중요성을 발견한 시대의 후손이었다. 하지만 그가 살았던 시대는 역사가 가속화되는 시기이기도 했다. 루소와 칸트, 계몽주의 시대의 프랑스와 독일 철학자들의 사상을 배우고 자란 그가 열아홉 살이 되던 해, 프랑스 대혁명이 발발한다. 전제군주제의 유럽에 혁명의 시대가 열리는 그 순간, 헤겔은 철학자가 된 것이다. 스물세 살 되던 해, 자유가 열어젖힌 거대한 희망은 공포정치로 둔갑한다. 그가 갓 서른 살을 넘겼을 때, 나폴레옹 보나파르트의 혁명적·군사적 침략 전쟁은 전 유럽으로 확대되었다.

따라서 젊은 시절의 헤겔은 근대성의 격변과 그 희망 및 불안을 모두 목도한 셈이다. 비교적 짧았던 그의 생애는—그는 콜레라로 예순한 살에 베를린에서 사망했다—'인류 역사의 새롭고 위대한 시대가 지금 열리고 있다'는 확신으로 점철된 삶이었다. 그는 당시 사상계의 상황이 종국에는 인류 역사의 결정적인 변화로 이어져야 한다고 확신했다. 즉 사유하는 철학자의 책임감이 어느 때보다 중요한 시기였다. 철학에 대한 이러한 선구자적 시각은 철학 역사상 가장 최후의, 가장 장엄한 그의 사유 체계가 완성되어 갈수록 더욱 발전되어간다.

헤겔이 처음 받은 교육은 철학과 종교 분야였다. 그는 튀빙겐의 프로테스탄트 신학교에서 공부했는데, 이는 당시 최고의 교육 기관 중 하나였다. 특이하게도 장차 역사상 가장 위대한 철학자의 한 사람이 될 헤겔과, 가장 위대한 시인이 될 횔더린, 역시 위대한 사상가의 반열에 오를 셸링이 당시 모두 같은 학교에 다니고 있었다. 이 세 명의 천재 학우들은 유럽 지성사의 결정적 전환점을 상징한다. 하지만 타고난 탁월한 재능에도 불구하고, 소심하고 비교적 내성적이며 어딘지 모르게 부자연스러운 이 젊은 대학생이 최고의 현대 사상가로 성장할 것이라고 예상한 사람은 아무도 없었다.

신학교를 졸업한 헤겔은 종교 관련 일에 종사하기를 포기하고, 베른과 예나에서 차례로 가정교사로 일한다. 예나는 그가 최초의 걸작, 《정신현상학》을 쓴 곳이기도 하다. 그 후에는 밤베르크의 작은 신문사 편집장을 지냈고, 뉘른베르크의 한 고등학교에서 교사 겸 교장으로 일하기도 했다. 이후 하이델베르크 대학 교수를 거쳐, 1818년 최종적으로 베를린 대학 교수로 임명되었다. 피히테라는 위대한 독일 철학자의 뒤를 이어 임명된 자리였다. 대학에 몸담았던 13년 동안, 헤겔은 학생들로부터 존경받고, 대학 전체의 신망을 얻는 영예로운 교수 생활을 영위한다. 그리고 그는 전인구 중 10퍼센트의 목숨을 앗아간 전염병 콜레라로 인해 급작스럽게 세상을 떠난다.

이 철학자는 자기가 살던 곳을 멀리 떠나 본 적이 거의 없었다. 신문사에서 잠시 일 했을 때와 고등학교 교장 시절을 빼고는 자신의 연구와 성찰을 중단한 적도 거의 없었다. 아무튼 그의 이미지는 권위 있는 지성인, 위엄이 넘치는 대학 교수의 전형, 공인된 사상가의 표본이라고 할 수 있다. 그렇지만 이런 이미지만 기억하다 보면, 그를 오해할 수도 있다. 공인으로서의 헤겔의 역할은 그대로 굳어질 수밖에 없었지만, 그의 사상은 그렇지 않았다. 오히려 그의 오랜 철학 작업의 결과물들인 일련의 저작 속에는 엄청난 파괴적·전복적 힘이 드러난다.

그의 주요 저작들은 하나하나가 모두 기념비적 작품이다. 1807년, 예나에서 완성한 《정신현상학》은 나름의 방식으로 문명의 역사를 기록하고 있다. 예나에 진군한 프랑스 군대에 포위된 상황에서 서둘러 마무리된 이 책 속에는 가끔 당혹스러운 부분들도 있다. 헤겔 자신이 나중에 '이미지의 갤러리'라고 부른 이 책은 여러 가지 차원에서 이해되어야 한다. 이 책은 동물에 가까운 감각적이고 직접적인 의식의 형태에서부터 절대정신에 대한 자의식에 이르는 인류의 역사를 망라하고 있다. 또한 이 책은 고대에서부터 과학 및 현대 국가에 이르는 서구 문명사이기도 하다. 마지막으로 이 책은 헤겔 자신의 사유의 역사를 다룬 특이한 지적 자서전이다.

이처럼 이 '역사서'는 실제로 발발한 사건이나 사실들을 돌이켜보는 책이 아닌, 정신의 역사를 거슬러 올라간 작업의 산물임을 염두에 두어야 한다. 이 책에 언급된 '형상들figures'은 사람이나 사건이 아니라, 의식이 전개되는 순간들, 말하자면 인식의 전개 상태와 연결된 일종의 자세나 입장들이며, 의식과 다른 의식들 간의 관계들 그리고 의식이 의식 자신과 맺고 있는 관계들이다.

전문가들 사이에서도 헤겔의 이 첫 번째 저서가 이후의 사상 체계와 어떤 관계를 맺고 있는지에 대해 의견이 분분하다. 이 첫 번째 책 속에 이미 핵심적 테마들이 모두 등장하고 있지만, 그 이치와 관점은 이후의 그것과 다르기 때문이다. 전문가들이 논쟁을 벌이는 이유도 바로 그것이다. 그렇다고 이러한 논쟁들 때문에 헤겔의 주요 저작들의 가치가 훼손되는 것은 아니다. 그 난해함에도 불구하고 《정신현상학》은 고대 그리스 비극과 셰익스피어의 희곡, 단테의 작품과 더불어 서구 역사상 가장 위대한 작품으로 손꼽힌다.

또 뉘른베르크와 하이델베르크에서 집필하여 1816년 출간한 《논리학》은 현실로 하여금 스스로를 움직이게 만들고, 스스로를 생각하게 만드는 과정들에 대해 탐구한다. 베를린에서 출간한 《철학적 학문의 백과사전 강요》는 지식들을 반성적으로 재조립하고자 한다. 이러한 저서들은 헤겔의 철학 체계를 떠받치는 주요 지주들이다. 그의 사후에 제자들이 출간한 강의록들의 중요성도 간과해서는 안 될 것이다. 역사철학, 미학, 종교철학, 철학사에 대한 헤겔의 강의는 분명 그의 역작들 중에서도 핵심을 차지한다.

요컨대 헤겔이라는 철학자는 일종의 지진감지계로 이해되어야 할 것이다. 즉 당시의 유럽 역사에 발생한 충격적 위기나 동요, 진동 등이 헤겔의 몇 가지 책 속에 고스란히 드러나기 때문이다. 헤겔의 저작들은 이후 여러 세대에 걸쳐 수많은 주석가들의 끊임없는 연구 대상이 되어, 다양한 방식으로 재해석되어왔다. 실제로 전 세계 역사를 사유를 통해 통합하려는 헤겔의 의도를 계승한 그의 후예들은 상반되는 입장의 두 분파로 나누어진다. 현대 철학자들 중에서 헤겔만큼 정반대의, 심지어 적대적인 해석을 초래한 철학자도 드물다.

헤겔이 죽고 난 직후부터, 그의 제자들은 헤겔 '좌파'와 헤겔 '우파'

로 나뉜다. 전자는 이성의 우위와, 특히 역사를 움직이고 진보하게 만드는 각종 투쟁에 역점을 둔다. 모순적 운동을 통해 이루어지는 역사의 진보라는 헤겔의 시각을 원용한 마르크스는 이 헤겔 좌파의 혁명적 분파가 향후 어떻게 계승·발전되는지를 잘 보여준다. 헤겔 좌파는 제네바에서 헤겔을 읽고 해석한 레닌에게 계승되었고, 1917년 10월 러시아 혁명과 볼셰비키의 권력 장악으로 이어진다.

이처럼 헤겔을 유물론자로 '전향시킨' 이 헤겔 좌파와 대립하는 것이 바로, 독일 이상주의 전통과 '절대Absolu'를 향한 이상주의의 근본적 열망에 충실한 계승자들이다. 이 헤겔 '우파'들은 역사의 보편적 진보 속에서 정신Esprit의 위상과, 헤겔이 철학과 기독교 사이에 설정한—이들은 그렇게 믿는다—근본적 연관성에 특히 중점을 둔다. 19세기 말에는 영국에서도 특히 브래들리Bradley와 보상케Bosanquet의 연구를 통해 이상주의적 '신新헤겔학파'가 다시 등장한다.

이렇게 다양한 유형의 헤겔 후학들은 헤겔 사상의 규모가 그만큼 광범위하다는 것을 짐작케 한다. 이 다양한 시각들 중 무엇을 선택하느냐에 따라, 그중 어떤 요소를 부각시키느냐에 따라 그 결과도 다양하게 나타난다. 애초에 헤겔의 기본 프로젝트 자체가 모든 것을 포괄하는 것이었던 만큼, 대립적 요인들이 헤겔적 총체성 속에서 서로 조우할 수밖에 없다. 그렇다면 이러한 대립적 요인들은 어떻게 통합될 수 있을까? 어떤 시각을 통해 가능한 것일까? 이제 그 점을 살펴보도록 하자.

논리학과 변증법

헤겔의 특수성은 현실 세계 전체를 그 다양성과 통일성 속에서 동시에 해석하려고 시도한 점이다. 이러한 시도가 남다른 특수성을 갖는 이유는 무엇일까? '현실' 속에는 양립 불가능한 '하위-현실들', 즉 상호 배타적인 요소들, 모순적 담론들이 무수히 존재하기 때문이다. 일반적으로 하나의 진리를 생성해내기 위해서는 이러한 모순적 요인들 중에서 단 하나만을 포착하여 여기에 대립되는 것들은 모두 평가절하한다. 즉 '이것이 진리다'라는 말은 '이것과 반대되는 것은 거짓이다'라는 뜻이다. '이것이 정의다, 따라서 그 반대는 불의다' '이것은 신성하다, 따라서 이에 반하는 것은 악마적이다' 이런 식이다.

헤겔 이전 철학자들이 보여준 이러한 사유 방식은 결국 총체성에 대한 이해를 허락하지 않는다. 다른 요인들과는 동떨어진 요인들만의 특화를 가져올 뿐이다. 그런데 헤겔의 경우, 부분적이고 제한적이며 다른 것과 분리된 것은 '추상적인 것'과 같다(라틴어 abstractus의 글자 그대로의 뜻은 '추출된' '별개의'이다). 반면 '구체적인 것'은 현실의 모든 측면, 대립적이고 배타적인 것들까지 모두 고려할 수 있는 사고를 요한다. 이러한 사고방식은 한 가지 요소가 그와 대립적인 요소로 옮겨가는 상황까지도 염두에 두는 사고이다.

요컨대 헤겔은 모든 사고 체계, 모든 믿음, 모든 문명, 모든 담론의 동기를 설명해줄 수 있는 사유 양식을 추구한다. 이런 방식에 따라 진리를 고민하면, 이때의 진리는 결코 단 하나의 관점으로 파악될 수 없다. 이 진리의 구성요소는 모든 대립적 요인들 및 이 요인들 간의 관계를 움직이는 작동(운동) 장치다.

헤겔이 모순이라는 것에 특별한 지위를 부여하는 것도 바로 이 때문이다. 헤겔 이전의 철학은 모순을 불가능의 표지로 간주했다. 즉 모순적인 것은 존재 자체가 불가능했다. 하지만 헤겔을 통해 모순은 현실의 지표로 등장한다. 헤겔에게 있어 현실적인 것은 모순적이다. 하지만 현실적인 것은 합리적인 것, 즉 이해 가능한 것이기도 하다.

헤겔에 따르면 이성은 모순을 사고할 수도 있고, 주어진 어떤 상황이 어떻게 그 반대의 상황으로 변화하는지를 포착할 수도 있다. 헤겔을 통해 우리는 고정되고 견고한 사고, 경직된 이=항(Yes 혹은 No, 진실 혹은 거짓, 합리적인 혹은 불합리한)의 사고로부터 유동적이고 유연한 사고, 즉 한 시각에서 그 반대의 시각으로 옮겨갈 수 있는 사고, 그래서 구체적 현실 전체를 그 모든 측면에서 파악할 수 있는 사고로 이행한다.

헤겔에게 있어 '견고한' 사고란 오성의 사고이다. 이것은 나누고, 분류하고, 정리하고, 대립시키고, 경계 짓는 사고이다. 반면 이성에 의해 전개되는 '유동적' 사고는 경계를 허물고 서로 연결하고 현실의 움직임 자체를 따라가는 사고이다. 현실에 대한 이 새로운 시각이 유일하게 중요시하는 것은, 고정점들이 아닌 움직임이다. 진리는 이쪽에 혹은 그 반대쪽에 고정되어 있는 것이 아니다. 진리란 여정이자 과정이며, 한쪽에서 다른 쪽으로 또 그다음으로의 이행이다. 그 과정 속의 그 어떤 단계에도 '진리'는 없다. 한 단계에서 다른 단계로의 이동만이 진리의 요소이다.

중요한 점은 이 '여행'의 목적이, 아주 옛날부터 서로 동떨어져 있는 곳들을 찾아가는 것이 아니라는 것이다. 헤겔의 관심은 변증법적 절차를 통한 현실의 그 끊임없는 자기 변화 방식이다. 이것은 무슨 의미일까? 거의 모든 사람들이 귀에 못이 박히게 들어보았을 헤겔의 그 유명한 처방이 바로 '테제, 안티테제, 신테제'이다. 이 짤막한 공식은 헤겔의 변증법적 사고에 접근할 수 있는 한 가지 손쉬운 방법을 제공한다. 하지만 이것을 제대로 이해하기 위해서는 단순히 A, A의 반대 B, 그리고 그 둘 사이에 존재하는 진리, 이렇게만 결론짓는 고정관념에서 먼저 벗어나야 한다.

왜냐하면 변증법이란, '화이트' 그다음에 '블랙' 그리고 결론은 … '그레이'라고 말하는 데 그치는 것이 결코 아니기 때문이다. 물론 이것은 첫 단계의 대략적 개요는 될 수 있다. 회색 속의 '화이트'와 '블랙'은 혼합에 의해 폐기되고 지워지고 파괴됨과 동시에 회색이라는 또 다른 형태 속에 유지·연장되기 때문이다. 하지만 헤겔이 이해하고자 한 것은 바로 그 절차, 즉 현실 한가운데에서 파괴-유지라는 역학이 현실 상황들을 변화시키고 이 상황들을 살아 움직이게 만드는 그 과정이다. 자연의 순환법칙은 이러한 역학 구조를 잘 보여주는 사례다. 즉 식물의 싹은 꽃에 의해 파괴되고, 꽃은 이 싹을 다른 형태 속에서 확대·연장시킨다. 꽃은 열매에 의해 파괴되고, 열매는 이 꽃을 어떤 일이 있더라도 유지·보존시킨다.

이런 식의 모순은 우리가 고전 논리학에서 익히 보아온 모순과는 다른 것이다. 헤겔에게 있어 이 꽃은 싹을 '부정'하고, 열매는 꽃을 '부정'하지만, 그렇다고 이 싹, 꽃, 열매가 서로를 '반박'한다는 의미는 전혀 아니다. 이러한 부정은 이행 과정에 내재된 하나의 움직임mouvement으로서 현실의 지속적인 변화 과정에 속한다. 헤겔의 천재성은 바로 이 부정의 힘, 부정의 능력을 파악했다는 데 있다. 여기서 부정이란 결함이나 결핍, 부재가 아닌 현실의 한복판에 작용하는 하나의 힘으로서, 현실의 내부에 구멍을 내고 현실이 앞으로 나아갈 수 있도록 만드는 힘이다.

역사에서 절대정신으로

그렇다면 이 변증법은 역사에도 적용되어야 한다. 하지만 표면적으로는 혼돈 그 자체인 역사적 사건들, 우연한 전쟁의 연속, 수많은 문명의 명멸明滅은 언뜻 보아서는 이러한 변증법으로 설명될 수 없을 것처럼 보인다. 헤겔 사상의 핵심은 바로 거기에 있다. 즉 총체적으로 포착한 인간의 역사는 충분히 납득 가능한 것, 당연한 것임을 증명해 보이는 것이다. 역사란 셰익스피어 작중 인물의 말처럼 '한 바보가 들려주는, 시끄러운 굉음과 분노로 가득한 한 편의 이야기'가 아니다. 오히려 역사란 그 내면 깊숙이 자리한 하나의 논리에 따라 움직인다. 헤겔은 자신의 눈에 비친 유럽을 통해 이 점을 확신할 수 있었다.

'전제군주제, 프랑스대혁명, 제1제정'이라는 일련의 역사적 사건들을 변증법적 도식에 따라 설명해보자. 전제군주제는 대혁명에 의해 내부에서부터 파괴된다. 그리고 대혁명이 허물어지면서 군주제도 아니고 공화제도 아니지만 이 둘의 속성을 모두 가진 어떤 체제가 탄생한다. 이 체제는 전 유럽에 새로운 자유의 요구와 새로운 국민국가의 씨

앗을 도입하면서, 대혁명이 최초로 시작했던 과제를 계속 이어나가게 된다. 헤겔이 나폴레옹을 두고 '세계정신'이라 한 것도 바로 이런 의미다. 나폴레옹을 일컬어 자기 자신 속에, 일시적으로 역사정신과 자신의 진보 원칙을 압축하고 있기 때문이다. 어떤 의미에서 보면, 나폴레옹은 실질적으로 대혁명을 폐기한 것이고, 또 다른 의미에서 보면, 구체제를 전복시킴으로써 대혁명을 연장하고 혁명의 원칙들은 전 유럽에 확산시켰다. 이런 관점에서 보면 나폴레옹은 역사의 진보에 기여한 셈이다. 정작 자기 자신은 생각지도 않았던 의도를 현실로 실현한 것이다.

헤겔은 여기서 '이성의 책략'을 이야기한다. 이는 무슨 뜻일까? 개인들은 자신의 개인적 이해관계에 따라 단기적으로 행동한다. 나폴레옹의 목표도 그러했다. 즉 그의 목표는 자기 개인의 영광과 명예이지, 전체적 목표의 실현이 아니다. 그럼에도 불구하고 자신의 지배 체제를 공고히 하고, 제국을 확장시킴으로써 제3의 목표, 즉 유럽의 시민적 자유 확대와 국민국가 건설을 실현하게 되는 것이다.

헤겔이 생각하는 역사 개념은 결국, 민족정신Volkgeist 혹은 시대정신Zeitgeist에 적절한 속성을 중심으로 형성된다. 이러한 역사 개념 역시 헤겔 이후 오랫동안 다양한 해석과 입장으로 분화된다. 이 역사 개념의 기본 전제는, 한 시대 혹은 한 문명이 보여주는 다양한 양상들은 서로 연결되어 있다는 것이다. 가령 다양한 예술 형태(건축, 음악, 회화, 시 등)들은 종교적 믿음, 도덕 개념, 정치 구조들과 연결되어 있다. 헤겔은 각각의 문명 속에서 각각 따로따로 진화하는 개별적 영역들이 아닌 근본적으로 하나인 통일체, 내적인 일관성을 가진 하나의 통일체로 파악해낸다.

역사의 진보는, 한 문명으로부터 다른 문명으로의 변증법적 이행을 통해서 이루어지는 것이다. 그리고 이 진보는 정신 스스로의 점진적 의식화意識化를 동반한다. 이러한 과정의 최종 귀착점이 바로 헤겔이 말하는 '절대정신savoir absolu'이다. '절대정신'이란 이 세계에 존재하는 모든 사실들을 모조리 다 알고 있다는 뜻이 아니다. 사실 헤겔 철학 그 자체인 이 '절대정신'에 도달한다는 것은, 이 세계 산봉우리들의 해발 고도를 모조리 다 안다거나, 전 세계 도시들의 인구수 따위를 모두 안다는 뜻이 결코 아니다.

헤겔의 '절대정신'이란 자기 의식화를 향한 정신적 진보의 최종 단계를 말한다. 즉 정신이 자기 자신과 완전히 화해하고, 자신의 의식화 과정 전체, 그 총체성을 스스로 파악했음을 정확히 깨닫는 단계다. 이 단계는 역사에 대한 총체적 관점이 명확해지는 시점이며, 철학이 자신의 한계를 초월하여, 헤겔의 관점에서 보면 '절대종교'로서의 기독교에 의해 구현된 진리를 보존하고 유지하는 단계이기도 하다. 절대정신은 인간 역사의 종착역이며, 여기에 이르기까지의 모든 과정들을 파악할 수 있는 지점이다.

이 최종의 궁극적 단계는 실질적으로 헤겔 자신의 사유와 일치한다. 우연적이고 우발적인 원인들 때문이 아니라, 사유 그 자체의 전개 과정 속에 내재된 필연성을 통해 그렇게 되는 것이다. 헤겔 철학을 '예언자적'이라고 말할 수 있는 것도 바로 이런 점 때문이다. 이 말은 헤겔이 몽상적 시각에 사로잡혀 있다는 뜻이 아니라, 그가 모든 것이 명백해지고 가시화되는 단계에 자리하고 있음을 의미한다.

헤겔에 관해서 제일 먼저 읽어야 할 것은?

《법철학》.

헤겔에 대해서 좀 더 깊이 알고 싶다면?

헤겔 저, 임석진 역, 《정신현상학 1》, 《정신현상학 2》, 한길사, 2005
헤겔 저, 박병기 역, 《헤겔 자연철학 1》,《헤겔 자연철학 2》, 나남, 2008
칼 마르크스 저, 강유원 역, 《헤겔 법철학 비판》, 이론과실천, 2011
비토리오 회슬레 저, 권대중 역, 《헤겔의 체계 1: 체계의 발전과 논리학》, 한길사, 2007

p r e v i o u s

헤겔은 철학을 통해 역사의 전체적 움직임을 총괄하고자 한다. 헤겔이 생각하는 진리는 단순히 어느 한 지점에 국한된 것이 아니라, 전체와 그 전체를 움직이게 하는 내적 움직임 속에 자리하는 것이다.

헤겔의 이 거대하고 웅장한 시각보다 더 제한적인, 정확히 말해서 구체적 사안들과 경험적 현실에 좀 더 주목하는 조사 방식은 불가능할까? 토크빌은 보편적 역사가 아닌, 가령 1830년대의 미국이 민주주의를 어떻게 구체적으로 실천했는지에 대해서 이야기한다. 하지만 이로부터 토크빌이 이끌어낸 결론과 진리는 현재의 우리와 극도로 밀접한 연관성을 갖는다.

n e x t

이름	토크빌Alexis-Charles-Henri Maurice Clérel de Tocqueville
활동 지역 및 출신 배경	노르망디의 대귀족 가문 출신. 1830년 미국에서 활동. 프랑스의 루이 필립 시대와 제2제정 시대의 대학 교수 및 정치가.
연대기	1805년 파리에서 출생. 1826년 파리에서 법학 학사 학위. 1827년 베르사이유의 배석 판사. 1831-1832년 미국 체류. 1835년 《미국의 민주주의》 제1권 출간. 1805년 《미국의 민주주의》 제2권 출간. 1840년 아카데미 프랑세즈 회원으로 선출. 1849년 제2공화정 입법 의회 의원으로 선출. 1851년 나폴레옹 3세 쿠데타에 반대, 정계 은퇴. 1856년 《구체제와 프랑스혁명》 출간. 1859년 칸느에서 사망.
진리 개념	사회적 사실들을 관찰하고 이를 분석함으로써 도출되고, 장기간에 걸친 역사적 성향들을 분석함으로써 확인되는 것.
명언	"미국에서, 종교는 풍속만 지배하는 것이 아니라 지성에까지 그 영역을 확대한다."
철학사적 위상	토크빌은 오랫동안 철학자라기보다는 역사가, 정치평론가 혹은 사회학자로 평가되었기 때문에 그의 철학사적 입지는 비교적 최근에 와서 주목을 받았다. 즉 그의 깊이 있는 분석과 그 분석의 철학적 중요성에 주목할 필요성이 대두된 것은 20세기 후반이다.

philosopher
Alexis de Tocqueville

|18|

토크빌
민주주의의 진리에 의문을 품다

철학자 토크빌이라고? 불과 몇십 년 전만 해도, 토크빌의 《미국의 민주주의》를 유럽의 주요 철학서 목록에 끼워넣는 사람은 아무도 없었다. 그의 연구가 흥미롭기는 했지만, 토크빌은 엄밀히 말해 철학이 아닌 정치학이나 사회학에 속하는 저자였다. 심지어 그를 시대에 뒤쳐진 학자, 19세기 사상에 정통한 몇몇 전문가 중 하나로 치부하는 사람들도 있었다.

하지만 그의 저작들에 관한 평가는 일련의 연구, 특히 레이몽 아롱, 프랑수아 퓌레, 피에르 마낭의 연구가, 토크빌의 분석이 갖고 있는 깊이와 현대성, 적절함, 풍부함을 증명해준 이후에 근본적인 변화를 겪는다. 토크빌의 글을 어떻게 이해해야 하는가의 문제가 남달리 중요한 이유는 바로 그 때문이다.

토크빌이 미국에 머문 시기는 1830년과 1831년이고, 《미국의 민주주의》 제1권은 1835년, 제2권은 1840년에 출간되었다. 토크빌은 19세기 초반의 미국 현실에 대한 단순한 관찰자에 불과할까? 아니면 그 반대로 자기 눈에 비친 19세기의 미국이나 민주주의뿐만 아니라, 우리의 현재와 미래까지 이야기한 일종의 예언자일까? 그는 현대 민주주의가 직면한 난관들과, 개인주의 및 평등 시대의 위험성, 전체주의의 위협 따위를 미리 꿰뚫어보고 예고한 것은 아닐까?

그렇다면 토크빌은 정확하게 어느 시대에 대해서 이야기하고 있는가? 이 사람을 자기 당대에 속하는 사람으로 보는 것은 너무도 당연하다. 즉 우리는 그를 7월 왕정, 프랑스혁명 이후(왕정복고, 공화주의 및 노동자 운동으로 점철된 시기)의 사람으로 보는 것이다. 그런데 다른 한편으로는 그가 현재 우리의 관심사는 물론 우리의 미래에 대해서까지 이야기하고 있다는 인상도 받는다. 이 두 가지 모두 사실이다. 그리고 이 모호함이야말로 토크빌을 이해하는 데 있어 가장 중요한 요인이다.

실제로 토크빌은 프랑스 노르망디의 귀족 출신으로 당대의 특권 계급이었고, 대혁명 이후 세대에 속했다. 이렇게 보면 그는 역사의 흐름에 의해 몰락한 패배자 계층에 속한다. 이와 동시에 상당 부분 이와 똑같은 이유로 그는 중요한 역사적 진보를 주시하는 탁월한 관찰자이기도 하다. 그는 눈에 보이는 것만을 기록하는 데 만족하지 않는다. 그는 서구 사회가 어떻게 진화해왔는지 파악하기 위해 모든 개념, 모든 이데올로기적 해석, 모든 분석 도구를 다 사용한다. 이러한 도구들이 그의 저작에 중요성을 부여한다. 이처럼 그는 자신의 연구 대상을 체계적으로 구축했고, 토크빌을 철학자로 인정해야 하는 이유도 바로 이것이다.

조숙한 사상가

:

토크빌의 특수성을 제대로 이해하기 위해서는 그의 사회적 위치와 출신 배경부터 재고해보아야 한다. 토크빌의 가정적·사회적 배경은 지엽적인 사안에 불과한 것이 아니라, 오히려 그의 시각과 지식인으로서의 그의 자세를 이해하는 데 중요한 열쇠다.

알렉시스 드 토크빌은 1805년, 11세기부터 노르망디에 자리 잡은 귀족 가문에서 출생했다. 이 지방 명문가는 샤토브리앙(1768~1848, 프랑스 시인)이나 말셰르브(1721~1794, 프랑스 정치가)와도 연결되어 있다. 귀족인 토크빌의 부모님은 로베스피에르가 실각하는 바람에 단두대를 피해갈 수 있었다. 영국으로 망명한 그의 아버지는 자신의 연구를 통해, 루이 15세 및 프랑스 군주제의 무능함과 민주적 권력의 시대에 귀족 계급이 몰락한 원인에 대해 의문을 제기했다.

어떤 의미에서는, 아버지의 이러한 고민을 아들 토크빌이 물려받은 것이라 할 수 있다. 하지만 아버지의 문제 제기는 아들에 와서 근본적이고 전면적인 변화를 겪는다. 사실 토크빌에게서는 몰락한 귀족 계급의 성마른 불만이나 신랄함을 전혀 찾아볼 수 없다. 토크빌은 무너진 옛 질서의 회복이나, 프랑스혁명이라는 전례 없이 과격한 사건에 의해 붕괴된 구정치 체제로의 복귀를 꿈꾸는 반동분자가 아니다. 오히려 귀족 계급의 몰락이라는 문제를 훨씬 광범위하고 훨씬 오래된 틀 속에 다시 놓고 생각한다. 즉 13세기 및 중세 말기 이후 사회적 상황 속에서, 또 그 이후 정치적 상황 속에서 평등의 점진적 성장이라는 것이 바로 그 틀이다.

그가 평등의 점진적 성장에 관해 처음으로 의문을 가지게 된 것은 분명 아버지의 영향이 크다. 하지만 그는 아주 일찍부터 나름의 방식으로 이 문제에 접근한다. 실제로 토크빌의 지식인으로서의 여정은 눈에 띄게 일찍부터 시작되었다. 대학에서 법률을 공부한 후, 베르사이유에서 배석 판사로 일했고, 1831년에는 미국의 징벌제도를 연구한다는 임무를 띠고 미국으로 떠난다.

그는 왜 미국을 택했을까? 징벌 제도뿐만 아니라, 영국으로부터의 독립혁명 이후 당시 가장 특이한 방식으로 발전하고 있던, 신세계 Nouveau Monde 미국의 민주주의에 대해서 연구하겠다는 생각—그는 진작부터 이런 의도를 가지고 있었던 것이 분명하다—은 어디에서 비롯한 것일까? 토크빌이 어떤 이유로 이러한 선택을 하게 되었는지는 정확히 알 수가 없다. 그렇지만 그의 《서간집》에 등장하는 한 통의 편지는, 이것이 유년기의 결정이라는 사실을 증명해준다.

따라서 이 정치 감독관은 자신이 이미 예상하고 있던 바, 즉 정치적·사회적 상황의 근본적 변화를 초래하며 성장해온 평등이라는 것을 직접 눈으로 확인하러 갔을 수도 있다. 그 이후 토크빌의 이 조숙한 지적 능력은 거듭 확인된다. 그는 갓 서른에 《미국의 민주주의》 제1권을 출간했고, 서른다섯 살에는 제2권을 출간한다. 마흔 살에는 아카데미 프랑세즈 회원으로 선출된다. 요컨대 토크빌은 방황이나 모색의 시간 없이 일사천리의 지적 여정을 보여주고 있다. 자신이 평생에 걸쳐 발전·심화시켜 나갈 핵심 주제들을 아주 일찍부터 그리고 아주 빨리 발견한 사람으로 보이는 것이다.

더욱이 정치적 이력을 통해 본 그의 모습은 물론 보수주의자—체제 유지파, 사회주의나 전체주의, 공동재산을 주장하는 모든 입장을 근본적으로 거부하는 자유주의자—이지만, 당시 '극우왕당파'의 반동주의적 입장과는 아주 거리가 멀다. 실제로 토크빌은 표현의 자유를 열렬히 지지했으며, 노예제도의 폐지를 위해 투쟁했다. 그는 루이 나폴레옹 보나파르트, 즉 나폴레옹 3세의 쿠데타를 반대한 것을 계기로 1851년에 정계를 완전히 떠난다. 1856년 《구체제와 프랑스혁명》이라는 최후의 저작을 출간하고 몇 년 후 쉰네 살이라는 젊은 나이에 결핵으로 칸느에서 사망한다.

그 분야에서 나름의 독자적 지위에 오른 작품, 《미국의 민주주의》는 프랑스대혁명에 대한 그의 성찰만큼이나, 불규칙하고 들쭉날쭉한 결과를 낳는다. 토크빌은 한때 잊혀졌던 것에 대한 관심을 보여주는 대표적인 주인공이라고 할 수 있다. 살아생전의 토크빌은 동시대인들의 관심과 존경을 한 몸에 받으며 엄청난 영향력을 행사했던 유명인이었다. 하지만 사후 새롭게 재평가되기 전까지는, 세인의 관심에서 멀어지고 다소 무시되기도 했지만, 가끔은 일련의 몰이해 때문에 과대평가되기도 했던 것 같다. 그가 자유주의자였기 때문에, 그의 분석이 가진 독창적이고 혁신적인 측면들이 제대로 주목받지 못한 것이다.

네 개의 출발점

토크빌의 글들은 그 자체로 아주 명확하고, 짜임새가 탄탄하기 때문에 오랜 사전 준비 없이도 읽을 수 있다는 장점이 있다. 그렇지만 오해를 피하기 위해서 몇 가지 중요한 점을 지적해두는 것이 좋겠다. 그의 저서에 처음 접근하는 데에는 다음의 네 가지가 좋은 길잡이가 될 수 있다.

우선, 이 책의 제목에 먼저 주목해야 한다. 즉 민주주의는 민주주의인데, 미국의 민주주의라는 것이 중요하다. '민주주의'와 '미국'이라는 것을 함께 고려해야 한다. 즉 이 이야기는 바로 미국에 관한 것이다. 그는 미국이라는 현장에 있었기 때문에, 세부적 사항과 눈에 띄는 특징에 대한 감각이 남달랐다. 사소하지만 의미심장한 사실을 부각시키는 능력에 흔히 찾아볼 수 없는 탁월함이 있었다. 토크빌에게는 현지 특파원-철학자라 부를 만한 재능이 있었던 것이다.

이 책의 제1권은 1835년에 출간되고, 제2권은 1840년, 즉 미국에 머무른 지 거의 10년이 흐른 뒤에 출간된다. 이것은 토크빌이 처음 생각했던 내용을 심화시키는 데 어느 정도의 시간이 필요했다는 뜻이다. 엄밀히 말하면 그는 섬세한 분석 작업을 계속해가는 동안, 이전에 몰랐던 전혀 새로운 사실들을 발견한 것은 아니었다. 게다가 미국 체류 기간 동안 그가 기록한 수첩 속에는, 이후 발전시켜나갈 아이디어들까지 모두 기록되어 있었다. 하지만 토크빌은 자신의 동일한 지적 궤적을 더욱 깊이 파고들었고, 이러한 작업을 통해 그의 사상은 새로운 발전과 새로운 정당성을 획득할 수 있었다.

제1권은 사실에 근거한 설명의 성격이 강하다. 미국의 제도를 설명하고, 그 기능을 분석하는 데 집중되어 있다. 반면 보다 반성적이고 사변적 성격이 강한 제2권은 민주주의가 풍속과 심성에 미치는 영향력을 이해하고자 노력한다. 하지만 이 책의 차례가 어떻게 되는지는 신경 쓰지 않아도 된다. 한편 이 책은 19세기에 출간된 기행문들 중에서 가장 지적인 저작임에도 불구하고, 그 시대적 배경을 무시하고 읽어도 무방하다. 선거, 대중, 언론, 여론, 풍속, 심지어 군대에 대한 그의 이야기를 읽다 보면, 이 철학자-이방인의 매섭고 날카로운 눈에 비친 것은 바로 우리가 지금 살고 있는 현재와 미래의 모습이라는 것을 알 수 있기 때문이다.

그의 연구 작업이 보여주는 첫 번째 특성은, 당시 유럽에는 제대로 알려지지 않았던 대륙, 즉 미국을 집중 연구하고 있다는 점이다. 미국이라는 나라는 당시 고도의 성장가도를 달리고 있었고, 일종의 정치 실험장이었다. 토크빌은 이 정치 실험의 특성들을 분명하게 설명했던 것이다. 토크빌이 강조하는 미국의 특성은, 우선 그 지정학적 조건에 있다. 즉 미국의 확장을 제한할 수 있는 국경선이라곤 전무했고, 서부 개척의 가능성은 여전히 무한대로 열려 있었다. 또 한편으로 미국은 종교적 다양성이 특징인 나라였다. 공인된 종교만 해도 자그마치 일곱 개에 달했다. 이러한 상황 덕분에 다른 나라에서는 유례가 없는 관용과 공존의 양상들이 불가피했다. 간혹 토크빌이 유럽이 아닌 미국의 상황만을 이야기하는 것처럼 보이는 것도 바로 이러한 특수성들 때문이다.

그만큼 정치철학사에 있어, 유럽이 아닌 또 다른 서구 국가에 대한 연구는 토크빌이 최초였던 것이다. 18세기까지 서구란 항상 구舊유럽, 즉 지중해 연안, 서유럽, 북유럽, 러시아 일부만을 가리키는 용어였다. 하지만 아메리카혁명에서부터 19세기를 통틀어 그리고 20세기에 이르기까지 발전과 진보를 이룬 것은 유럽이 아닌 서구의 다른 한쪽, 즉 미국이었다. 그렇게 되자 기존의 유럽은 변하기 시작했다. 말하자면 스스로의 정체성을 벗어나게 되었으며, 그때부터는 미국이 유럽의 정체성에 영향을 미치게 된 것이다. 토크빌이 이러한 근본적 변화를 처음으로 감지한 것은 분명하다. 토크빌이 이런 식의 표현을 사용하여 명시적으로 주장하지는 않았다 하더라도, 그가 미국으로 건너갔다는 사실과 그곳의 상황들을 예의 주시했다는 사실 자체는, 유럽만의 역사가 종말을 고하고 있음을 그가 확실히 의식하고 있었다는 것을 증명해준다.

하지만 모든 진보가 미국에서만 이루어지는 것은 아니다. 그리고 토크빌의 프로젝트도 결코 미국에 한정되지 않았다. 그의 책 제목이 미국의 '민주주의'라는 사실을 새삼 기억해야 할 것이다. 미국에서 벌어지고 있는 상황은, 느릿느릿 움직이는 역사의 어떤 추세가 갖는 주요 특징들을 깨닫게 해주었다. 그 역사적 추세가 바로 민주주의의 점진적 확대다. 그는 이 점을 여러 차례 지적한다. 다시 말해 토크빌의 눈에 비친 민주주의는 장차 전 세계로 확대되어, 대다수의 민족이 받아들일 수밖에 없는 체제였다. 이것은 거역할 수 없는 역사의 흐름이라는 것이 토크빌의 생각이었다.

토크빌 연구 작업의 두 번째 특징은 바로 이것이다. 토크빌은 사회적 조건들의 점진적이지만 불가피한 평등화야말로 이러한 역사의 기본 흐름, 즉 미국의 민주주의를 성장시키고 전 세계의 민주주의를 예고하는 역사적 흐름의 주요 요인으로 간주했다. 그가 역설한 것은, 민주주의란 단순히 정치적 혹은 사법적 평등의 문제가 아니라는 사실이다. '한 명의 개인, 하나의 목소리'는 단순한 선거 관련 문구 이상의 의미를 가지고 있다. 이 원칙은 보다 근본적이고 보다 철저한 현실 조건의 평등을 의미한다.

조건의 평등이 경제적 평등이라는 뜻이 아니다. 민주 사회 내에는 부자와 빈자, 착취하는 자와 착취당하는 자가 공존하지만, 출생과 행위의 조건들 간에는 더 이상 불평등이 존재하지 않는다. 이때부터 귀족제도와 계급 제도는 평등의 점진적 성장에 잠식당한 과거의 유물로 전락하고 만다.

이로부터 얻을 수 있는 중요한 결론들은 다음과 같다. 첫째, 이제부터는 정치적이며 사법적인 평등의 문제는 사회적 관계 속에서 생각해야 한다. 토크빌에게 있어 이것은 결정적 중요성을 가진다. 둘째, 이러한 조건의 평등은 전혀 새로운 사회적 관계를 암시하고 있다. 즉, 주인과 하인의 관계는 철저하고 근본적인 변화를 통해 유지된다는 것이다. 귀족제도에서 주종 관계는 고정 불변이다. 즉 주인과 하인이 속하는 사회는 다르다. 두 사람의 권리도 다르다. 신분도 태어날 때부터 정해져 있다. 물론 민주주의 사회에서도 이 주종 관계는 유지될 수 있다. 하지만 계약을 통해서 일시적으로만 유지되고, 어떤 식으로도 개인들의 기본 평등권에 영향을 미치지는 못한다.

토크빌 연구 작업의 세 번째 특징은 민주주의 체제의 위험성까지도 예리하게 꿰뚫어보았다는 것이다. 그는 민주주의를 반대하는 것은 결코 아니었지만, 그것의 결점과 일탈의 가능성, 어두운 이면을 함께 보았던 것이다. 민주주의 시대의 인간들을 움직이게 만드는 원동력은, 평등과 행복에 대한 관심이다. 그런데 이 행복의 과도한 팽창은 문화와 정치사상에 대한 일종의 무관심으로 귀결될 수 있다.

그렇게 되면 새로운 형태의 독재가 출현할 수도 있다. 토크빌이 현대 전체주의의 몇몇 측면들을 예고해가면서 제대로 설명한 부분은, 바로 민주주의 자체에 내재되어 있을 수 있는 전체주의적 차원이다. 이때 우리가 예상할 수 있는 것은, 통증을 느끼지 못하는 안락한 우민화의 상태다. 고문을 당하는 이도 없고, 억지로 강요를 당하는 이도 없기 때문이다. 하지만 다수파는 사람들에게 엄청난 영향력을 행사할 수 있고, 눈에 잘 보이지 않으며 공개적인 폭력이 아니라는 점에서 그만큼 더 완벽하게 통제할 수 있다.

요컨대 토크빌이 분명히 이야기하고 있는 것은, 폭력을 행사하지 않으면서도 엄청난 강제력을 지닌 절대권력으로서의 여론, 국민들이 가장 필요로 하는 것들을 충족시켜주는 복지국가를 동반한 여론이다. 이와 같이 토크빌의 책 속에는 오늘날 우리 정치 체제의 상당 부분이 드러나고 있다. 즉 우리의 현재와 미래의 주요 국면에 대한 예측과 진단이 토크빌에게서 발견되고 있는 것이다.

네 번째, 마지막 특징은 이것이다. 미국에 대해 이야기하는 이 프랑스 이방인은 7월혁명 이후 군주제하의 프랑스에 대해서도 생각하지 않을 수 없었다. 때문에 토크빌의 이 책을 읽고 있는 오늘날의 독자들은 오늘날의 미합중국과 프랑스가 과연 어떠한 상황인지를 생각하지 않을 수 없을 것이다. 그런데 미국과 프랑스가 각기 보여주는 주된 특성들은, 민주적 속성과 혁명적 속성이라는 서로 대립적인 면모다. 즉 미국은 민주적인 반면, 프랑스는 별로 그렇지 못하다다는 것이 토크빌의 생각이었다. 왜냐하면 프랑스는 여전히 혁명의 분위기 속에 머물러 있으면서, 정치적 폭력 사태의 가능성이 늘 상존하는 상황이기 때문이다. 이러한 정치 폭력은 미국인들뿐만 아니라, 사회의 안정 및 사유재산의 안정, 결국은 자유 속의 안정된 질서와 함께하는 진정한 모든 민주주의자들의 사고방식에도 전혀 낯선 풍토이다.

물론 지금과 같은 21세기에 토크빌의 19세기적 사상을 곧이곧대로 받아들이는 태도는 경계해야겠지만, 당시의 민주적이고 안정적인 미국과 여전히 혁명의 연장선 속에서 폭력의 가능성을 안고 있던 프랑스를 대립적으로 바라본 토크빌의 시선은 오늘날에도 완전히 틀린 것만은 아닐지도 모른다.

토크빌에 관해서
제일 먼저 읽어야 할 것은?

《미국의 민주주의》 제1권, 제2부의 9장.

토크빌에 대해서
더 깊이 알고 싶다면?

알렉시스 드 토크빌 저, 이용재 역, 《앙시앵 레짐과 프랑스혁명》, 지만지, 2013

p r e v i o u s

정치제도와 정치적 행위들 속에서 진리를 추구한 토크빌은 자신이 직접 눈으로 본 것들, 사람들이 머릿속에 가지고 있는 생각과 믿음들 속에서 그 진리를 발견할 수 있다고 생각한다. 토크빌은 눈에 보이는 것들을 좇아가지만, 이 표면적 현상들에 대해 근본적 비판을 가하지는 않았다. 그 현상의 기원에 대해서는 의문을 제기하지 않은 것이다.

반면 마르크스는 과연 무엇이 사람들의 생각과 믿음을 만들어내는지 알아내고자 한다. 그는 누구나 당연하게 받아들이는 진리들의 경제적·사회적 배경을 파고든다. 이러한 방식을 통해 밝혀진 진리란 복합적 시스템의 산물에 다름 아니다.

n e x t

이름 마르크스Karl Marx

활동 지역 및 출신 배경 19세기 한복판. 독일, 프랑스, 영국 등에서 전투적인 정치 활동가이자 저널리스트로서 활동.

연대기

1818년	독일 트리에르에서 출생.
1835-1836년	본과 베를린에서 수학.
1842년	〈라인신문〉의 주필, 이듬해 〈라인신문〉은 판매 금지됨.
1844년	《경제학-철학 수고》의 육필 원고 작성, 이는 이후 1932년에 출간.
1848년	《공산당 선언》 출간.
1849년	런던에 정착.
1857-1858년	《자본론》 초고 집필.
1864년	국제노동자협회(제1인터내셔널) 창립 위원.
1867년	《자본론》 제1권 출간.
1871년	《프랑스 내전》 출간.
1883년	런던에서 사망.

진리 개념 인간의 현실적 삶의 조건들에 의해서 결정되는 것. 따라서 경제적 배경에 의해 좌우되며, 사회적·역사적 변화에 따라 진화하는 것.

명언 "철학자들은 저마다의 방식으로 세계를 해석하게 만들 뿐이지만, 중요한 것은 세계를 변화시키는 것이다."

철학사적 위상 마르크스는, 그 자신의 표현을 빌자면 자기의 철학적 의식을 '청산하고' 스스로 혁명가가 되고자 했다. 역사의 아이러니에 의해 그의 반항은 마르크시즘의 절정기에 하나의 공식 원칙이 되어버렸다. 이제는 마르크스를 한 명의 철학자로 다시 읽어야 할 때다.

philosopher
Karl Marx

|19|

마르크스
정치적 진실의 뒤안을 발견하려 하다

마르크스만큼 독특한 인생 이력을 보이는 사상가도 흔치 않다. 서구 철학자들 중에서도 마르크스는 그 인생 역정과 후세에 남긴 영향력으로 볼 때 아주 특이한 경우에 속한다. 여타의 사상가들과는 달리, 그의 정치적 활동은 19세기와 20세기에 걸친 인류 역사에 아주 선명한 자취를 남겼다. 현대 사상가들 중에서 세계 역사에 가장 결정적인 영향력을 미친 사람이 마르크스라는 데에는 이론의 여지가 없다.

그럼에도 불구하고 살아생전 마르크스의 명성은 비교적 미미했다. 1818년 독일, 갓 프로테스탄트로 개종한 유대인 가정에서 태어난 마르크스는 어린 시절부터 유대 전통과는 상당한 거리를 두고 자랐다. 오늘날로 치면 극좌에 해당하는 당시 '헤겔 좌파'에 경도된 젊은 대학생 마르크스가 쓴 박사 학위 논문의 제목은 〈데모크리토스와 에피쿠로스 자연 철학의 차이〉였다. 그는 일찍부터 민주주의와 노동자 해방을 위한 투쟁에 참여했던 유물론적 철학자였지만, 아직 자기 이론서의 핵심적 본질을 제대로 주장할 수 있는 수준에는 미치지 못하는 단계였다. 또 장차 자신이 '철학적 의식conscience philosopique'이라고 부르게 될 것을 아직은 청산하지 못한 시절이었다. 여러 개의 잡지에 참여하는 기회가 많아지고, 공화주의 운동과 혁명 운동에 열광하고 있었지만, 아직은 정교한 정치적 비전이나 참신한 개념적 뼈대를 갖추지 못한 상태였다.

마르크스가 최초의 노동자 조직들을 발견하게 되고, 정치 투쟁뿐 아니라 구체적인 경제·역사 분석을 공부하기 시작한 것은 1840년대 프랑스 파리에서였다. 그는 프리드리히 엥겔스와 함께 쓴, 1848년 출간된 《공산당 선언》을 통해 광범위한 대중적 지지를 얻었고, 이후 전 세계적 성공을 거둔다.

마르크스가 1844년 파리에서 작성한 《경제학-철학 수고》 원고의 초반에 등장하는 '인간에 대한 무관심'이라는 말은 그의 정치경제학 비판의 정수를 집약해놓은 말이다. 경제학자들은 생산 관계 속의 일개 변수로 축소되어버린 노동자의 현실적 삶의 조건들에 대해 무관심하다. 사회 조직 전체가 인간의 현실적 삶에는 무관심하고, 인간은 그저 생산자와 소비자로 전락해버린다. 결국 돈이 인간을 서로에 대해 무관심하게 만들고, 자기 자신에게조차 무관심하게 만든다. 자본주의는 물질과 욕구, 피로와 즐거움과 노동의 수고로움이라는 현실 세계를, 교환 가능한 상품들만 존재하는 비인간적 세계로 대체해버린다.

적나라하게 까뒤집어 본 인간 세상, 잔혹하게 변모해버린 인간 세상에 대한 가장 생생한 고발 중 하나인 이 자필 원고의 말미에 마르크스는 '돈은 보편적인 도구이자 권력이다'라고 쓰고 있다. 오랫동안 잊혀졌다가 1932년에야 세상의 빛을 본, 스물여섯 살 젊은 사상가의 이 원고는 그 타당함이나 과격함에 있어 오늘날 소비 사회에 대한 비판을 이미 예고하고 있다.

1844년 8월 25일 프리드리히 엥겔스는 파리에서 처음으로 마르크스를 만났다. 두 사람은 이후 《신성가족》《독일 이데올로기》《공산당 선언》을 차례로 공동 집필한다. 노동자 대중을 겨냥하여 쓴 《공산당 선언》은 역사적 유물론의 원칙들을 분명하고 직접적으로 설명하고 있다. "우리들에게 있어 공산주의는 꼭 그렇게 만들어져야 할 어떤 '상태'도 아니고, 사회가 추구해야 할 어떤 이상형도 아니다. 우리가 말하는 공산주의란 현 상황을 폐기하는 '현실적' 움직임이다."

이 현실적 움직임을 통해 국경선도 사라지고, 지역적 배타성, 민족적 정체성도 모두 폐기된다. 그런데 19세기에 이러한 변화를 초래한 것은 무엇보다 상공업과, 시장 및 기술력의 세계화이다. 따라서 마르크스와 엥겔스의 글 속에서 부르주아와 기술의 세계적 승리를 찬양하는 내용이 등장한다고 해도 그리 놀랄 것은 없다. 이러한 역설은 표면적인 것에 불과하기 때문이다. 이러한 세계화, 국제화는 계급 없는 사회를 향해가는 역사의 실제적 진행에 필수적인 것으로 평가된다.

그리고 이내 마르크스는 런던으로 피신해야 했다. 이후 그는 그곳에서 경제적 곤궁을 벗어나지 못한다. 그는 영국의 대형 지면에 글을 쓰는 데 계속 어려움을 겪었지만, 가족의 생계를 위해 끊임없이 싸워야 했다. 늘 빚 독촉에 시달렸고, 가끔은 집세나 각종 청구서를 지불하지 못할 정도로 비참한 생활을 했던 그는, 저술 활동을 계속하기 위해서

엥겔스로부터 경제적 지원을 받지 않을 수 없었다. 가난한 저널리스트로서의 그의 삶은, 역설적이게도 수많은 국제 문제들을 연구하게끔 만들었다. 여타 수많은 철학자들의 사상과는 달리, 마르크스의 사상은 국제 경제 상황과 금융 시장의 진화, 지정학적 균형에 대한 정확하고 자세한 정보들을 끊임없이 받아들이며 성장했다.

1864년 마르크스는 런던에서 결성된 국제노동자협회, 즉 제1인터내셔널의 지도자, 특히 그 대표 사상가로 부상하게 되면서 그 조직의 규약 제정에도 참여한다. 이러한 가시적인 활동과 더불어 그는 방대한 이론적 작업도 병행한다. 끝이 보이지 않고 계속되는 그 이론 작업도 그의 생전에는 일부만 출간되었다. 이러한 미완성은 마르크스의 아주 특이한 작업 방식, 특히 《자본론》 집필에서 드러나는 그의 작업 방식 때문이다. 그는 독서를 통해 수집한 막대한 분량의 사실, 기록, 자료들을 일관된 방식으로 파악하는 능력이 결여되어 보인다. 그의 작업은 이론의 완성을 계속 연기시키면서 진행되며, 진척과 더불어 수정을 거듭한다.

그 결과 동시대인들이 받아들였던 마르크스의 사상은, 여전히 미완성 상태인 복합적 작업의 실제 상황과 정확하게 일치하지는 않는다. 더욱이 오늘날 마르크스를 읽는 우리에게는 그의 사상적 진화 과정과 끊임없이 수정되는 작업 환경 속에서, 그가 차례로 채택했던 상이한 시각들을 함께 고려하는 것이 필수적이다.

이러한 마르크스의 사상은 아이러니한 운명을 겪었다. 복잡하고, 방대하고, 끊임없이 현재 진행형인 그의 사상이 '마르크시즘'이라는 것이 만들어지면서 상당 부분 간과되었기 때문이다. '마르크시즘'은 마르크스 사상의 몇 가지 요소들만 가지고 하나의 도식적인 때로는 너무나 빈약한 도그마를 만들어냄으로써 마르크스를 단순화시키는 결과를 초래했다. 말년의 마르크스는 '나는 마르크스주의자가 아니다'라고 말했다. 이 단순화된 독트린은 일종의 '정치 종교'를 탄생시켰다. 즉 실제 종교들처럼 나름의 추종 집단, 대중적 숭배, 나름의 의식儀式, 아이콘, 성스러운 유물, 호화로운 영묘, 권력투쟁, 종교재판, 화형식 등을 갖춘 유사 종교 형태의 마르크스 교리가 등장하게 된 것이다. 마르크시즘은 실로 역사에 엄청난 영향력을 행사했다. 마르크스 사후 몇십 년 만에 전 세계에 걸쳐 그의 추종자를 자처하는 이들이 출현했고, 마르크스의 원리라는 것에 따라 통치되는 지역들이 생겨났다.

요컨대 마르크시즘은, 20세기의 한복판에서, 직간접적으로 전 세계 인구의 3분의 1이상을 지배하는 정치 체제를 낳게 된 것이다. 구소비에트연방에서 쿠바, 중화인민공화국에서 알바니아, 북한에서 아프리카의 공산주의 국가들에 이르기까지 그 규모는 가히 전 세계적이었다. 한 독특한 사상가의 비밀 문건이 단 몇 세대 만에, 현대사에 유례가 없는 정치적·이데올로기적 중요성을 획득하게 된 것이다.

마르크스의 위대한 이론서, 즉 《자본론》이라는 난해한 저서의 목적은 자본주의의 생산 양식과 이에 수반되는 생산 관계를 분석하는 데 있다. 제1권에 포함된 잉여 가치 이론은 어떠한 메커니즘을 통해 이윤이 창출되는지를 설명하고 있다. 사용 가치, 교환 가치, 절대적 잉여 가치, 상대적 잉여 가치, 이윤율 저하 경향 등 이제는 고전이 되어버린 개념들도 여기 등장한다. 오랜 세월 동안 수도 없이 인용되고, 주석이 달린 이 텍스트, 그러나 매번 제대로 이해되었다고 보기는 어려운 이 《자본론》은 오늘날 사상사와 정치론사에 모두 해당된다. 이 말은 《자본론》이 과연 현실의 경제적 현실과 현대 자본주의의 진행 과정을 적절하고 타당하게 고려하고 있는지 주의를 요하는 상황이 되었다는 뜻이다. 실제로 마르크스 경제 분석의 핵심 중에서 상당수가 실제 사실과는 맞지 않는다. 가령 '이윤율 저하 경향 법칙'은 확증된 바가 없고, 마르크스가 예고한 프롤레타리아의 '점진적 빈곤화' 역시 마찬가지다.

요컨대 자본주의가 그동안 극심한 변화를 겪어온 만큼, 대부분의 경제학자들은 더 이상 마르크스의 분석에 의지하지 않는다. 하지만 이러한 상황에도 불구하고 마르크스의 분석은 오늘날에도 몇몇 논쟁의 핵심에 자리하고 있고, 탈세계주의자들의 논쟁에서는 특히 더 그러하다. 따라서 마르크스의 분석들은 현실과의 직접적 관련성보다는 그 상징적 가치와 그 가상의 중요성을 통해 여전히 강인한 생명력을 유지하고 있다. 다시 말해 마르크스는 경제학자가 아닌 이들이라면 언제나 참조할 수 있는 일종의 기준가치로서의 경제학자라고 할 수 있다.

1989년 베를린장벽이 무너지고, 전 세계 사회주의 진영이 붕괴됨으로써 마르크시즘의 생존 자체가 위기에 봉착하면서, 마르크스는 또 다른 의미에서 역사의 희생양이 되었는지도 모른다. 현대인들이 구소련 강제수용소의 책임을 마르크스에게 돌릴 수도 있고, 그를 공산주의의 근본적 악습의 원천으로 몰아갈 수도 있기 때문이다. 물론 이런 식의 책임 전가는 잘못된 것이다. 공산주의 체제가 역사상 실패로 귀결되었다고 해서, 수많은 인명을 살상하는 위험한 체제라는 것이 백일하에 드러났다고 해서, 공산주의의 정치적 모험이 막다른 골목에 봉착했다고 해서, 마르크스의 이론적 작업이 통째로 파기되어야 하는 것일까?

역사적 유물론

마르크스와 철학의 관계라는 문제는 이미 수많은 논쟁을 불러일으킨 바 있다. 마르크스는 자신이 철학자가 아니라고 부인했지만, 철학적 근본 행위의 범위를 확장시키고 사유 방식 자체에 급격한 변화를 초래한 것은 사실이다. 가장 쉽고 단순하게 설명하자면 마르크스는 철학을 타도하고 전복시키려 했다. 단, 이 '전복'이라는 표현에 여러 가지 의미가 있다는 것을 전제해야 한다.

군주제를 전복시키는 것처럼 철학을 전복시킨다는 것은, 철학의 헤게모니에 종지부를 찍는 것이고, 그 지배 체제를 종식시키는 것이다. 마르크스의 주장들 중에는 이런 의미와 비슷한 것들도 있다. 1844년, 그는 《포이에르바하에 관한 테제》의 열한 번째 테제에서 이렇게 쓰고 있다. "철학자들은 저마다의 방식으로 세계를 해석하게 만들 뿐이지만, 중요한 것은 세계를 변화시키는 것이다."

이에 따라 끝도 없이 이어지는 사변과, 추상 및 이상 세계로의 도피 대신, 정치 활동과 노동 운동을 통한 역사의 변혁을 대체시키게 되었다. 그 목표는, 임금 노동자 및 인간에 의한 인간의 착취가 사라지고,

마르크스가 '선사시대'라고 지칭한 시대, 즉 종교나 그보다 더한 철학 따위의 신기루가 지배하는 예속의 시대로부터의 탈출을 목도하는 것이다.

그렇지만 이러한 철학의 타도가 이론이나 개념들, 철학적 유산과의 순수하고 단순한 결별이라고 생각하면 오산이다. 이 '전복'이라는 말은 파괴라는 의미가 아닌 일종의 '뒤집어보기'로 이해할 수도 있다. 즉 하나의 그림을 다른 방식으로 바라보기 위해 그것을 '거꾸로 뒤집어'본다는 의미와 비슷하다. 마르크스가 헤겔의 변증법에 대해 이야기하는 부분을 통해 이 후자의 의미를 발견할 수 있다. "헤겔에게 있어 변증법은 분별력을 잃고 갈팡질팡하고 있다. 변증법을 헤겔의 두 발 위에 다시 올려놓기만 하면 그 변증법은 이성적이고 합리적인 모습을 되찾을 수 있을 것이다."

마르크스의 이러한 태도 급변에는 설명이 필요하다. 이러한 변화는 마르크스가 '삶'과 '의식'이라 불렀던 것들 사이에 근본적인 전복을 가져왔다는 사실과 관련된다. 그의 말에 따르면 사람들은 의식이 삶을 결정한다고 생각한다. 달리 말하면 인간은 자신의 물질세계와 경제적 관계들, 교환, 자신의 능력을 자기 머릿속에 들어 있는 생각에 따라 조직하고 구성한다. 따라서 인간은 사고가 세계를 조직한다고 생각한다. 사실은 그 순서가 정반대임을 증명하는 것이 바로 마르크스의 전복이다.

오히려 물질적·사회적 세계가 인간의 머릿속 생각을 만들어낸다는 것이 그의 주장이다. 따라서 경제적 관계들에 따라, 인간이 당대의 상공업적 양상과 기술을 통해 그들의 물질적 삶의 조건을 만들어내는 방식에 따라 표상이 만들어진다는 것이다. 달리 표현하면 마르크스는 세계를 완전히 뒤집어 다시 보기를 요구한다. 이렇게 다시 본 세계에서, 인간의 사고를 만들어내는 것은 경제적 관계이지, 역으로 사고가 물질적 조건을 만들어내는 것이 아니다. 이런 식의 철학 전복은 철학을 포기하자는 뜻이 결코 아니다. 오히려 철학의 도구들을 다른 방식으로 이용하자는 것이다. 철학이 논리와 이론의 영역에 기여해온 주요 성과들은 그대로 유지하면서 이를 다른 방향으로 활용하는 것이다.

그렇다면 '역사적 유물론'과 '변증법적 유물론'이라는 사유 자체에 대한 이해가 필수적이다. 유물론은 왜 유물론인가? 인간이 가지고 있는 사고나 믿음을 만들어내는 것이 바로 인간 삶의 물질적 측면이라고 생각하기 때문이다. 하지만 이것은 생물학적 유물론이 절대 아니다. 마르크스는 인간 스스로 형성하는 다양한 사고가 인간의 생리나 신경물질, 뇌의 구조 따위에 좌우된다고 주장하지 않는다. 그는 인간의 이러한 사고들이, 주어진 순간에 있어 삶의 모든 조건과 그 사회에 달려 있다고 주장한다. 마르크스의 유물론을 '역사적' 유물론이라고 부르는 것도 이 때문이다.

마르크스의 방법론과 그의 철학적 관점에서 볼 때, 이 유물론은 변증법적이다. 헤겔에게서 빌려 온 이 '변증법'이라는 용어는 하나의 요소가 그 반대의 것으로 끊임없이 변화해가는 것을 의미한다. 반대되는 것들 간의 모순은 이 두 대립항의 변증법적 작용을 통해 해소되기 때문에 역사는 진보하는 것이다. 이런 관점에서 보면 마르크스의 가장 큰 기여도는, 철학자나 경제학자 혹은 정치학자로서보다, 철학이라는 것이 그 사회적·역사적·경제적·정치적 맥락과 얼마나 밀접하게 연관되어 있는지를 보여준 사상가라는 위상에서 비롯한다. 다른 조건들과 완벽히 분리된 철학만의 독자적인 지위란 존재할 수 없고, 사상의 절대적 자율성 역시 존재할 수 없다. 하나의 사상 혹은 사유는 언제나 어떤 맥락 속에 자리하고 있는 것이고, 한 계급 혹은 어떤 입장의 이익을 도모하는 것이며, 직간접적으로, 의식적 혹은 무의식적으로, 사회적·정치적 상황을 조종하는 투쟁에 참여하고 있는 것이다.

이러한 변증법적 유물론은 겉으로 드러난 표상들을 분석하는 데 결정적 기여를 한다. 마르크스는 철학적·도덕적·이데올로기적 주장들의 이면에 숨어 있는 것들에 대해 주목할 것을 요구한다. 그는 이러한 주장들을 다른 조건들과 분리하여 따로 고려하는 것이 아니라, 이들을 만들어내고 조종하고, 일부는 가공하기도 하는 주체가 무엇인지 찾아내기를 요구한다. 이런 의미에서 마르크스는 니체나 프로이트와 더불어 '회의의 스승' 중 한 명으로 평가될 수 있다. 이들의 공통분모는 '명시적 의미 이면으로 파고 들어가 그 숨은 원인을 추적하는 것'이다. 인간 사고의 숨겨진 동인을 추구하는 이러한 움직임은 마르크스의 일관된 입장이었고, 그 덕분에 다양한 긴장이 교차하는 그의 이론적 여정은 나름의 일관성을 유지할 수 있다.

과학인가 윤리인가

마르크스 독트린 속에 내재한 긴장들 중에서 가장 중요한 것은, 바로 그 과학적 측면과 윤리적·정치적 측면과의 관계다. 이 문제는 1920년, 오스트리아의 법학자 한스 켈젠Hans Kelsen이 파헤친 문제였다. 한편으로 역사적 유물론은 사회 발전에 대한 과학적 인식의 하나로 자처하고, 경제뿐만 아니라 역사 진화의 그 핵심적 메커니즘을 도출해냈다고 주장한다. 이처럼 역사를 객관적이고 과학적인 것으로 판단하고 그 법칙을 인식한다는 것은 정치적 행위를 이끌어낼 수 있다.

다른 한편으로, 산업화와 자본주의가 초래한 프롤레타리아의 비참함과 슬럼의 비위생적이고 부당한 생활환경, 런던의 누추한 집들, 아이들의 노동, 희망 없는 삶, 상처투성이의 몸뚱이들, 보편화된 인간성 말살 등을 묘사할 때의 마르크스는 과학적 분석보다는 윤리적·도덕적인 이의 제기를 하는 것으로 보인다.

이 두 가지 성향 사이에는 일종의 부조화뿐만 아니라 모순이 존재한다. 자연 현상이 어떻게 생겨나는지를 과학적 분석으로 설명할 수 있다면, 도덕의 이름으로 이 현상들을 없애고자 하는 욕구는 이제 설 땅이 없어질 것이다. 즉 화산이나 지진이 인간에게 크나큰 불행을 몰고 오는 것은 사실이지만, 그것을 완전히 종식시킬 수는 없다는 것이다. 또 비인간화와 불의에 분개하고, 인간의 존엄성과 정의를 위해 투쟁할 때, 과학적 보증이 뒷받침되어야 하는 걸까? 마르크스의 사상사 속에서는 이러한 의문들이 부분적으로밖에 해결될 수 없다.

마르크스는 유토피아주의자들을 지속적으로 신랄하게 비판했다. 그의 사상은 미래를 위한 이상적인 사회 모델을 제시하지 않는다. 공상적 사회주의자들과는 달리, 마르크스는 계급 없는 사회 속의 삶의 양식에 대해서, 국가가 사라진 뒤 혹은 인간에 의한 인간 착취가 사라진 뒤의 사회 구조에 대한 구체적 설명을 전혀 하지 않는다. 마르크스는 완벽한 사회로 들어가기 위한 이상적인 문의 크기를 결정하려고 한 샤를 푸리에 같은 사람들을 여러 차례 비웃기도 했다.

그렇긴 하지만 마르크시즘의 과학성에 대해서는 여전히 의문이 남는다. 역사의 진보에 대한 과학, 역사 법칙에 대한 인식은 사실 손에 잡히지 않는 머나먼 수평선에 지나지 않는다. 이러한 목표가 마르크스의 계획 속에 드러났다 하더라도, 그가 그 목표에 도달했는지는 또 다른 의문이다. 레닌이 '마르크스의 이론은 전능하다. 왜냐하면 진실이기 때문이다'라고 단언했을 때, 레닌은 완성된 하나의 과학을 가정했지만 이것이 현실이 되기는 요원한 일이다.

가령 마르크스가 부여한 프롤레타리아와 그 승리의 역할에는 과학적인 요인이 전혀 없다. 프롤레타리아의 해방이 인간에 의한 인간의 착취와, 지금까지 인간 역사에서 한 번도 사라진 적이 없는 계급투쟁의 종식을 가져오는 필연적 원인은 무엇인가? 마르크시즘에 따르면 프롤레타리아가 가장 위대한 희망의 전달자이기 때문이고, 가장 소외된 인간, 인간성이 가장 극심하게 훼손된 인간, 인간적인 것들을 모조리 박탈당한 인간이 되어버렸기 때문이다. 더 이상 잃을 것(재산, 정체성, 가족, 조국, 종교)이 없는 프롤레타리아는 이 무화와 소멸의 형태를 통해 보편적인 미래를 가져다주는 주인공이기 때문이다.

하지만 이런 식의 논리는 오히려 신화와 유사한 표현이 아닐까? 더군다나 현대사 그 어느 곳에서도 실제로 구체화된 적이 없는 표상이다. 이 과학적 표면의 이면에 일종의 종교적 도식이 잔존하는 것은 아닌지 하는 의구심도 들기도 한다. 전체적으로 보면 인간의 역사는 고대의 초기 공산주의로부터, 소외와 착취라는 일종의 추락과 실락—어떤 의미로는 성공적인 혁명은 이에 대한 구원과 속죄이다—을 거쳐 미래 사회로 진행된다.

이러한 지적들은 분명 마르크스가 불러일으킨 열정과는 상관없이 마르크스를 읽고자 하는 마음이 들게끔 한다. 마르크스는 그동안 너무도 많은 영광과 너무도 많은 공격, 너무도 많은 평가들로 만신창이가 되어 있다. 이제는 그를 한 명의 철학자로, 무수한 성찰의 도구들을 우리에게 제공해준 독창적인 철학자로 재조명하려는 노력이 필요하다. 이제는 그를 우리의 사유와, 현상에 대한 비판을 고무하는 하나의 자극제로 받아들여야 한다. 이를 위해서는 마르크스를 그 자신과 대적하게 만드는 경우도 각오해야 할 것이다. 마르크스는 헤겔을 '늙은이'라고 불렀다. 이제는 존경심과 객관성을 유지한 채 우리가 마르크스를 그렇게 불러야 할지도 모른다.

마르크스에 관해서 제일 먼저 읽어야 할 것은?

《공산당 선언》.

마르크스에 대해서 더 깊이 알고 싶다면?

프랜시스 윈 저, 정영목 역, 《마르크스 평전》, 푸른숲, 2001
마르크스 · 엥겔스 공저, 박재희 역, 《독일 이데올로기 1》, 청년사, 2007
루이 알튀세르 저, 이종영 역, 《마르크스를 위하여》, 백의, 1997

p r e v i o u s

마르크스는 진리의 혁명적 힘을 믿었다. 경제의 기능에 대해 정확하게 인식하고 있다면, 역사를 바꾸는 것도 가능해진다는 것이 그의 시각이었다.

니체는 마르크스의 이러한 확신과 엄청난 거리가 있으면서도 동시에 아주 가깝다고 할 수 있다. 엄청난 거리가 있다는 것은, 니체가 과학이란 속세의 종교이고, 진리란 지고의 환상이라고 확신했기 때문이고, 아주 가깝다고 할 수 있는 것은, 그가 '세상의 역사를 둘로 나누어버리고자' 했기 때문이다.

n e x t

이름	니체Friedrich Wilhelm Nietzsche
활동 지역 및 출신 배경	20세기 후반의 독일, 스위스, 이탈리아의 호수 지역, 프랑스 남부의 코트 다쥐르 지역. 가구 딸린 셋방에서 책 몇 권과 더불어 가난하게 산 무신론자.

연대기

1844년	라이프치히에서 출생.
1864-1869년	본 대학과 라이프치히 대학에서 차례로 수학.
1869년	바젤 대학의 문헌학 교수로 임명됨.
1872년	《비극의 탄생》 출간.
1873-1876년	논문 《반시대적 고찰》 4편 출간.
1876-1877년	병으로 휴직.
1879년	건강상의 이유로 교수직을 잠정적으로 사임.
1882년	《즐거운 지식》 출간.
1883-1884년	《차라투스트라는 이렇게 말했다》 출간.
1886년	《선과 악을 넘어서》 출간.
1887년	《도덕의 계보》 출간.
1889년	이탈리아의 토리노에서 병으로 쓰러짐.
1889-1900년	반신불수와 실어증.
1900년	바이마르에서 사망.

진리 개념	본능과 창조적 주장의 문제. 과학자들에게는 현대적 추앙의 대상. 요컨대, 진리란 항상 힘의 관계임.
명언	"음악이 없다면, 인생이란 실수일 것이다."
철학사적 위상	니체는 철학의 역사를 연장시키기도 하고, 전복시키기도 하고 철학사에서 완전히 벗어나버린 철학자이기도 하다는 점에서 단정적으로 규정하기 어렵다. 현대 사상사의 상당 부분에 걸쳐 결정적 영향을 미친 것은, 그가 그때까지 '철학'이라 불리던 것들과는 전혀 다른 새로운 유형의 사고를 예고하기 때문이다.

philosopher
Friedrich Wilhelm Nietzsche

|20|

니체
진리와 단절하고자 하다

니체는 과연 누구인가? 시인? 예언자? 철학자? 철학의 파괴자? 예술가? 음악가? 천재? 병자? 선동가? 보수주의자? 혁명주의자? 광신적 지성인가? 아니면 니체 자신의 주장대로 '세계사를 두 동강 낸' 작품의 저자인가?

이를 통해 니체가 얼마나 포착하기 까다로운 인물인지 알 수 있다. 그렇다고 니체가 베일에 가려진 인물이라든가, 그의 용어가 남달리 복잡하다는 의미는 절대 아니다. 오히려 그는 대개 현장감 있고 명확한 언어, 이미지가 풍부한 언어를 사용했고, 대부분의 독일 철학자들의 언어보다 훨씬 재미있고 문학적인 언어를 구사했다. 무거운 표현과 익숙하지 않은 어휘를 사용하는 칸트나 헤겔과 비교하면 그 차이를 확연히 느낄 수 있다. 니체의 문체는 경쾌하고, 공기처럼 가벼울 때도 많다. 생각이 그 나름의 선율에 따라 춤을 추는 것처럼 발랄하다.

니체를 이해하는 데 있어 가장 큰 어려움은 그 얼굴이 여러 가지라는 인상, 그 다양한 얼굴 속에서 진짜 니체를 특정해내기가 곤란하다는 느낌, 바로 그것이다. 그만큼 우리는 니체라는 이름에서 언뜻 보아서는 결코 양립 불가능한 온갖 종류의 단언과 주장들을 발견할 수 있다. 가령 앞에서는 이러한 주장을 하던 니체가 세 쪽만 넘어가면 앞의 주장과는 정반대의 이야기를 하고 있는 것이다. 게다가 그의 문체와 글쓰기 방식은 학술 논문에서 선동적 팸플릿으로, 아포리즘, 즉 잠언에서 찬양가로, 욕설에서 논리로 종횡무진 장르를 넘나들며 시시각각 모습을 달리한다. 요컨대 그는 주로 조각과 편린들을 통한 파편적 글쓰기를 보여주었고, 이것은 니체 속에 여러 가지 다양한 관점들이 여기저기 산재한 듯한 인상을 주기에 충분하다.

또 니체의 저서들은 그 수가 많을 뿐만 아니라, 두께가 상당한 것들도 있다. 그래도 이들 저서 거의 모두가 단편斷片이나 격언조의 금언, 간단한 설명 따위를 몽타주 만들 듯 여기저기 찢어 붙여 놓은 것이라고 할 수 있다. 이러한 이유들 때문에, 어디 한곳에 고정된 니체, 명확하게 규정된 니체를 파악하기란 거의 불가능해 보인다.

그렇지만 절망할 필요는 없다. 철학사에서 니체의 모든 제스처는 분명하게 그 의미가 규정될 수 있기 때문이다. 그의 저작에서 쟁점이 되고 있는 것은 바로 '진리의 종말'이다. 문제는 이것이 무슨 의미인가 하는 것이다. 니체가 '진리의 종말'이라는 이 표현을 그대로 쓴 것은 아니다. 하지만 그의 모든 저작과 그 전체적 목표는 지속적으로 '진리의 종말'을 향하고 있다. 실제로 이 진리의 종말은 철학뿐만 아니라 종교와 과학까지도 관통하고 있다.

진리의 종말

:

진리를 추구하고, 인간의 이성으로 접근 가능한 진리를 알고자 한다는 철학의 목표는 철학이 이 땅에 생겨나면서부터 주어진 것이었다. 니체는 이 최초의 목적 자체의 폐기를 선언하고, 무화시키고 넘어서려고 한다. 이것이 바로 니체가 그렇게 이룩하고자 열망한 목표이다. 즉 그는 플라톤과 함께 시작된 기나긴 철학의 여정에 종말을 고하고자 한다.

영원히 변하지 않는 고정된 진리, 모든 것이 찰나적이고 변화무쌍하고 악화일로인 우리 세상이 아닌 저 머나먼 세상에 존재하는 철학적 진리라는 사고가 완전히 구축된 것은 플라톤 덕분이었다. 니체는 우리가 현실이라 부르는 이 세계보다 더 현실이라고 주장하는 이 '보이지 않는 세계'의 표상에 맞서 있는 힘껏 싸운다. 니체에게 있어 이 이데아의 세계는 환상에 지나지 않는다. 뿐만 아니라 니체에게 이데아란, 살아 있는 세계를 외면하고 가상의 세계를 만들어내어 그곳으로 도피하도록 유도하는 일종의 심각한 질병이다. 따라서 그에 따르면 철학자들이 '진리'라는 허구를 제작해내는 것은, 인간의 삶에 대한 두려움과 있는 그대로의 세계를 버텨낼 수 없는 무능력 때문일 것이다.

니체에게 있어 현실 세계란 끝없는 변화하고, 다양한 힘들이 서로 상충하는 세계다. 특히 이 세계는 본능의 공간이면서 이 본능들이 서로 갈등하는 곳이기도 하다. 현실은 본능에 따라 움직이는 육체들이 만들어내는 것이고, 이 육체들의 광기와 지혜 사이에 사로잡혀 있다. 이성은 현실을 지배하는 것이 자신이라고 믿고 있지만, 사실은 현실의 뒤를 따라갈 뿐이다. 불변의 진리라는 우화를 꿈꾸는 철학자들은 새로운 환상, 자신들의 약해 빠지고 병든 본능에 부합하는 일종의 책략을 꾸며낸 셈이다. 이런 식으로 만들어진 진리는 우리를 즐겁게 해준다는 점에서 필요할 수밖에 없는 것이고, 뛰어난 창의력을 보여주기는 하지만 무시해도 무방한 거짓말, 즉 존경할 만하지만 어설픈 거짓말일 뿐 진짜 현실은 아니다.

결과적으로 우리가 '정신적 가치'라고 부르는 자칭 진리라는 것들에 대한 문제 제기는 당연하다. 니체는 이러한 문제 제기를 통해 시간을 초월한 영원성, 보편성이라는 것 뒤에 자리 잡고 있는 감수성과 감정과 욕망의 게임을 세상 밖으로 이끌어내게 된다. 만인의 평등을 원하는 자는 지배자가 될 수 없을 것이다. 정의에 대한 그의 욕망은 자신보다 타고난 재능이 더 뛰어난 자들에게 앙갚음하고자 하는 자신의 원한과 집착을 위장하기 위한 가면일 뿐이다. 처벌은 정의의 성취로 간주되고, 이 처벌을 유발하는 것은 바로 타인에게 고통을 주는 즐거움, 고통에 몸부림치는 육체들을 바라볼 때 발생되는 쾌락이다.

따라서 니체 철학이 갖는 중요한 의미 중 하나는, 니체 이전에는 전혀 생각지 못했던 한 가지 깨달음의 가치를 밝혀냈다는 것이다. 그것은 만장일치로 공유하는 진리, 만인에게 유효한 기준 대신, 특정 감정들의 표현, 가치관의 주장과는 종종 충돌하는 본능의 결과들을 판별해내는 깨달음이다. 이런 맥락에서 보면 자비의 본모습은 지배이고, 이타심의 본모습은 원한이다. 니체가 마르크스와 프로이트처럼 '회의의 스승' 중 하나로 간주될 수 있었던 것도 다 이유가 있었던 것이다. 이 세 사람의 현격한 차별성에도 불구하고, 이들의 공통점은 바로 기존의 보편적이고 합리적인 진실로 주어진 것들에 대해 심각한 의심을 불러일으켰다는 점이다. 이들에게 있어 즉각적이고 가시적인 감각은 실제로는 수많은 본능(니체)과 이해관계(마르크스) 또는 충동(프로이트)이 작동하고 있는 외관에 불과하다.

신은 죽었다

:

진리의 문제에 종지부를 찍는다는 것은 철학의 오랜 기반을 무너뜨리거나, 도덕적 가치에 대해 회의적이거나 풍자적인 시선을 던지는 것만은 아니다. 그것은 종교와 과학에 대한 의심까지도 포함한다. 니체가 볼 때 종교와 과학 모두, 플라톤과 그의 '이데아'가 처음 구축해놓은 환상과 무관치 않다. 기독교는 니체의 주요 적수라고 할 수 있다. 니체는 '나는 기독교를 죽도록 증오한다'라고 쓴 바 있다. 그가 비판하는 대상은 예수 그리스도라는 인물이 아니다. 오히려 니체는 예수의 더할 나위 없는 위대함을 인정한다. 니체가 혐오하는 것은 예수의 메시지를 변형하고 왜곡하는 기독교이다. 그리고 철학적인 이유도 있다.

실제로 기독교는 '대중을 위한 플라토니즘'이다. 기독교 역시 하나의 '보이지 않는 세계', 지상의 혼란스러운 인간 세상과는 동떨어진 천상의 신성 영역이다. 최상의 세계로 전제되어 있는 이 세계는 우리 인간 세계를 경멸의 대상으로 치부하고, 인간의 육체를 억압하고 평가절하하며, 실제 삶을 외면하게 만드는 데 일조한다. 뿐만 아니라, 불변의 존재로 자처하는 종교적 진리는 스스로의 영원한 지속성을 믿어 의심치 않는다. 기독교 역시 마찬가지다. 기독교의 신은 그 자체로 진리를 보증하고, 이 신은 시작이면서 끝인 진리, 그 자체이기 때문이다.

따라서 끝까지 밀고 나가, 니체가 주장한 '신의 죽음'이 진리의 종말의 또 다른 판본이라는 것을 이해해야 한다. 기독교적 관점에서 볼 때는 가장 원대한 희망이, 니체의 시각에서 보면 더할 나위 없는 최악의 기만이다. 삶의 모든 의미는 허위로 밝혀지고, 모든 것이 뒤죽박죽이 되어버린다. 18세기 말 독일 시인 장 폴Jean Paul의 표현 '신의 죽음'을 빌어 니체는 이제부터 단 하나의 실제 세계가 새로운 가능성과 획기적인 모험으로 가득한 완벽하고 신성한 세계로 보일 수 있다는 것을 이해시키고자 한다.

하지만 신이라는 사고를 거부한 니체의 투쟁적 입장과, 계몽주의 시대의 무신론적 유물론자들의 입장을 혼동해서는 안 된다. 후자의 경우, 낙관적이고 어느 정도는 순진하게 신에 대한 믿음을 버리면 인류가 금방이라도 두려움과 미신과 공포로부터 해방되리라 생각했다. 하지만 《차라투스트라는 이렇게 말했다》에서 니체는 '신을 죽인 인간'을 '인간들 중에서 가장 불행한 인간'으로 묘사하고 있다. 지상의 물질적·육체적 삶이 주는 무한한 풍요로움을 재발견하기도 전에, 지금까지 존재한 환상 중에서 가장 위대한 신이라는 환상을 상실한다는 것은 무엇보다 끔찍하고 무시무시한 불행으로 느껴지기 때문이다.

과학적 진리 역시 니체의 공격을 피해가지 못한다. 과학의 진리는 검증된 객관적 진리로, 실험을 통한 반박이 언제든 가능한 진리이지만, 이 역시 플라톤적 환상을 그대로 이어받은 산물이다. 모든 것을 고려해 볼 때, 과학적 진리라는 것도 객관성과 비개인성, 연구자의 자기희생, 결과물 뒤로 사라지는 과학자 개인을 신봉하는 종교의 일종이다.

겉으로 드러난 과학의 이 같은 겸손함 이면으로부터 니체는 과학자들의 오만함, 진리의 영역을 이런 식으로 독점함으로써 과거 성직자들에 맞먹는 지배력을 구축하고자 하는 의지를 간파해낸다. 우리가 흔히 과학적으로 정립된 진리라고 믿는 바들은 여전히 믿음에 근거하고 있고, 그 무엇보다 '진리란 오류보다, 앎은 무지보다, 현실은 환상보다 바람직한 것'이라는 아주 근원적인 믿음에 근거하고 있다. 이 반항적이고 체제전복적인 사상가에게 중요한 것은, 우리가 환상에 집착하고 있고, 우리는 그런 환상을 필요로 한다는 사실을 깨닫게 하는 것이다. 우리가 저지르는 실수는 자칭 진리라는 것들보다 더 유익하고 더 생산적인 경우가 많다. 이런 말도 안 되는 논리를 주장하는 철학자를 본 적이 있는가?

예술적 철학자

:

그렇지만 진리의 종말이라는 것이 사고의 종말이나 창작의 종말을 의미하는 것은 결코 아니다. 이제 철학은 그 위상에 변화를 일으켜 과학과는 점차 멀어지고 예술에 가까워진다. 라벨Ravel의 음악이 베토벤이나 바흐의 음악보다 '더 진리'라고 말할 수 있는 사람은 아무도 없을 것이다. 예술의 세계는 참 혹은 거짓이라는 기준에 따라 판별될 수 있는 것이 아니다. 이 세계는 나름의 독특한 차별성을 가진 공간으로서 극단적으로 서로를 비교할 수 없는 공간이다. 위대한 예술가의 속성이란, 음악, 미술, 언어 등 분야를 막론하고 이전에는 알려지지 않았던 새로운 세계를 만들어내는 것이다.

니체는 예술 작품의 이러한 규범에 따라 철학을 사고한다. 아직 세상에 나오지 않은 지적인 세계가 서서히 세상의 수면 위로 떠오르는 것을 바라보고, 그 지적 세계의 관점을 이해하는 것, 이것이야말로 전통적 의미의 진리를 더 이상 믿지 않는 자가 할 수 있는 것이다. 그는 마치 예술가처럼 자신의 삶, 즉 자신의 감정과 아픔과 욕망과 두려움과 즐거움 속에서 자기 사유의 기본 소재를 이끌어낸다. 니체는 이 특이한 연금술을 끊임없이 실천했다. 니체의 전기가 그의 사유와 분리될 수 없는 이유도 바로 그런 것이다. 거의 모든 철학자들에게 있어, 개인적 실존과 관계된 차원은 일화적 성격을 갖거나 부차적인 것으로 보인다. 하지만 니체의 경우는 이 실존의 차원이 중심이 된다.

진리 문제에 종지부를 찍기 위해 니체는 자신의 존재를 사유 작업의 도구로 삼는다. 개신교 목사였던 아버지가 다섯 살 때 돌아가셨지만, 니체는 청소년기까지 독실한 기독교인이자 관습에 충실한 젊은이였다. 기독교의 원칙이기도 한, '흐트러짐'과의 싸움 역시 사회적 관례만큼이나 기독교 교리를 존중하는 독실한 젊은이가 마주한 자신의 첫 번째 정체성이었다.

진리를 환상이라 고발하는 것은 니체에게 있어 자신의 두 번째 정체성, 즉 학자로서의 정체성을 저버리는 것이었다. 사실 니체는 고전 문헌학, 즉 수 세기를 거쳐 전해내려온 인문학적 문헌들을 고고학적으로 면밀히 연구하는 텍스트 과학을 공부했다. 스물다섯의 니체가 전례 없이 박사 학위 과정을 끝내기도 전에 대학에서 가장 젊은 고전 문헌학 교수가 되었던 그 시절, 독일의 문헌학은 전 세계에서 첫 번째로 꼽힐 정도의 높은 수준을 자랑하고 있었다. 하지만 그 엄격하고 무미건조한 정확성은 반항적 사상가 니체에게는 신기루나 족쇄로 비춰졌다. '유식한 학자들이 지성의 양말짝이나 짜고 있다'라고 차라투스트라는 말한다.

문헌학이 그 꼼꼼함과 정확성으로 획득한 객관적 진리, 폭이 좁고 실효성이 없는 지식 대신 니체는, 물의를 일으킬 위험을 감수하고 고대 그리스를 관통했던 갈등의 강력한 표상을 고안해냄으로써 고대 그리스를 새롭게 창조하고자 한다. 첫 번째 저서 《비극의 탄생》에서부터 니체는 고대 그리스인들에게 부여된 조화와 균형이라는 이미지와 단절한다. 니체에 따르면, 오히려 그리스인들이 질서, 절도, 명확함, 개별화, 이성이 지배하는 '아폴론적' 극과 취기, 통제 상실, 무질서, 무절제, 광기가 결합된 '디오니소스적' 극 사이의 팽팽한 긴장을 영원히 벗어나지 못했다.

학자로서의 자신과의 싸움 이후, 니체는 철학자로서의 자기 정체성과도 맞서 싸웠다. 진리에 대한 철학의 숭배 이면에서 과연 무엇이 획책되고 있는지 직감하고 예상하는 데에는 오랜 시간이 필요했다. 이 시간은 방황과 끈기, 질병과의 싸움의 시기이기도 했다. 니체의 건강은 심각한 상태였다. 심한 안구 통증 때문에 며칠을 내리 읽지도 쓰지도 못하는 경우도 있었다. 그는 서른다섯 살에 교수직에서 물러나 몇 푼 안 되는 연금으로 유럽 여기저기를 전전하며 소박하게 살았다. 빛과 공기와 조용한 장소를 찾았던 그는, 스위스 알프스 산맥의 실스 마리아, 이탈리아의 라팔로, 프랑스의 니스, 스위스의 제노바, 이탈리아의 토리노 등지에서 동시대인들의 무관심 속에 거의 홀로 걸작들을 집필했다.

사실 니체의 텍스트들은 독자를 당황스럽게 하는 경우가 많다. 그의 가장 유명한 걸작 《차라투스트라는 이렇게 말했다》 역시 가장 독특하면서도 가장 난해한 작품으로 꼽힌다. 니체가 신화와 철학적 사유와 시의 교차를 통해 '인류 저 너머의 6,000피트'를 꿈꾸었던 개성 강한 이 책은 한 편도 논문도 아니고, 연속적 사유를 논리적으로 전개시킨 글도 아니다. 이 책은 이따금씩 과장된 문체를 통해 전개된 일련의 이야기로서, 미래의 한 예언자와 그가 차례로 만나는 상징적 인물들이 등장하고 있다. 작품 속에 등장하는 유명한 '초인' '영겁회귀' 등의 용어들은 잘못된 해석들을 수없이 양산하기도 했다.

니체는 '초인'에 대해 이야기하지 않았고, 일종의 슈퍼맨이나 새로운 종의 신인류가 출현하리라고 예고하지도 않았다. 그의 반종교성은 인류의 자기초월이라는 희소식을 전하고 있다. 이 '초인'은 앞으로 인간의 삶이 겪게 될 하나의 변화로서, 불변의 속성 속에 고착되어 있지 않은 인간의 삶은 이 변화를 통해 보다 지혜롭고 보다 강력해질 수 있을 것이다. '영겁회귀'란 동일한 사건들이 주기적으로 똑같이 반복되는 것을 의미하지 않는다. 이것은 의지를 시험하기 위한 하나의 테스트이다. 즉 '뒤따라 일어날 모든 사건들이 무한히 그리고 영원히 반복되기를 원할 만큼 나의 욕망이 그만큼 강력한가?'라는 문제이다. 니체에게 있어, 삶을 사랑한다는 것은 삶이 무한이 반복된다는 사실을 사랑한다는 것이었다.

섬광을 발하듯 강렬한 이 지적 궤적 속에서, 이례적으로 특별한 역할을 하는 것이 바로 음악이다. 통상적으로 음악은 철학자들이 거의 혹은 전혀 염두에 두지 않는 대상이다. 하지만 니체는 유일무이한 최고의 지위를 음악에 부여한다. '음악이 없다면, 인생이란 실수일 것이다'라고 니체는 쓰고 있다. 작곡가이면서 실력 있는 피아니스트이기도 했던 그는 단지 음악 애호가에 머물지 않았다. 그는 음악이야말로 심정적·문화적 태도를 가장 분명하게 표현할 수 있는 특권적 양식이라고 생각한다. 제일 먼저 바그너에 심취했던 니체는 한동안 그와 친구로 지내기도 했다. 하지만 그 이후에는 이 바이로이트의 스승, 바그너가 최악의 독일 정신을 철저하게 구현하고 있다고 평가한다. 그러면서 니체는 또 다른 인간 유형의 현실적 구현체로 비제Bizet 음악의 지중해적 투명함을 바그너의 대척점에 위치시킨다.

1888년 가을, 그가 쓰러지기 직전, 아주 단기간에 쓰인 《에체 호모Ecce Homo》는 그의 실존의 극단적 긴장 상태를 여지없이 드러내고 있다. 한 지성인의 자서전으로 보이는 이 책 속에서 니체는 자기 책들을 하나하나 검토하고, 한 책에서 다른 책의 집필로 옮겨가는 그 여정을 되짚어보고 있다. 뿐만 아니라 주체로서 그리고 개인으로서 자신의 절대적 특수성의 요소가 무엇인지를 드러내고자 한다.

그가 보기 드문 자기도취와 과대망상증 환자라는 생각이 들 수도 있다. 하지만 중요한 것은 다양한 힘들 사이의 갈등이 니체의 주체성을 폭발시켰고, 니체가 바로 그 힘들을 정체를 밝혀냈다는 것이다. '나는 타인이다Je est un autre'라고 니체와 거의 동시대인인 랭보는 말했다. 니체가 주장하는 것은 분명 랭보보다 훨씬 더 극단적이다. 그것은 '나는 여러 사람이고, 복수複數이며, 여러 가지의 갈등이다. 개인이면서 동시에 모든 사람이다'라고 표현할 수 있을 것이다.

니체의 이러한 열광과 흥분은 그의 몰락으로 막을 내리고 만다. 1889년 1월, 니체의 명석한 지성은 작동을 멈추고, 다양한 이상 징후들이 나타나기 시작한다. 그는 편지에 디오니소스라고 서명하는 경우도 있었고, 유럽의 군주들을 로마에 소집하려다가 다시는 회복되지 못할 정신적 마비 상태에 빠져들고 만다. 바이마르의 본가에서 그렇게 11년 동안 어머니와 여동생의 간호를 받으며 지낸 니체는 자기가 어떤 책을 썼는지도 모른 채, 가끔 피아노를 치거나 친구를 알아보기도 하면서 여생을 보낸다. 이러한 질환은 그가 젊은 시절 걸렸을 수도 있는 매독 때문이라고 보는 견해가 일반적이다. 하지만 이러한 침묵과 어둠 속으로의 추락이 과연 무엇 때문이었는지는 분명하게 밝혀지지 않고 있다.

니체 이해하기

니체의 저작들은 수많은 오해와 다양한 해석들을 낳았고, 그의 저서들 자체도 수많은 관점과 온갖 도발적인 언사들을 포함하고 있기 때문에, 니체에 대한 이해를 돕기 위해 마지막으로 몇 가지 지침과 주의 사항을 환기시킬 필요가 있다.

우선 니체를 나치즘의 기원으로 간주하는 그 해묵은 오해로부터 벗어나야 한다. 의도적으로 기획된 이러한 오해의 진원지는 바로 니체의 여동생 엘리자베스 폴스터이다. 반유대주의자이며 범게르만주의자였던 그녀는 니체 사상의 체계적 왜곡을 주도한 장본인이다. 니체가 좌익 사상가가 아닌 것은 분명하지만, 그렇다고 인종주의자나 반유대주의자도 분명 아니었다. 니체의 수많은 텍스트들이 그것을 입증하고 있다. 《잠언: 인종차별적 거짓말과 사기에 가담하는 자와는 절대 상종하지 말라》가 그 좋은 예다.

니체는 1887년 12월 26일, 여동생에게 다음과 같은 편지를 쓰기도 했다. "반유대주의에 대해, 내 글에도 썼듯이, 아주 분명하고 명확한 반대 입장을 견지하는 것은 내게 있어 명예가 달린 문제다. 최근 주변의 반유대주의적 편지들과 매체들이 나를 괴롭혔다. 이러한 파벌(내 이름을 너무 즐겨 내세울 것이다!)에 대한 나의 혐오를 기회 있을 때마다 표명했지만, 폴스터라는 네 남편 성과 내 전前 출판업자 슈마이츠너의 반유대주의 때문에 이 불쾌하기 짝이 없는 반유대 패거리들이 나까지도 자기네들 편인 양 생각하고 있다. 그것이 내게 얼마나 치명적이었고 지금도 그러한지, 너는 상상도 못할 것이다."

하지만 반유대주의 활동가였던 폴스터의 미망인 엘리자베스가 자신의 활동에 대한 오빠의 이러한 폄하가 대중에게 공개되는 것을 원치 않았으리라는 것은 충분히 짐작가능하다. 더 큰 문제는 니체가 정신이상으로 쓰러진 후, 그녀가 《권력에의 의지》라는 제목하에 다분히 의도적으로 니체의 글 여기저기를 끌어모아 편집을 했다는 사실이다. 이후 히틀러로 하여금 니체가 '제3제국'을 예고한 선지자였다고 믿게 만든 것은 바로 이 편집된 글이었다.

니체가 나치가 아니었다고 해서 그의 사상이 전혀 위험하지 않다는 말은 결코 아니다. 그가 끊임없이 매진했던 가상의 생물학은 애매한 점이 없지 않다. 모든 학설과 이념, 문명의 근원은 생명뿐이라는 주장과, 본능이 지닌 여러 상이한 형태의 강점과 약점들이 벌이는 게임 때문에, 니체는 인종주의자들의 회유에 끊임없이 노출되고 있다. 종교와 도덕이 육체를 단죄하고 경멸함으로써 생명을 부정한다는 것을 설명하기 위해 니체는 병들고 불완전하며 투쟁에 나설 수 없는 무능력한 생명, 결국 스스로를 단죄하고야 마는 생명이라는 가설을 만들어내기에 이른다.

이러한 가설은 분명 흥미롭기는 하지만, 문명의 근원을 생물학적으로 이해하려는 경향, 즉 문명에 대한 인종주의적 해석을 조장할 우려가 있다. 이러한 덫에 빠지지 않기 위해서는 생물학에 대한 니체의 언급들을 욕망의 강도나 역사적 특수성들의 강도, 정신 현상을 설명하기 위한 일종의 은유적 방식으로 이해해야 할 것이다.

니체를 이해하기 위한 또 한 가지 필수적인 자세는, 니체가 자신의 판단과 생각 하나하나를 드러내는 그 개별적 관점들에 주목하는 것이다. 사실 어느 지점에서부터 상이한 생각들이 드러나는지를 분명히 구별하지 못하면, 니체가 같은 책 안에서도 앞뒤가 안 맞는 발언을 하고 있다고 생각할 수 있기 때문이다. 예를 들어, 그의 글 속에는 불교에 대한 찬사도 많지만, 그만큼 비판도 많다. 그런데 이 호의적 찬사는 기독교를 공격하는 한 가지 기술이 해당한다. 그리고 '이러한 관점에서 보면' 불교는 기독교보다 더 깨끗하고, 치료 효과가 더 크고, 더 문명화된 종교이다. 한편 불교에 대한 비판은 생명의 부정과 회피를 바람직한 것으로 생각하는 모든 교리에 대한 투쟁이라는 보다 거시적인 전략에 속한다. '이러한 관점에서 보면' 기독교와 불교는 같은 속성을 갖는다.

니체를 제대로 이해하기 위한 마지막 유의 사항은, 이 반항적 사상가가 선동가이기도 하다는 것이다. 선동가라는 말을 글자 그대로 이해하기보다는, 물리의 입자 가속기처럼 니체를 사유의 가속기로 생각해야 할 것이다. 즉 니체는 사고를 그 극한까지 밀고 나감으로써 그 사고들을 파괴하고, 사고의 에너지를 해방시킴으로써 사고를 분산시킨다. 다수의 관점을 만들어내는 그는 분명 플라톤과는 정반대의 방식을 채택한다. 플라톤은 사고를 단일화시키고, 세상의 다양성을 이데아의 순수성 속에 결집시켰다. 니체는 정신의 창조 작업을, 세속의 힘들이 각축을 벌이는 예측 불능의 혼돈 속으로 다시 밀어넣는다.

니체에 관해서 가장 먼저 읽어야 할 것은?

니체 스스로 '내 철학에서 가장 발랄하고 가장 심오한 입문서'라고 말한 《우상의 황혼》.

니체에 대해서 좀 더 깊이 알고 싶다면?

니체 저, 정동호 역, 《차라투스트라는 이렇게 말했다》, 책세상, 2000
니체 저, 이진우 역, 《비극의 탄생 · 반시대적 고찰》, 책세상, 2005
칼 야스퍼스 저, 이진오 역, 《니체와 기독교》, 철학과현실사, 2006
질 들뢰즈 저, 이경신 역, 《니체와 철학》, 민음사, 2001

p r e v i o u s

니체는 진리라는 사고에 대해 그 어느 때보다 강력한 의혹을 제기하며, 진리를 그 어느 때보다 강력한 공격 대상으로 삼았다. 이러한 태도는 진리란 우리가 원하는 하나의 환상일 뿐이라는 주장으로까지 나아간다.

진리의 순진한 사용을 경계하는 것은 하나의 입장이다. 진리 없이도 아무 문제 없이 살아갈 수 있다는 믿음 역시 또 하나의 입장이다. 오늘날의 철학자들은 진리를 만들어내는 자들과 그것을 파괴하는 자들로 나누어지는 것일까? 이것 역시 가능한 하나의 가설이다.

n e x t

맺는말

진리의 모험은 여전히 현재진행형이다

그럼 오늘날은 어떠한가? 지난 수천 년 동안 만들어지고 이해되어온 진리는 현재 그 상황이 썩 좋아 보이지 않는다. 오늘날 진리란 말도 많고 탈도 많은 것, 확실한 구심점을 잃은 뜬구름 같은 것, 형편없는 몰골에 푸대접까지 받는 그런 개념으로 다가온다.

우리의 과학 체계가 지닌 불확실하고 허술한 속성, 비판의 여지가 많은 그 문제적 속성에 주목한 흄의 회의주의적 유산은, 변증법과 의미의 전복으로 특징 지워지는 어떤 도정으로서의 진리, 하나의 과정 혹은 절차로서의 진리를 강조한 헤겔과 이웃사촌이다. 마지막으로 우리의 철학적 정세 속에 빠짐없이 등장하는 니체는 진리의 개념 자체를 완전히 탈바꿈시켰고, 진리의 복수성複數性, 진리 속에 숨겨진 함정을 드러냈으며, 이해관계와 열정과 열광, 원한 등이 진리 속에 어떻게 감추어져 있는지 그 방식에 주목했다.

최근 100~200년에 걸친 철학 작업과 철학적 쇄신의 개화가 앞서본 주요 변화의 궤적 속에 자리하고 있다 하더라도, 철학의 역사가 완전히 봉쇄되어버렸다고 생각하면, 그것도 받아들이기가 힘들 것이다. 현대의 철학 역사는 그다지 길다고는 할 수 없지만, 또 다른 연구와 지면을 필요로 하는 것은 분명하다. 따라서 여기서는 몇 가지만 지적하는 데 그치고자 한다.

주체의 분할

프로이트는 니체의 궤적 속에 위치하고 있지만, 니체와는 아주 다른 방식으로 무의식이라는 것을 발견해낸다. 하지만 이 발견을 통한 프로이트의 기여는 신경증 치료법에 그치지 않는다. 그는 정신분석학이라는 것을 창조함으로써, 진리 개념의 변화까지 초래했고 철학은 이를 염두에 두지 않을 수 없다. 실제로 프로이트는 인간의 사고가 의식으로만 축소되지 않는다는 것을 밝혀냈다. 즉 심리적 절차들(사고의 결합, 욕망의 형성, 충동들 사이의 혹은 대립적 의미 작용들 사이의 타협)은, 우리의 의식은 전혀 알지 못한 채 우리가 '우리 정신'이라고 부르는 것 안에서 전개된다.

프로이트의 이러한 일대 혁신은 주체의 분할이라는 특이한 형태로 이어진다. 자아와 의식은 이제 과거에 주체라 불리던 것을 완전히 포괄하지 못하게 된다. 무의식의 주체라는 또 다른 유형의 주체가 있기 때문이다. 이쯤 되면 랭보의 시적 표현 '나는 타인이다'에서 더 나아가, 내 속에는 나의 이해력과 나의 통제를 넘어서는 무엇인가—감각, 욕망, 언어유희—가 언제나 존재한다고 말할 수도 있을 것이다.

이것은 진리의 개념 자체에 영향을 미치지 않을 수 없다. 내가 의식적으로 알고 있는 것들이 이제부터는 진리의 또 다른 형태들로 분할되고, 이 형태들은 나도 모르는 사이에 발전하고 확산된다. 그렇게 되면 나를 비껴가는 이 영역 속에 무엇이 들어 있는지 점진적으로 알아가야 할 필요성, 이 주체의 분열 속에서 작동하고 있는 여러 가지 충동의 힘들을 의식해야 할 필요성이 제기된다. 무의식에 대한 이 특이한 인식은 맹목적 힘과 혼동이 아닌 새로운 유형의 주체, 즉 단순히 진리가 자신을 비껴간다는 것을 아는 데 그치는 것이 아니라, 자신이 그냥은 알 수 없는 것에 대해 대략적으로 통찰할 수 있는 주체를 만들어내기에 이른다.

프로이트와 같은 시기에, 의식의 철학은 베르그송을 통해 발전과 진보를 경험했고, 이는 철학의 근본적인 변화를 이끌어냈다. 베르그송의 철학적 사유는 《의식에서 직접 주어진 것들에 관한 시론》과 《창조적 진화》를 통해 시간에 대한 우리의 개인적 경험과, 추상적 개념과 대립되는 체험적 지속에 역점을 두고 있다. 즉 어떤 의미에서 보면, 시간과 관련된 두 개의 진리가 존재하는 셈이다.

그 하나는 지성과 이성에서 비롯한 것으로, 이때의 시간은 공간 모델에 따라 사고되는 것으로서, 나란히 병치된 일련의 똑같은 분절체들이다. 이런 시간은 2시간 혹은 200년 후에 일어날 일들을 미리 앞지르는 사고를 통해, 우리가 종횡무진 누빌 수 있는 시간이다. 다른 하나는 경험된 시간을 강조한다. 이 시간 속에서는 지속이 느껴져야 하고, 이 지속은 기대와 희망의 현실과, 흐르는 시간의 강렬한 변화, 신속하거나 느릿느릿한 변화들과 직면해야 한다. 이러한 측면에서 보면 내가 2시간 혹은 2년 후에 일어날 사건 속에 단번에 자리한다는 것은 절대 있을 수 없는 일이다. 내가 그 미래 속에 있기 위해서 혹은 거기에 이르기 위해서는 그저 기다리는 수밖에 없다.

사물 그 자체

이처럼 상황과, 경험적 현실, 구체적 경험들에 얽힌 진리를 표명하고자 하는 철학적 의지, 형이상학으로부터 경험에 대한 사유를 만들어내고자 하는 이러한 방법론 즉 '고쳐야 할 것은 고쳐야 한다mutatis mutandis'는 방법론은 20세기 초반 독일의 수학자 겸 철학자인 후설에게서 다시 찾아볼 수 있다. 베르그송, 프로이트와 동시대인이었던 후설은 의식의 경험을 '현상학'이라는 순수 과학의 형태로 변화시키고자 했다. 현상학이란 말 그대로, 눈에 보이는 것에 대한 학문이다.

이 세계는 현상을 통해 즉 색깔과 형태, 우리 사고의 의도 또는 우리 시선의 조준점을 통해 우리의 의식에 주어진다. 후설이 밝혀내고자 한 것—이를 통해 의식의 철학과 데카르트가 앞세운 진리의 유형을 전면적으로 쇄신한다—은 '있는 그대로의' 세계(우리는 이 세계가 어떤 모습인지 알 수가 없다)가 아니다. 그는 세계의 구체적인 모습이 우리 의식에 어떤 방식으로 주어지는지를 가능한 가장 엄밀하게 묘사함으로써 '우리 눈에 보이는 세계', 우리가 이해하는 세계를 밝혀내고자 했다.

후설의 업적, 특히 그의 '지향성' 개념은 젊은 시절의 사르트르에게 결정적인 영향을 끼쳤다. 현상학적 유산의 일부는 재해석과 수정을 거쳐 사르트르와, 1945년대와 그 후 프랑스의 소위 '실존주의' 속에서 다시 등장한다. 물론 후설의 계승자가 사르트르만 있는 것은 아니다. 후설의 현상학에서 분리되어 다른 길을 걸어간 철학자가 바로 마르틴 하이데거다.

하이데거는, 자기가 볼 때 아리스토텔레스와 유럽 형이상학의 비약적 발전으로 인해 간과되고 잊혀졌던 한 가지 문제, 즉 존재의 문제를 되살리는 데 역점을 둔다. 이 문제는 기본적으로 세계 내 삼라만상의 존재 그 자체의 문제, 즉 '무無가 아니라 무엇인가 있다'라는 사실이다. 따라서 이것은 '~가 존재한다'에 대한 자문이다. 그렇다면 이것이 혹은 저것이 '존재한다'(독일어로 Es gibt)라는 표현은 무슨 의미인가? 존재란 그 자체로 '존재하는' 것이고, 이 존재를 통해서만 세계 자체의 고유한 본질이 제대로 드러날 수 있다. 즉 세계는 그 자체로 이미 '주어져 있다'는 의미에서 세계의 '증여donation'가 가능하고 유효해지는 것이다.

고대 철학 사상의 주요 테마 중 하나였던 이 문제는 하이데거에 의해 새롭게 거듭난다. 하이데거의 사유는 그 자신뿐만 아니라 독자들에게도 일종의 황홀하면서도 긴장된 경외감을 불러일으키는데, 좁은 의미의 철학적 사유는 이러한 경외감을 포착할 수 없다. 논리적이고 추론적인 사유와는 한참 거리가 먼 시적이고 암시적인 사유에 속하는 것이기 때문이다.

하이데거가 이러한 존재론을 고민하며 전통 형이상학의 파괴를 시도하고 있을 바로 그때, 비트겐슈타인은 하이데거와는 아주 상이한 방식을 통해, 진리의 개념과 논리적 사유에 새로운 혁신을 불러일으킨다. 《논리철학논고》를 저술하고, 1930년대에 케임브리지 대학 교수로 있었던 당시의 비트겐슈타인의 업적이 바로 그것이다. 비트겐슈타인이 처음 문을 연 철학의 흐름은 이후 빈학파에 의해, 특히 루돌프 카르나프에 의해 발전하면서 철학의 주요 분파를 형성하게 된다. 이 논리실증주의 역시 형이상학을 거부하지만, 하이데거와는 그 이유가 아주 다르다.

비트겐슈타인은 형이상학이란 내용이 전혀 없는 것이라 생각한다. 즉 형이상학의 체계는 '진리'를 이야기할 수 있는 것이 아니다. 음악이나 색깔, 교향곡에 대해서 '진리'를 이야기할 수 없는 것과 같은 이치다. 달리 말해 형이상학자들은 예술가, 시인 또는 몽상가일 뿐, 결코 학자는 아니다. 빈학파의 실증주의는 규칙에 따라 구성된 논리적 추론에 한해서만 진리 개념을 사용하고자 한다.

따라서 우리는 형이상학적 진리에 대해 근본적이고 극단적인 이의를 제기하는 두 가지 상반된 입장과 만나게 된다. 우선, 하이데거의 이의 제기는 형이상학적 진리가 아닌 '존재의 드러냄'을 위한 것이다. 여기서 존재의 드러냄이란, 고대 그리스에서 '알레테이아alètheia'라고 불리던 것의 근원적이고 심오한 의미로서, 우리가 흔히 '진리'라고 번역하지만 하이데거에게는 이러한 표현이 적절치 않다. 두 번째, 과학적이고 실증적인 입장에서의 이의 제기는 형이상학적 진리가 대상이 없을 뿐 아니라, 내용이 전혀 없다는 것이다. 하지만 이 두 가지 철학적 흐름을 계승하고 추종하는 입장들 속에도 무시 못 할 불균형이 존재한다는 점 역시 지적하고 넘어가야 한다.

사실 하이데거를 계승한 철학적 입장 속에서는 진리라는 개념 자체가 점차적으로 해체되거나 파괴되어버리고 만다. 니체의 영향력은 특히 하이데거의 영향력과 결합하여 프랑스 철학자 자크 데리다의 '해체déconstruction'라는 개념을 낳기에 이른다. 하이데거의 용어인 독일어 '파괴destruktion'를 신중하게 재사용한 표현이다. 데리다의 '해체'는 단순히 철학적 개념과 이론들을 파괴하는 것이 아니라, 이들의 내부적 긴장과 계보학적 구성을 드러냄으로써 이들 개념과 이론들 속에 혼란을 야기하고 해체해버리는 것이다.

이 파괴적 철학으로 인해, 지금껏 철학적 사유가 단정적이고 실증적인 방식을 통해 구축해온 것들, 그리고 그 유효성을 인정받은 것들에 대한 근본적인 회의가 불가피해졌다. 반면 논리실증주의에서 비롯한 분석 철학은 추론과 논리적 결론에 대한 요구를 멈추지 않았다. 따라서 이들의 연구는 수학자들의 작업과 유사해 보이기도 한다. 이들은 가장 결정적이고 확실한 해답을 추구한다. 그렇지 않으면 이들의 결론은 이와 유사한 경쟁적 연구에 의해 파괴되어버린다.

하이데거의 입장에서 본 철학적 진리란, 논리적이고 추론적이라기보다 문학적이고 시적이다. 하지만 논리실증주의의 입장에서 보면, 일련의 방정식이나 논리-수학적 추론으로까지 환원될 수 있는 것이다. 이 두 입장 간의 논쟁은 아직 끝나지 않았다. 진리의 모험은 여전히 진행 중이다.

우리의 마지막 질문은, 이 진리 추구의 모험이 과연 어디에서 일어나고 있는가 하는 것이다. 그 대답은 아주 간단하다. 즉 진리 추구는 우리 각자의 몫이다. 따지고 보면 진리의 역사, 진리 개념의 역사, 진리 추구의 역사, 진리 영역의 역사, 새로운 진리 출현의 역사는 결국 우리 개개인의 정신 속에서 전개되는 것이기 때문이다. 물론 대규모의 철학 연구 작업과 전문 철학자들, 직업적 학자들, 특수한 철학 연구소들이 존재하는 것은 사실이다. 하지만 독자 여러분의 평범한 도전, 여러분 나름의 사고의 결합 역시 하찮거나 부끄럽게 여길 것들이 전혀 아니다. 오히려 가장 부끄러워해야 할 것은, 자신의 생각이나 발언이 너무 바보 같은 짓거리가 아닐까라는 두려움이다.

한 철학자가 자기 학생들에게 주옥같은 명언을 남긴 바 있다. '미래의 그 어느 날보다 오늘의 여러분들이 제일 똑똑합니다'라고. 현재의 자신을 별 볼일 없는 인간이라 여기는 사람에게는 앞으로도 개선의 여지가 전혀 없다는 뜻으로 들릴 수 있다는 점에서 위험한 발언일 수도 있다. 하지만 그 반대로 용기를 북돋는 고무적인 발언일 수도 있다. '여러분들은 내일이면 보다 많은 독서와 레퍼런스, 지식을 쌓아 분명 더 유식해질 테지만, 지금 이 순간보다 더 높은 지성과 식견은 결코 갖지 못할 것'이라는 의미이기 때문이다.

요컨대 내일을 기다려서는 안 된다. 진리 추구의 모험은 매 순간 우리 자신의 선택과 시험을 통해 이루어지기 때문이다. 이러한 모험은 우리 한 사람 한 사람과 함께, 우리 자신을 통해, 우리 자신 속에서 계속된다. 올바른 모험의 길이란 바로 그런 것일지도.

옮긴이의 글

철학을 이야기하는 새로운 방법

'OO 개론' 'XX 입문' 등의 책들은 특정 분야에 대한 가장 손쉬운 접근 경로로 제시되는 책들이다. 하지만 그 바람직한 취지와 익숙한 제목에도 불구하고 선뜻 손이 가지 않는 책들이 있으니 그중 하나가 바로 '서양철학사'라는 제목을 단 수많은 책들일 것이다. 그 굴곡 많고 장구한 철학의 역사를 한눈에 일별해보고자 하는 욕구는 굳이 인문학도가 아니라도 한번쯤 가져봄 직하다. "도대체 철학이란 무엇에 쓰는 물건일까?" "그 많은 철학자라는 사람들은 무슨 말을 했고, 하고 있는 걸까?"

하지만 보통 사람들—철학 비전문가—중에서 그 욕구를 웬만큼이라도 만족시켜본 이는 많지 않을 것이다. 뭔가 대단한 각오로 처음 한두 장을 읽어나가다 평생 한 번도 입에 올려볼 것 같지 않는 용어들 앞에서, 어떻게 하면 더 어렵게 말을 꼬아놓을까 고민한 것만 같은, 간혹은 독자를 우롱하는 듯한 용어 앞에서 결국 두 손 드는 경우가 허다하다. 우리 말로 번역된 책은 물론이고 혹은 국내 저자의 철학책도 예외가 아닌 경우가 많다. 이 책 다르고 저 책 다른 표현들, 이 말이 저 말인지 그 말이 이 말인지, 이런 의문 혹은 문제의식은 독자뿐 아니라 여러 철학 종사자들도 모르지 않는 것이리라.

이 책 역시 이러한 맥락의 문제의식에 자리한 책이라 할 수 있다. 저자가 말하는 이 책의 취지는 서양 철학사에 대한 한 편의 화려한 파노라마도 아니고, 전문 철학 참고서가 되고자 함도 아니다. 철학이라는 것에 대한 사전 지식이 거의 전무한 독자들, 단 진리 추구 모험에 동참할 의지만은 마음 한구석에 늘 안고 사는 독자를 철학에 가장 쉽게 접근하게 한다는 지극히 평범하고 어찌 보면 진부한 목적에서 출발한 책이다. 많은 철학 개론서들이 이러한 취지로 쓰여졌고, 읽혀졌다. 하지만 진정 '쉽게' 이해할 수 있는 글이었던가? 자문하지 않을 수 없다. 사실 '쉽게' 쓰는 것만큼 어려운 일도 없다. 대가, 달인만이 할 수 있는 것이 바로 '쉽게'이기 때문이다.

이 책은 적어도 철학을 이야기하는 문체만큼은 쉽고 명료하다. 이것과 저것이 다른 건 무엇이고 비슷한 건 무엇일까? 아마 이것이 철학사를 해맬 때 가장 큰 의문 중의 하나일 것이다. 저자는 철학사를 읽을 때 가장 중요한 포인트인 흐름과 단절의 맥락을 분명하게 집어준다.

전문 철학서들의 최근 특성이자 이제는 거의 불문율처럼 되어버린 특성은, 특정 사상가의 사유 세계를 그 해당 철학자의 전기적 요소와 완전히 분리시켜 별개로 고려하는 것이다. 따라서 철학책이 철학자의 개인적 삶에 대해 언급할 때에는 왠지 전문성이 떨어지는 어설프고 안이한 접근 방식으로 보이기도 한다. 하지만 이 책은 그러한 일종의 선입견을 깨고, 철학 초보자들을 위해 철학자 개인의 삶의 특수성을 함께 고려함으로써 독자의 '철학적 상상력'을 자극한다. 저자는 최근 현대 철학의 주목할 만한 변화는 철학이 삶의 방식 자체였던 고대 그리스적 철학 개념의 회귀라고 말했다. 이러한 변화와 적당히 맞물린 지점이 바로 이같은 방식의 '철학사 쓰기'가 아닐까 싶다.

피와 살을 가진 한 개인으로서의 철학자와 그의 사유를 함께 바라보는 것은 적어도 이 책에서는 독자로 하여금 철학은 이렇게 시작되었구나, 인간에게 철학은 이런 의미로구나, 하는 깨달음에 좀 더 쉽게 다다가게 하는 한 가지 요인으로 보인다. 이러한 각성의 순간을 일단 경험하고 나면, 그때부터 철학이라는 진리 추구의 모험은 한번 도전해볼 만한 대상으로 다가온다.

이는 아리아드네의 실을 주워든 느낌, 깜깜한 미로 속에서 머리 위로 등불이 하나둘 켜지는 느낌, 어쩌면 한 번도 빠져나갈 수 있으리라 기대해본 적 없는 미로를 벗어날 수 있을지 모른다는 느낌, 완주해본 적 없는 마라톤의 결승점이 저만치 보이는 그런 느낌과 비슷하다. 물론 간혹 막다른 길을 마주치거나, 예상치 못한 돌부리에서 한참을 머물게 되는 경우도 있다. 하지만 이런 복병들이 이 책 전체의 매력을 상쇄시키기에는 역부족이다. 그럴 때에는 또 다른 독서의 가능성을 부담 없이 생각해볼 수 있게 하는 것이 이 책의 장점이기 때문이다. 언젠가, 마음 가는 대로….

저자의 프랑스어는 쉽고 명쾌하다. 철학이라는 말이 들어간 책에서는 보지 못했던, 난해함의 대명사, 프랑스 철학책에서는 더더욱 기대하지 않았던 문체다. 이 명료한 글쓰기가 번역 속에서도 그대로 살아 있을 수 있을까 하는 걱정에도 불구하고 역자가 맛본 앎의 쾌감을 독자도 함께할 수 있기를 바라는 마음은 어느 때보다 크다.

박언주

처음 시작하는 철학

2013년 7월 16일 초판 1쇄 인쇄
2013년 7월 23일 초판 1쇄 발행

지은이 | 로제 폴 드르와
옮긴이 | 박언주
발행인 | 전재국

발행처 | (주)시공사
출판등록 | 1989년 5월 10일(제3-248호)

주소 | 서울특별시 서초구 사임당로 82(우편번호 137-879)
전화 | 편집(02)2046-2850 · 마케팅(02)2046-2800
팩스 | 편집(02)585-1755 · 마케팅(02)585-1755
홈페이지 www.sigongsa.com

ISBN 978-89-527-6962-6 03100